防治校园欺凌：学理与实证

姚建龙 等著

中国政法大学出版社

2020 · 北京

图书在版编目（CIP）数据

防治校园欺凌:学理与实证/姚建龙等著.—北京:中国政法大学出版社, 2020.6
ISBN 978-7-5620-6623-1

Ⅰ.①防… Ⅱ.①姚… Ⅲ.①校园—暴力行为—预防 Ⅳ. ①G474

中国版本图书馆 CIP 数据核字(2020)第 088141 号

出版者　中国政法大学出版社
地　址　北京市海淀区西土城路 25 号
邮寄地址　北京 100088 信箱 8034 分箱　邮编 100088
网　址　http://www.cuplpress.com（网络实名：中国政法大学出版社）
电　话　010-58908586(编辑部) 58908334(邮购部)
编辑邮箱　zhengfadch@126.com
承　印　固安华明印业有限公司
开　本　787mm×1092mm　1/16
印　张　13.75
字　数　300 千字
版　次　2020 年 6 月第 1 版
印　次　2020 年 6 月第 1 次印刷
定　价　59.00 元

主著者简介

姚建龙

鲁东大学教育科学学院博士生导师、上海社会科学院法学研究所所长、研究员，全国青联委员、上海青联常委。曾任重庆市劳教戒毒所民警、上海市长宁区人民检察院副检察长、北京师范大学刑事法律科学研究院博士后、华东政法大学教授、《青少年犯罪问题》杂志主编、上海政法学院刑事司法学院院长、团中央权益部副部长兼规划办副主任、上海政法学院党委常委、副校长等。

兼任中国预防青少年犯罪研究会副会长、上海市预防青少年犯罪研究会会长、上海市法学会未成年人法研究会会长、上海市法学会禁毒法研究会会长，主要从事刑事法学、青少年法学、教育法学研究，在教育法学领域的代表性成果有《校园暴力控制研究》（主编）《大学生法治教育论》（主编）《中小学安全风险防控机制研究》（主编）等，主持并完成教育部人文社会科学研究专项任务“各级党委和政府为学校办学安全托底研究”（19JF012）、教育部委托项目“学校安全风险防控机制研究”（JYBZFS2016002）及“未成年学生学校保护规定研究”（JYBZFS2018003）等相关课题多项。

受聘为国务院妇儿工委办、最高人民检察院、团中央等部委在相关领域咨询专家，曾获全国未成年人思想道德建设工作先进工作者、上海市十大杰出青年、上海市优秀中青年法学家、上海市杰出青年岗位能手、上海市禁毒先进个人、上海市未成年人思想道德建设工作先进工作者、上海市曙光学者等荣誉，入选中国哲学社会科学最有影响力学者排行榜（2017 年、2020 年）、名列中国被引次数超过百次刑法学科青年学者（45 岁以下）第八位（2017 年），国家检察官学院、华东政法大学等十余所高校兼职教授。

滕洪昌

鲁东大学教育科学学院实验中心主任、副教授，烟台市心理学会监事长，硕士生导师，主要从事青少年犯罪问题、少年司法心理学、未成年人保护等领域的研究。主持全国教育科学规划课题 1 项、山东省教育科学规划课题 1 项、烟台市社会科学规划课题 2 项，参与中央政法委、国务院妇儿工委、教育部、司法部、科技部、团中央、上海市妇联、上海市民政局等多项课题；在《中国青年研究》《中国教育学刊》《心理学探新》《教育科学研究》《青少年犯罪问题》《预防青少年犯罪研究》等刊物发表论文十余篇，其中 3 篇被人大复印报刊资料全文转载；出版著作《中小学安全风险防控机制研究》（副主编）《困境儿童保障研究——主要以上海市为例》（副主编）两部；获山东省高等学校人文社会科学优秀成果二等奖 1 项。

田相夏

上海市专门教育研究与评估中心副主任、上海市预防青少年犯罪研究会副秘书长、上海市法学会未成年人法研究会副秘书长、中国预防青少年犯罪研究会理事，华东政法大学《青少年犯罪问题》编务主任、西南政法大学博士生，曾获上海市青年五四奖章、首届上海市法学会优秀研究会秘书长等荣誉称号。主要研究方向为青少年犯罪学、刑法学等。先后参加教育部、团中央、上海市教委、上海团市委等多项国家、省部级课题。曾先后在《法制日报》《人民检察》《当代青年研究》等刊物发表论文十余篇，出版著作两部：《合适成年人与刑事诉讼：制度渊源、演进与未来》（副主编）、《保护与惩罚：预防未成年人犯罪实证研究》（副主编）。

刘　悦

鲁东大学教育科学学院博士生，曾任英国救助儿童会项目官员、国际计划欧盟项目协调员，参与教育部、司法部、团中央等多项课题研究，在《中国青年社会科学》《犯罪与改造研究》等刊物发表论文十余篇。

序

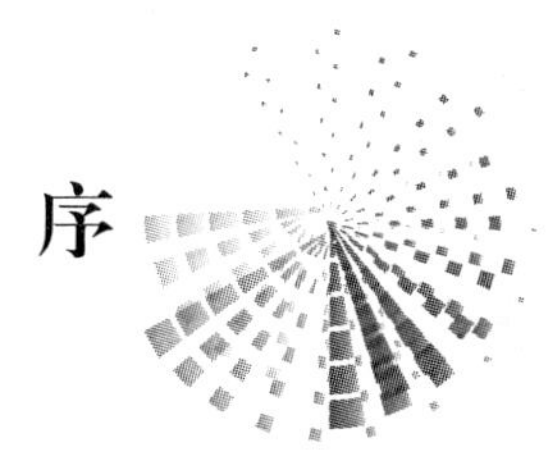

《防治校园欺凌：学理与实证》一书主题明确，内容丰富，是我迄今读到的关于校园欺凌的有份量的专著。“份量”主要体现在三个方面：一是有相当扎实的实证调查研究数据资料；二是有较深入的理论探讨和分析；三是有清晰的为社会安全进步服务，为青少年健康成长服务的爱心和指导思想。

作者是一批关注中国特色社会主义进步发展的高学历、有梦想、努力奋斗的年轻学者，为首的是我国当今在青少年法、未成年人权益保护、青少年犯罪预防研究领域的杰出学者、优秀中青年法学家。课题又得到有关领导部门和实践第一线的专家、学者的支持、帮助，保证了本书的质量和水平。

校园欺凌是由来已久的社会问题，世界各国时有发生，在我国也早已存在，时不时的由于一些特别重大的案件引起社会普遍关注，成为社会的热点、焦点，引发“校园暴力”“少年结伙违法犯罪”“恶少”“强索与抢劫”“校园霸凌”等讨论。近年来，名称逐步趋向“校园欺凌”。在中央全面推进依法治国的大背景下，为维护社会安全稳定和保障青少年健康成长，国务院以及教育部和其他相关部门连续出台文件，要求对校园欺凌问题进行治理。这些都推动了《防治校园欺凌：学理与实证》一书的研究和写作。

全书分为五篇共十七章，理论联系实践，对我国校园欺凌的现状、校园欺凌的基础理论、国内外治理校园欺凌的经验、相关政策法律的落实情况、发生机理、防治理论等都进行了深入的研究，并就如何完善我国治理校园欺凌的政策、措施提出了建议。

本书的出版对当前研究和治理校园欺凌不仅有理论价值，而且有指导实践、改善实际工作的现实意义。理论上，从历史到现实作了较系统的多方面研究，特别是概念界定、发生机理等基础理论问题，为进一步开拓深化打下基础。大量实证调查、数据、经验、建议，不是空洞地阐述理论，具有可借鉴、可操作性，在实践中的重要意义不言自明。

本书的中心是探讨校园欺凌问题，但其意义不限于校园欺凌，展开来关系到当前有关社会治理、未成年人权益保护、青少年犯罪和预防等许多社会热点、难点、焦点问题，如是否必须降低刑事责任年龄、儿童优先特殊保护原则、少年刑法和特殊程序、未成年人特殊主体等。校园欺凌问题的深化研究和科学推进、解决，必将促进相关问题研究的进步和提升，大大推进我国少年法学和未成年人保护学科的发展和现代化水平。

本书面向实际、面向社会、面向党和国家关注的问题，这种研究方向、思路、方法对法学、社会科学也是值得学习、坚持、提倡的。社会科学离不开时代特征、时代需要、国情、社情。我个人认为，本书的出版也具有导向、倡导的意义和价值。

当然，本书也存在需要进一步完善之处，例如由于是集体合作的成果，行文风格还需要进一步统一。再如，多个章节具有独立成文的特点，虽然这有利于提高研究的深度，但也可能影响全书的逻辑体系。

综上，我肯定本书是有价值、值得出版的优秀著作，具有理论与实践的多重意义。很多内容和观点有新意和创新，值得一读。

华东政法大学功勋教授　徐　建

2020 年 5 月 7 日

前　言

近年来，校园欺凌事件时有发生，成为社会关注的热点问题。校园欺凌不仅损害未成年人身心健康，也冲击社会道德底线。党和国家高度重视校园欺凌的治理，积极回应社会关切。2016年4月，国务院教育督导委员会办公室印发《关于开展校园欺凌专项治理的通知》，要求各地对校园欺凌进行专项治理，这是首次从国家层面提出对校园欺凌治理的要求；2016年11月，教育部等九部门联合发布《关于防治中小学生欺凌和暴力的指导意见》，在现行法律与政策的框架内对校园欺凌的预防和处置提出了更加综合、更加具体的要求；2017年12月，教育部等十一部门又联合印发《加强中小学生欺凌综合治理方案》，从治理内容及措施、职责分工、工作要求等方面做了具体要求，以期形成治理校园欺凌的长效机制。

但从目前情况看，无论从理论还是实践方面，对于我国校园欺凌的概念界定、发生原因、现状都需要进一步的明晰，预防、干预和处置机制需要进一步建立和完善，现有政策落实情况、取得的成效需要进一步总结，政策设计需要进一步创新。为此，我们开展了防治校园欺凌项目研究，主要任务是理清校园欺凌的基础理论问题，例如概念、发生机理、防治基本理论；客观分析和评述我国校园欺凌的现状；比较国外治理校园欺凌的经验；同时针对相关政策法律的落实情况作出客观评估，并提出完善我国治理校园欺凌政策、措施的建议。

课题组成员对相关研究文献进行梳理；先后到上海市、重庆市、海南省等省市的相关机构进行课题调研，对中小学生进行问卷调查和深入访谈，对教师和家长进行深入访谈，召开由教育、公安、检察院、法院多个部门参加的专题座谈会。经过多方的共同努力，我们顺利完成了课题的研究任务，该著作是课题的研究成果之一。

本书分为五篇，共十七章。第一篇是导论，包括两章：校园欺凌研究综述和对校园欺凌的界定。通过梳理，我们发现目前对校园欺凌的研究主要是立足于教育学视角从学生角度出发，但校园欺凌的防治需要多个学科，如教育学、法学、社会学、心理学等的整合，因此应该从多个领域来综合研究校园欺凌现象，寻求更为全面有效的解决方案。对于“校园欺凌”的界定，不同国家因其实践情况不同、学者因为立足点的不同而有所差异，有的可能从主体角度来界定，有的则侧重于从行为的外在表现来界定。本书在对这些分歧进行分析的基础上，提出校园欺凌由五个要素构成：一是主体要素，即谁是校园欺凌的行为人或加害人；二是主观要素，即欺凌者的主观态度；三是行为要素，即欺凌行为以何种方式实施；四是时空要素，即欺凌发生的时间和空间范围；五是后果要素，即欺凌行为造成的后果。由此，对校园欺凌做了如下界定：校园欺凌是指发生在学生之间，故意地持续性通过书面、口头、肢体或网络等多种方式，使受害人主观上感受其物质、身体、精神上的损伤或威胁的具有侵害性的行为。

第二篇是实证研究，包括中小学生校园欺凌的影响因素及其现状、重庆市和海口市的校园欺凌调研报告，以及《上海市上南中学网络欺凌预防指南》。通过对全国104 384名中小学生的调查，我们发现：男生、不住校的学生、父母在外打工的学生更容易被欺凌或实施欺凌；对学生进行法制教育、心理健康教育或安全教育总体上是有效果的；无论是被欺凌还是欺凌，年级的影响都显著。重庆市对校园警务以及构建心理服务体系的实践探索，海口市预防为先的理念以及在班级设立"小哨兵"的探索值得其他省市借鉴。面对来势汹汹的网络欺凌，上海市上南中学本着解决问题的思路，围绕着"是什么""为什么""怎么办"三个方面设计全国首份预防指南，包含针对学生、家长和老师三部分人群的预防措施，取得了良好的实践效果。

第三篇是校园欺凌的多视角分析，包括校园欺凌的发生机理、对校园欺凌被害人和加害人的探讨以及学校视角的分析。对于校园欺凌的发生，遗传因素、家庭因素、学校因素、个体因素以及社会因素都有影响，本书重点分析了个体因素和学校因素的影响。我们认为，具有某些特殊的生理特征、人格与行为特征的中小学生容易被欺凌，可能会面临心理以及生理上的伤害，提高他们的自我保护意识和能力尤其重要；校园欺凌的加害人容易形成不良人格、出现社会化障碍以及攻击性倾向，培养他们的同理心以及提高自我控制能力可以减少欺凌行为的发生。对于学校而言，应该提高应对校园欺凌的能力，加强对学生优秀品格和健全人格的培育与引导，重视学生的认知能力和行为规则教育，加强与家庭、社会的沟通和协调，形成保护青少年成长的合力。

第四篇是校园欺凌的比较借鉴，对美国、英国、日本在预防和处置校园欺凌的做法进行了分析，以期为我国防治校园欺凌工作提供参考。其中域外典型的做法有：在美国，50个州基于人身权利神圣不可侵犯的立法理念，制定了《反校园欺凌法》，且在此之下形成的学区政策更富有操作性；在英国，地方政府将反对校园欺凌作为法定职责，在学校内设置专门的反校园欺凌机构；在日本，形成了一套自上而下的，以特别刑事法为前提，以综合性专门立法体系为保障的法律体系来应对校园欺凌。

第五篇是防治校园欺凌的对策建议。我们在分析近期出台的政策文件的基础上，提出构建校园欺凌训诫制度，对该制度的启动主体、专门机构、适用对象和条件、适用程序等都进行了探讨；针对现行法律存在的弊端，提出构建宽容而不纵容的校园欺凌治理机制，包括完善中间性干预措施，赋予学校教育惩戒权与纪律处分权，建立学校、家庭、社会三位一体的防治体系。

在短时期内国家连续针对校园欺凌的防治提出要求，一方面体现了国家对校园安全的重视，另一方面也表明了校园欺凌问题的严重性以及防治的迫切性。本书的选题具有一定的现实意义。总体来看，本书具有以下特点：

第一，注重理论与实践的结合。本书不仅有理论方面的分析，如研究现状、概念界定、发生机理等；也有实践层面的调研，如对中小学生的调查、对相关政府部门的座谈、对家长和教师的访谈等，避免空洞地阐述理论问题。

第二，从多角度认识校园欺凌问题。校园欺凌的发生涉及学校、学生、家长等相关主体，对校园欺凌的防治也是社会的共同责任，其中学校起着至关重要的作用，因此我们重点对学校应该如何应对校园欺凌进行了深入论述。以往的研究对加害者关注较多而对受害者关注相对少，本书从加害者角度和被害者角度都进行了分析，有助于更全面地认识校园欺凌现象。

第三，对策建议具有较强的可行性。我们提出构建的校园欺凌制度、宽容而不纵容的校园欺凌治理机制等都紧扣相关政策文件的精神，针对校园欺凌治理存在的弊端，尤其是法律层面的弊端，有针对性地解决问题。所提出的建议中，有的已经在一些地方进行了试点探索，当然地方经验需要进一步提炼与升华。

本书的写作分工如下：第一章由王盼盼撰写；第二章由刘悦撰写；第三章由滕洪昌、姚建龙撰写；第四章滕洪昌撰写；第五章由田相夏、耿献勇、张丹、唐红云撰写；第六章由滕洪昌、周颖、王盼盼、林需需撰写；第七章由张正国撰写；第八章由耿献勇撰写；第九章由尹娜娜撰写；第十章由林需需撰写；第十一章由张丹撰写；第十二章由滕欣子、李阳、孙鉴、滕洪昌撰写；第十三章由姚建龙撰写；第十四章由田相夏、林需需撰写；第十五章由周颖撰写；第十六章由滕洪昌、姚建龙撰写；第十七章由颜湘颖、姚建龙撰写。

本书由我确定研究与写作思路并拟出大纲，滕洪昌在研究中承担了大量具体组织工作，田相夏、刘悦协助进行了课题组织与统稿工作，徐维泽承担了排版工作，我所指导的2018级研究生协助进行了全书校对工作。由于能力所限，不可避免会存在一些问题甚至错误，敬请各位读者批评指正。由于每位作者的写作风格和表达方式不同，我虽尽可能去进行修改，但很难完全统一，恳请读者谅解。本书得到鲁东大学问题青少年教育矫正管理博士人才培养项目资助出版，特此致谢。

我们会继续关注校园欺凌现象，进一步深入研究，为防治工作尽最大努力。

姚建龙

2019年6月1日

致 谢

在本课题研究过程中，课题组先后到上海市、重庆市、海南省等各省市的相关机构进行课题调研，召开了多个部门参加的专题座谈会，得到了很多专家、领导的支持与帮助。对于下列同志，特致以诚挚的谢意，如有不慎遗漏敬请谅解（排名不分先后）：

国务院妇女儿童工作委员会办公室一级巡视员　宋文珍

国务院妇女儿童工作委员会办公室儿童工作处　李贺

教育部政策法规司副司长　王大泉

民政部儿童福利司副司长　倪春霞

联合国儿基会项目官员　苏文颖

重庆市妇女儿童工作委员会办公室副主任　王祖伟

海南省妇女儿童工作委员会办公室副主任　刘军

云南省妇女儿童工作委员会办公室副主任　吴皖明

海南省海口市妇女儿童工作委员会办公室副主任　庐珊

海南省海口市法制教育中心主任　马红

上海市教委青保处处长　焦小峰

上海市教育委员会青保处　张大飞

CONTENTS

目 录

第一篇
导　论

第一章
校园欺凌研究综述

近年来，随着各类校园恶性事件的频频曝光，校园欺凌问题受到了社会各界的普遍关注，俨然已成为一个热点性话题。校园欺凌对学生的伤害无疑是巨大的，不论是欺凌者，还是被欺凌者，甚至是旁观者都可能遭受不同程度的身心伤害。为了有效地降低校园欺凌的发生率，减少其带来的危害，2016年4月，国务院教育督导委员会办公室下发《关于开展校园欺凌专项治理的通知》，明确了治理的目的和范围，并就各阶段的具体操作措施提出了较为详细的安排和要求。[1]2016年11月，教育部等九部门联合下发《关于防治中小学生欺凌和暴力的指导意见》，提出要积极有效预防、依法依规处置学生欺凌和暴力事件、切实形成防治学生欺凌和暴力的工作合力。[2]

理论界围绕这一问题开展了诸多研究，主要集中于校园欺凌的内涵、特征、成因、危害以及应对策略等几方面。但目前不管是在理论研究领域，还是实践操作层面均存在着一定的不足，诸如缺乏微观层面的细致研究，缺乏长期性的跟踪研究，后期的监督回访措施不完善等。本章以我国校园欺凌的具体研究现状为基础，结合国外相关方面的理论研究，从内涵、危害、成因、预防和应对等方面入手，对相关科研成果和代表性观点进行全面的概括和归纳，总结经验、查漏补足，进一步分析后续的主要研究内容、领域及主题，以期能够为相关政策的制定以及理论研究的深入提供参考。

一、校园欺凌研究文献分析

恶性欺凌事件的频发，引发了社会各界对于这一问题的高度关注，使得校园欺凌这个集心理学、法学、教育学、社会学等多个学科于一身的问题，迅速成为学术界研究和探讨的重点及热点。以“校园欺凌”为主题在中国知网上进行检索，共计查找到1682篇（数据截至2018年10月30日）文章，以上述检索结果为基础，我国校园欺凌的研究现状（2002年至2018年）可以被简单地概括为：论文数量整体递增，研究内容更加深入丰富，研究角度更加全面客观，研究方法更加灵活多样，收录来源更加全面丰富，但核心论文数量不多，整体质量不高，还有很大的进步和提升空间。

---

〔1〕《国务院教育督导委员会办公室关于开展校园欺凌专项治理的通知》。

〔2〕《教育部等九部门关于防治中小学生欺凌和暴力的指导意见》。

（一）校园欺凌研究文献数量分析

截至 2018 年 10 月 30 日，以“校园欺凌”为主题在中国知网上进行检索，共计查找到 1682 篇文章。其中 2002 年 1 篇，2003 年、2004 年、2005 年、2006 年均没有，2007 年 1 篇，2008 年 4 篇，2009 年 5 篇，2010 年 10 篇，2011 年 4 篇，2012 年 7 篇，2013 年 13 篇，2014 年 9 篇，2015 年 42 篇，2016 年 373 篇，2017 年 687 篇，2018 年 526 篇。

观察图 1-1 我们可以清晰地发现：2002 年至 2018 年我国有关校园欺凌的研究文献数量呈明显的上升趋势。2002 年至 2014 年有关校园欺凌的论文数量增长十分缓慢，基本持平，且论文的数量十分有限；到 2015 年，论文数量呈现明显增长趋势；2016 年相关论文的数量迅速攀升，比 2015 年高出近 10 倍；2017 年论文的整体数量仍然在持续攀升，达到了前所未有的高度；而 2018 年在过去的 10 个月的时间里已有 526 篇文章相继发表，可见在 2018 年这一问题依旧是理论界关注的热点。

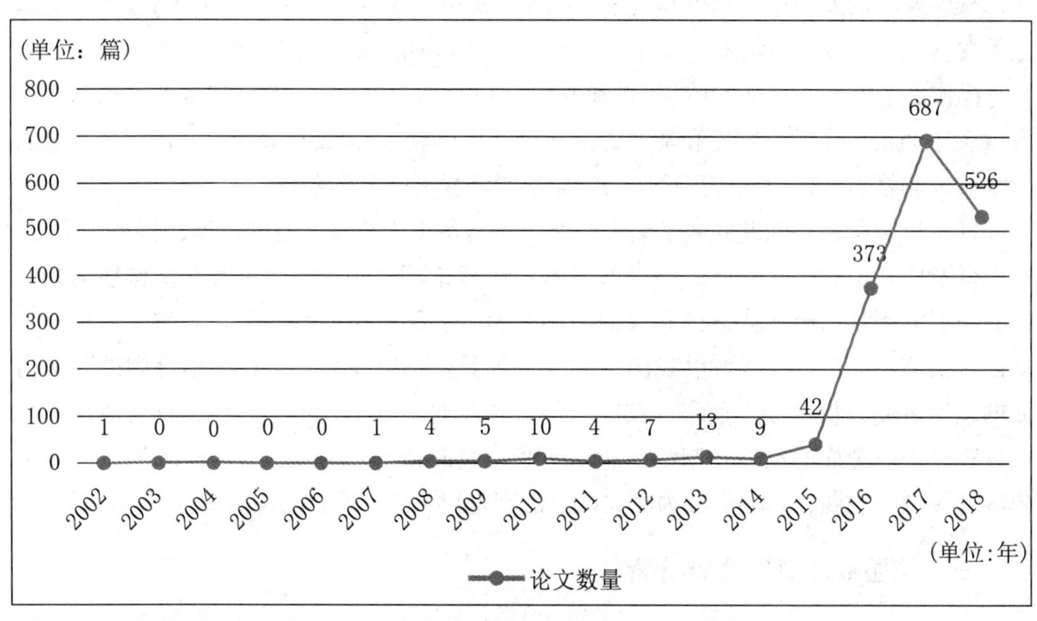

图 1-1　2002 年至 2018 年我国校园欺凌相关研究文献数量年度变化趋势

2015 年至 2018 年论文数量的迅速攀升，不仅表明理论界对于这一问题给予了高度的关注和重视，同时也说明校园欺凌已经受到了社会各界的广泛关注，成了新的社会热点；不仅表明目前我们对于这一问题的研究正在向着更为深入、全面的方向发展，同时也间接地表明在这一领域还有很大的研究和进步空间，仍需要进一步的突破和发展。

（二）校园欺凌的研究内容分析

通过对相关论文数据的分析，可以发现校园欺凌的研究内容越来越系统化和全面化。对比相关方面的研究论文，不难发现，近两年的论文内容明显更为丰富、全面和深入。2002 年至 2009 年有关校园欺凌的研究都比较简单，主要是简单的现象总结，然后在归纳总结的基础之上，提出相应的措施；2010 年至 2013 年相关方面的研究内容有所发展，开始关注日本、美国等国家的相关立法和实践研究，并开始探索适合我国的解决对策；2014 年以来，由于各类恶性校园欺凌案件频发，在引起社会广泛关注的同时，也进一步推动了理论研究的发展。关于校园欺凌的研究内容迅速丰富起来，在关注国内研究的同时，学者们将更多的关注点投入到国外，通过国内外研究成果的分析对比，不断寻找新的思路和解决途径。同时，对于这一问题的研究层次也更加深入、细致，开始从细微处入手，而不单单是粗略的宏观研究。研究的角度也趋于多样化，法学、教育学、心理学、社会学等多角度均有涉及。

（三）校园欺凌的核心期刊统计分析

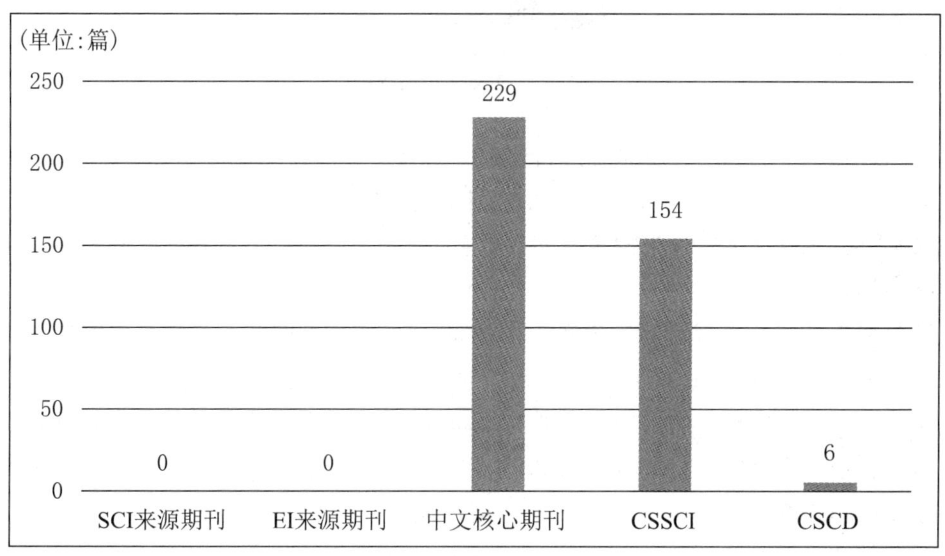

图 1-2　核心期刊发文量统计

通过对知网中关于校园欺凌核心期刊发文量的统计（图 1-2），我们可以发现，中文核心期刊的发文量为 229 篇，CSSCI 中文社会科学引文索引为 154 篇，CSCD 中国科学引文数据库为 6 篇，而 SCI 来源期刊及 EI 来源期刊的发文量均为 0 篇。由此不难发现，有关校园欺凌的论文数量近几年虽然有了很大的提升，但是写作质量并未得到大的提升，上述核心期刊的发文量在论文总数中的占比仍然很低，仅占 23. 1%。这在一定程度上说明，我们实际的研究质量和水平与我们对于校园欺凌的重视程度之间还存在着较大的差距，我们的研究还需要进一步深入和细化，有关校园欺凌研究的道路依旧很漫长。

（四）校园欺凌的收录来源分析

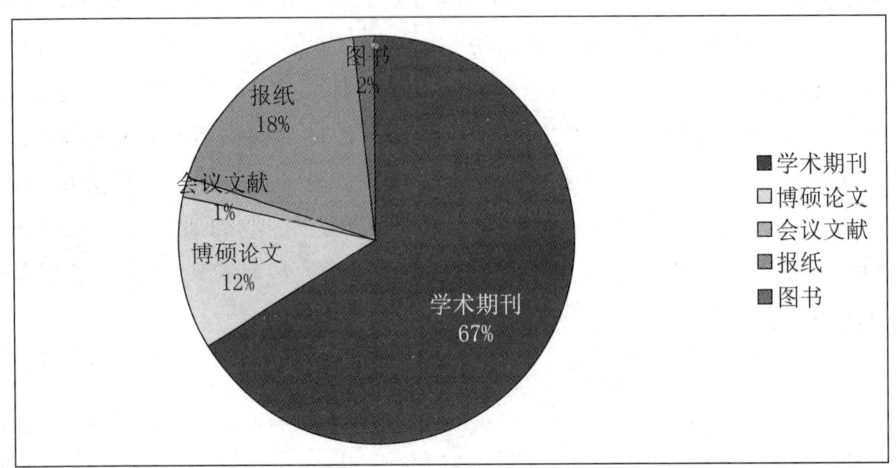

图 1-3 收录来源对比表

通过对知网中的论文文献来源进行比较分析（图 1-3），我们可以发现，有 67%的论文来源于学术期刊（共计 713 篇），18%来源于报纸（共计 197 篇），12%来源于博硕论文（共计 130 篇），2%来源于图书（共计 21 篇），只有 1%来源于会议文献（共计 11 篇）。

通过图 1-3 我们可以清楚地发现，占比最大的是学术期刊，其次是报纸，而会议文献占比最小。学术期刊的数量最多，很容易被理解，随着社会各界对于校园欺凌问题的关注，理论层面对其的研究也必然得到相应的重视，学术期刊文献自然而然也就多了起来；报纸文献的占比如此之高很难理解，在自媒体时代下，报纸这类纸质信息的传播途径越来越窄，其发挥的作用也在逐渐淡化，但就是在这种情况下，报纸文献的占比仍然如此之高，这恰恰说明了国家和社会各界对于校园欺凌问题的重视程度；博硕论文的占比并不高，一方面可能与其研究的专业方向有关，另一方面可能也与自身的研究喜好有关。

二、校园欺凌研究现状

校园欺凌是一个世界性的普遍问题，随着世界各国对于校园欺凌关注度的不断提高，相关方面的研究成果也越来越多，通过对现有的校园欺凌的研究成果与代表性观点进行梳理和归纳，笔者发现，现有研究主要集中于对校园欺凌的发生率、危害、成因及防治等方面。

（一）校园欺凌的发生率

校园欺凌在国外得到普遍关注是在 20 世纪 70 年代，之后其迅速地发展成为一个国际性的热点问题。世界卫生组织于 1988 年就开始对 15 686 名来自公立和私立学校一至六年级的学生做调查。2001 年公布的结果显示：30%的学生都有欺凌和被欺凌的经历，其中13%是欺凌，11%是被欺凌，6%是既被人欺凌，又欺凌别人。[1]目前，世界范围内的校园欺凌事件并没有得到有效的遏制，全球大多数国家都对校园欺凌问题给予了必要的关注和研究：日本的文部科学省在2012年9月11日发布的调查报告显示中称，2011年日本全国中小学共发生学生欺凌事件70 231件，连续3年超过万件，自杀的中小学生达200人，比2010年增加44人，是过去25年的最高水平。[2]美国教育部表示，30%的小学生都遭遇过校园欺凌，10%的欺凌行为发生在校车上。[3]

在国内，张文新等利用修订的Olweus欺凌问卷，采用分层整体抽样法分别在山东省的城市和农村选取了几所学校对9205名初中生和小学生进行了调查。结果发现：小学生中有22.2%的“有时或更频繁”地受欺凌、6.2%的“有时或更频繁”地欺凌别人；初中生中有12.4%的“有时或更频繁”地受欺凌、2.6%的“有时或更频繁”地欺凌别人。[4]这一调查数据引起了社会各界对于校园欺凌的高度关注。2015年，中国青少年研究中心针对10个省市的5864名中小学生的调查结果显示：32.5%的学生偶尔被欺负，6.1%的学生经常被高年级同学欺负。[5]姚建龙受教育部政策法规司委托承担“学校安全风险防控研究”项目期间，对全国29个县市104 825名中小学生的抽样调查发现：校园欺凌发生率为33.6%，其中经常被欺凌的比例为4.7%，偶尔被欺凌的比例为28.66%。[6]这一调查进一步说明了目前校园欺凌问题的严峻态势，高达1/3的中小学生遭受过不同程度的校园欺凌。对全国29个县（区）10万余名中小学生的调查发现：被欺负状况比实施欺负状况更严重；年级、是否住校、父母是否在外打工对被欺负和欺负有不同的影响。[7]

（二）校园欺凌的危害

不论是在国内还是在国外，不论是在城市还是在农村，校园欺凌都是一种普遍存在的现象。虽然这种现象是普遍的，但其所带来的危害却是巨大的，欺凌给孩子所带来的负面影响可能是终生的。孙晓冰、柳海民认为，欺凌行为不仅危害欺凌双方，同时对于校园（乃至整个社会安全）也会产生一定的危害，其不仅会影响青少年学生的健康成长和成才，同时也可能致使其形成不良人格，进一步危害社会。[8]张帅认为，校园欺凌的危害是巨大的，其对于欺凌者、被欺凌者以及旁观者都会产生一定的负面影响。诸如，对相关人员身心健康发展造成阻碍；对学校的整体秩序和育人氛围造成

---

〔1〕“‘欺凌’困扰各国中小学”，载http://www.jyb.cn/xwzx/gjjy/gjgc/t20070314_ 70198.htm.

〔2〕谢国桥：“日本2011年学生欺凌事件超7万　200中小学生自杀”，载http://www.chinanews.com.

〔3〕张琼：“小学校园欺凌行为及其对策研究”，重庆师范大学2014年硕士学位论文。

〔4〕张文新：“中小学生欺负/受欺负的普遍性与基本特点”，载《心理学报》2002年第4期。

〔5〕陈晓英：“校园欺凌谁来解围”，载《法制日报》2015年7月13日。

〔6〕颜湘颖、姚建龙：“‘宽容而不纵容’的校园欺凌治理机制研究——中小学校园欺凌现象的法学思考”，载《中国教育学刊》2017年第1期。

〔7〕滕洪昌、姚建龙：“中小学校园欺凌的影响因素研究——基于对全国10万余名中小学生的调查”，载《教育科学研究》2018年第3期。

〔8〕孙晓冰、柳海民：“理性认知校园霸凌：从校园暴力到校园霸凌”，载《教育理论与实践》2015年第11期。

一定的破坏；对社会的安全造成损害；迫使欺凌双方的家庭关系恶化等。[1]章恩友、陈胜认为，欺凌行为往往会给被欺凌者造成极大的伤害，导致被欺凌者出现一定的心理问题，形成消极人格，给其生活和学习带来一定的困扰，甚至出现交流障碍，形成社会化障碍。[2]胡春光认为，不论是对于欺凌者、被欺凌者，还是旁观者，校园欺凌行为都会带来一定的负面影响，而这种影响很可能是长期的，可能会影响其人格的正常形成和健全发展：对于欺凌者而言，其在成年之后越轨行为的发生率明显高于未实施过欺凌的学生；对于被欺凌者而言，长期反复性地遭受他人的欺凌和侮辱，可能会对他们的内心造成极大的伤害，促使其形成消极型人格，出现心理障碍，甚至产生自杀、自残的念头；而作为旁观者，很可能受欺凌者的行为影响，模仿欺凌者的行为，以暴力解决问题，形成攻击人格。[3]张大均认为，校园欺凌对被欺凌者心理健康的短期影响主要表现于同伴侵害对受害者内化、外化问题行为以及自我概念的危害；[4]而长期影响则主要表现为幼年时期的被欺凌经历对其在长大之后的心理方面的不利影响，例如形成不良人格等。

校园欺凌的危害是不容小觑的。作为欺凌中最为直接的受害对象即被欺凌者，他们不仅要遭受身体上的伤害，同时也要承受来自心理上的伤害。因为长期遭受欺凌，他们往往会出现恐惧、焦虑、自卑、孤僻等心理，人际交往能力也会陷入恶性循环，甚至可能会产生自杀和报复社会的念头；而对于欺凌者本人而言，其不仅要承担相应的责任，面临校规校纪的处罚，甚至是法律的制裁，长此以往还可能形成攻击型人格等；对于旁观者来说，可能会造成一定的心理不适和伤害，有的孩子甚至会去模仿欺凌者的行为，成为欺凌行为的又一实施者。孩子是国家的未来和希望，如果校园欺凌这一现象长期得不到有效的规制，就会对整个社会的稳定和发展产生一定的影响。

（三）校园欺凌的成因

致使校园欺凌频发的原因是多方面的，深入地剖析校园欺凌的成因是解决欺凌问题、进行有效干预的关键所在。目前，现有研究成果中针对欺凌成因的研究主要是从个人、家庭、学校和社会四个维度展开的。

1. 个体层面

有学者指出，造成欺凌的个体原因主要包括以下几点：一是被欺凌者性格懦弱、逆来顺受、不敢反抗、缺乏交往能力或是性格孤僻、不合群；二是部分学生自尊心、嫉妒心和报复心理极强，导致了欺凌的发生；三是受青少年学生的身心特点的影响。这一年龄段的学生正处于生理发育时期，精力和体力都比较旺盛，但给他们消耗和宣泄的方式却不足。在心理上，这一阶段的学生内心还比较脆弱，不够成熟，不能够很好地控制自己的情绪，面对挫折和批评时很容易激动，为了所谓的“面子感”极容易

[1] 参见张帅：“规则教育视域下中小学校园欺凌行为研究”，载《教育探索》2016年第9期。

[2] 参见章恩友、陈胜：“中小学校园欺凌现象的心理学思考”，载《中国教育学刊》2016年第11期。

[3] 参见胡春光：“校园欺凌行为：意涵、成因及其防治策略”，载《教育研究与实验》2017年第1期。

[4] 周冰馨：“国内校园欺凌现象文献综述”，载《岳阳职业技术学院学报》2017年第4期。

选择极端的方式来解决问题。[1]还有学者认为男生处理问题简单直接，女生则往往会隐藏自己的真实想法，习惯用自己的方式发泄情绪或达到目的。青春期的青少年拉帮结派是归属感的需要，从而增强身份认同。[2]此外，认知辨别能力、自我控制能力较弱，法律意识淡薄，性格内向、孤僻、不爱交往和参加集体活动，因学习成绩差而自卑，受到老师的嘲讽或忽视，也会遭受同学的歧视和欺凌。[3]上述研究表明，学生自身的性格、生活习惯、交往能力以及学业成绩等因素都有可能导致校园欺凌行为的发生。

2. 家庭层面

家庭因素对一个人的影响是巨大的，学生自身的性格、行为以及为人处世的方式都与家庭环境密不可分，校园欺凌的发生也深受家庭的影响。家庭的组成结构、经济收入以及父母自身的素质修养、家庭关系（包括亲子关系）、家庭暴力、个人习惯嗜好、为人处世态度等都会对孩子产生一定的影响，进而导致校园欺凌的发生。在通常情况下，单亲家庭、重组家庭、流动家庭和农村留守儿童家庭，由于家庭结构残缺或父母教育缺位，孩子有可能会得不到应有的关爱和教育，极容易变得孤僻、冷漠，不愿与人交流沟通，敏感脆弱，不相信他人，缺乏足够的自信心和安全感。也正是因为如此，他们常常不知道该如何处理和同伴之间的关系，陷入无尽的迷茫与困惑。此外，独生子女时代家长溺爱、放纵孩子也是重要的原因之一。[4]

3. 学校层面

学校过分强调文化课程的学习，而忽略了思想道德和法制教育，致使学生道德素质、法律意识薄弱；学校重智育轻德育，忽视学生的身心健康，使得学业成绩差的学生选择和被选择了“逃离”，嘲笑成绩好的学生、抽烟喝酒、欺侮他人，甚至打架施暴；[5]部分学生出现逃课、逃学现象，迷恋网络、出入娱乐场所，在学校通过暴力、强索等方式来满足自私本性；[6]教师的言行举止和态度以及教育方式过激，致使老师的威信降低，师生关系紧张；学校缺乏相应的心理、法治及思想道德教育；学校管理权力有限，管理松散，缺乏相应的预防、应急和处理机制；学校周边治安环境较差；被开除的学生是参与欺凌的重要成员，因为他们在校期间，常因为各种各样的事情和老师、同学之间存在不同的矛盾，被开除后，这些人无所事事，总计划着“报复”同学、老师和学校。[7]

---

〔1〕参见刘天娥、龚伦军：“当前校园欺凌行为的特征、成因与对策”，载《山东省青年管理干部学院学报》2009年第4期。

〔2〕孙临美、林玲：“儿童校园欺凌问题的现状　归因及对策”，载《校园心理》2009年第3期。

〔3〕徐玉斌、郭艳艳：“校园欺凌的原因与对策分析”，载《河南教育学院学报（哲学社会科学版）》2016年第6期。

〔4〕王德伟：“对校园欺凌现象的教育反思”，载《基础教育研究》2015年第9期。

〔5〕蔡连上：“‘逃离文化’视角下校园欺凌治理研究”，载《中国教育学刊》2016年第11期。

〔6〕杨岭、毕宪顺：“中小学校园欺凌的社会防治策略”，载《中国教育学刊》2016年第11期。

〔7〕刘天娥、龚伦军：“当前校园欺凌行为的特征、成因与对策”，载《山东省青年管理干部学院学报》2009年第4期。

4. 社会层面

学校是社会的一部分，影响校园欺凌的社会因素是多方面的。网络、影视、动漫、新闻等传播工具对凶杀、暴力、色情等过分宣扬，直接导致尚未具有很强的判断和辨别能力的学生效仿，并内化为自身的行为和处事原则；[1]社会规则缺失，只要情节不够严重，欺凌者不会受到惩罚，使欺凌者日益猖狂；[2]没有专门针对校园欺凌的法律，缺乏惩戒干预机制，行为后果成本过低；[3]同辈群体相互影响，兴趣相投的学生找到共同的语言和话题，相互感染和模仿，一旦团体中具有“威望”的学生带头进行欺凌行为，其他成员难免迎合。[4]

（四）校园欺凌的防治

国内关于校园欺凌的预防，大都是基于欺凌的成因，从个人、家庭、学校以及社会四个层面展开的。对于学生个人而言，一般主张加强道德修养和法治素养，正确认识和对待校园欺凌，学会排解负面情绪，强化沟通交流能力，建立良好的人际关系等；对于家庭，则要求父母以身作则，处理好家庭关系，密切关注孩子的身心变化，积极地与孩子、学校沟通，帮助孩子树立健康乐观的心态，正确认识和理解欺凌行为，学习必要的自我救济和保护措施；对于学校，则要积极地做好预防应对工作，建立有效的预防管理机制，整顿和治理好学校及其周边的环境，加强对学生的思想道德和法制的教育，加强学校硬件设施建设，提高监控力度，为学生营造良好的学习环境；对于社会，要提高对欺凌的重视程度，正确认识和对待校园欺凌，加大宣传教育力度，营造全社会反欺凌的良好氛围。与此同时，政府部门要进一步规范文化传播内容，完善校园安全立法，积极治理校园周边环境。[5]

关于国内校园欺凌的应对，胡春光主张认知是第一要义，预防校园欺凌首先要提高社会、学校、老师以及学生本人对校园欺凌行为的认识和理解；其次，要提前关注、及早介入，学校要加强对欺凌高发群体的关注度，把欺凌行为扼杀在萌芽状态；再次，要正确看待校园欺凌，为欺凌者创造机会，宽容并帮助欺凌者走出歧途，回归学校；复次，要对被欺凌者给予高度的关注，适当介入，帮助其尽快摆脱被欺凌的阴影；最后，要为欺凌双方的家庭提供必要的咨询和辅导，多方位解决问题。[6]魏叶美、范国睿独辟蹊径，从社会学角度出发，认为应加强社会环境综合治理，形成“家校-师生-父母-子女”的良性互动，并进行学校内部的反欺凌治理改革。[7]章恩友、陈胜从心理学出发，认为纠正社会各界对于校园欺凌行为的错误认知、帮助学生树立正确的人际交往关系和处事态度，以及强化对学生的心理干预和矫治是解决校园欺凌问题的关

[1] 马雷军：“让每个学生都安全：校园欺凌相关问题及对策研究”，载《中小学管理》2016年第8期。
[2] 魏叶美、范国睿：“社会学理论视域下的校园欺凌现象分析”，载《教育科学研究》2016年第2期。
[3] 方芳：“造成校园欺凌有四大原因”，载《中国德育》2016年第6期。
[4] 王德伟：“对校园欺凌现象的教育反思”，载《基础教育研究》2015年第9期。
[5] 李燕秋：“校园欺凌研究综述”，载《教育科学论坛》2016年第14期。
[6] 胡春光：“校园欺凌行为：意涵、成因及其防治策略”，载《教育研究与实验》2017年第1期。
[7] 魏叶美、范国睿：“社会学理论视域下的校园欺凌现象分析”，载《教育科学研究》2016年第2期。

键，如果能够有效地做到这三点，那么校园欺凌的现状必然能得到极大的改善。[1]以法学研究为视角，颜湘颖、姚建龙建议从完善校园欺凌的中间性干预措施、赋予学校教育惩戒权与纪律处分权以及建立学校、家庭、社会三位一体的防治体系三方面来完善校园欺凌的治理机制。[2]张帅站在教育学的高度提出，要想有效地干预和治理校园欺凌行为，我们首先必须清晰、明确地规定教育的具体内容，优化教育资源和教学行为，均衡各方面的教育占比，在注重他律规制的同时，兼顾自律规制的重要性，内外兼顾从而形成有效的教育合力，在教育引导与教育监管的相互作用下，保障每一个学生的健康成长和成才。[3]王嘉毅、颜晓程、闫红霞以校园道德建设为立足点，认为应该从校园文化的道德建构及校园人际交往文化的道德建构两方面入手，对校园欺凌事件进行一定的道德干预和教育，从根本上降低校园欺凌事件发生的概率等。[4]

三、校园欺凌研究的总结与展望

纵观整个校园欺凌的研究成果我们可以发现，无论是在校园欺凌的内涵界定、现状描述，还是成因分析、对策探究，抑或是域外借鉴等方面都取得了丰硕的成果：研究内容不断健全，研究范围不断扩大，研究质量逐步提升，理论层次不断深入。通过观察2002年以来的研究趋势，我们可以预测，在接下来的几年里，校园欺凌问题依旧会成为学界以及实务部门关注和研究的重点。如前所述，目前关于这一问题的研究已经取得了相对可喜的成果，但仍然存在着一定的不足和缺陷，需要进一步思考和完善。

（一）对当下校园欺凌研究的总结

目前，关于校园欺凌的研究已经成为世界性的话题，世界各国都对其给予了广泛的关注，相关方面的研究文献数量急剧上升，理论和实践领域的研究都在如火如荼地进行着，但欺凌问题并没有因此而得到有效的遏制，各类恶性校园欺凌事件依旧频频发生，校园欺凌问题依旧很严峻，相关方面的研究质量还有待进一步的提升。笔者拟从校园欺凌的内涵、危害、成因以及预防应对措施四个方面对当下校园欺凌的研究现状做一个简单的总结。

首先，就“校园欺凌”的内涵而言，不同国家、不同学者因其实践情况以及立足点的不同而有所差异，有的可能从主体角度来界定，有的则侧重于行为的外在表现。但不管具体的表达如何，其关于欺凌本质的理解基本是一致的，即欺凌者有意通过身体的、语言的或者借助网络等方式，直接或间接地对被欺凌者施加身体与心理方面的伤害的行为。[5]其次，关于校园欺凌的危害，毋庸置疑，校园欺凌的危害巨大，其带

---

〔1〕章恩友、陈胜：“中小学校园欺凌现象的心理学思考”，载《中国教育学刊》2016年第11期。

〔2〕颜湘颖、姚建龙：“‘宽容而不纵容’的校园欺凌治理机制研究——中小学校园欺凌现象的法学思考”，载《中国教育学刊》2017年第1期。

〔3〕张帅：“规则教育视域下中小学校园欺凌行为研究”，载《教育探索》2016年第9期。

〔4〕周冰馨：“国内校园欺凌现象文献综述”，载《岳阳职业技术学院学报》2017年第4期。

〔5〕李春慧：“我国校园欺凌行为研究综述”，载《教育参考》2017年第4期。

给孩子的影响可能是终生的。对被欺凌者而言，可能会造成一定的身体和心理上的伤害；对欺凌者而言，其不仅要承担相应的责任，长此以往还可能形成攻击性人格等；对旁观者来说，可能会造成一定的心理不适和伤害，有的孩子甚至会去模仿欺凌者的行为。孩子是国家的未来和希望，如果校园欺凌得不到有效的规制，也可能会对整个社会的稳定和发展产生一定的影响。再次，关于校园欺凌的成因，学者们主要从个体、学校、家庭以及社会四个维度来加以诠释。个体层面，主要关注的是学生自身的性格、年龄、生活习惯、学习成绩、交际能力等；家庭层面，关注的则是家庭构成、经济情况、家庭氛围、父母的教育理念以及教育方式等；学校层面，学者们将关注点放在了学校的教育理念、课程安排、管理模式、校园周边的安全治理、师生以及同学之间的关系等方面；社会层面，主要从社会氛围、社会规则、网络传媒以及法律法规等方面进行分析研究。最后，关于校园欺凌的预防应对措施，大都是基于欺凌的成因，从个人、家庭、学校以及社会四个层面展开的。学生个人要不断提高自身修养和法律素质，强化相关方面的防范意识，建立良好的人际关系，从而提高自我保护能力，远离欺凌与被欺凌；父母要以身作则，处理好家庭关系，密切关注孩子的身心变化，帮助孩子学习必要的自我救济和保护措施；学校要积极做好预防应对工作，强化对学生的思想道德培育和法制教育，整顿校园及周边环境，为学生营造良好的学习环境；要提高整个社会对欺凌的重视程度，加大宣传教育力度，营造全社会反欺凌的良好氛围。政府部门要规范文化传播的内容，完善校园安全立法，积极治理校园周边环境。

综上，可以发现，在校园欺凌问题的研究中，主要是立足于教育学视角，从学生角度出发进行研究的。其实，校园欺凌是一个集教育学、法学、社会学、心理学、政策学等多学科于一身的问题，因此可以尝试从其他领域，甚至是多个领域来综合研究这一现象。另外，也可以从多角度出发进行相应的探索和研究，寻求更为全面、有效的解决方案，使得有关校园欺凌的研究更为深入、具体、切实有效。

（二）对未来校园欺凌研究的展望

1. 研究内容：校园欺凌的预防和应对措施仍是未来研究的重点

随着社会各界对校园欺凌关注度的不断提升，这一领域的相关研究也越来越多，大量研究文献和研究成果不断涌现，但校园欺凌现象并未得到有效遏制，各种恶性事件频频被曝出，校园欺凌的预防和应对措施研究的发展空间还很大。在接下来的研究中，要进一步去探究行之有效的预防和应对措施，寻求更为合理、有效的解决途径，减少校园欺凌所带来的危害，尽可能降低欺凌的发生率，为学生营造良好的学习氛围。同时，在研究的过程中要注重研究成果的可操作性和实用性，不能只是纸上谈兵，不切实际。

2. 研究视角：多角度综合研究，均衡研究主题

校园欺凌是一个集教育学、法学、社会学、心理学、政策学等多学科于一身的问题，而现有的研究大多都是站在教育学的视角，只有极少部分是站在心理学、法学等视角进行研究的，至于多视角、多学科的综合研究就少之又少了。同时，已有的校园

欺凌研究，大多都是从欺凌者的角度出发，很少有从被欺凌者角度出发的，从旁观者角度出发的几乎为零。而只有从多视角、多角度出发才能更为清晰、全面地了解欺凌问题，寻求解决措施。显然在这一方面我们做得还不够，相关内容的研究还比较欠缺，多视角、多角度的综合研究俨然已经成为未来校园欺凌研究的新趋向。

此外，现有的校园欺凌研究主题分布也不均，缺乏相对全面和深入的研究。现有的研究大都集中于其成因、危害及其应对等方面，对于欺凌中的旁观者、欺凌的社会传播等方面的研究相对薄弱，相关方面的文献研究成果也比较少，这些方面的探究是下一步研究的又一突破口。

3. 研究方法：改进方法，寻求新的突破口

任何问题的研究和发展都离不开科学的研究方法，目前关于校园欺凌问题的研究方法相对较为单一，且不够规范，有关欺凌问题的实证研究主要采用问卷调查的形式。这一研究的主要问题在于，报告者在问卷的填写过程中可能会隐瞒真实情况或降低强度，因为并非每一个同学都愿意将自己欺凌别人或者被欺凌的真实情况准确、完整地填写出来，报告者内心会有自己的考量，毕竟不管是欺凌别人还是被别人欺凌都不是一件光彩事。其实，每种研究方法都有自身的局限性，因此，在未来的研究过程中，应该尽可能多地尝试多元化的研究方法（调查法、观察法、个案研究法和案例法等研究方法），并尝试将多元化的研究方法结合起来，发挥各自的研究优势，扬长避短，寻找新的解决途径和突破口。

第二章
校园欺凌的界定

近年来，我国校园欺凌问题日益凸显，受到了公众和媒体的高度关注，部分媒体、网站上发布的校园欺凌视频触目惊心，令人难以置信。2016 年，最高人民法院新闻通气会上发布的北京市校园内刑事犯罪典型案例几乎都是校园欺凌行为构成寻衅滋事、聚众斗殴、故意伤害甚至故意杀人的刑事犯罪，〔1〕校园欺凌俨然已成为校园的巨大安全隐患。

我国高度重视校园欺凌问题并积极行动。2016 年 4 月，国务院教育督导委员会发布《关于开展校园欺凌专项治理的通知》（以下简称《通知》），要求针对校园欺凌事件开展校园欺凌专项治理。2016 年 11 月，教育部等九部门发布《关于防治中小学生欺凌和暴力的指导意见》（以下简称《指导意见》），提出教育司法等部门要形成防治学生欺凌和暴力工作合力，预防并依法处理学生欺凌和暴力事件。2017 年 4 月，李克强总理在国务院常务会议上指出：要建立防控校园欺凌的有效机制，及早发现、干预和制止欺凌、暴力行为，对情节恶劣、手段残忍、后果严重的必须坚决依法惩处。随后，国务院办公厅发布的《关于加强中小学幼儿园安全风险防控体系建设的意见》（以下简称《防控体系建设的意见》）也进一步明确要求教育部门应当会同其他部门构建防控学生欺凌和暴力行为的有效机制。〔2〕2017 年 9 月，最高人民法院时任常务副院长沈德咏在北京法院少年法庭成立三十周年表彰会上也指出：针对校园欺凌、校园暴力等问题，区别不同情况予以处理，情节较轻的，应当依法尽量给予最大限度的教育、感化、挽救；对犯罪性质和情节恶劣、手段残忍、后果严重的，必须坚决依法予以惩处。〔3〕随后，2017 年 11 月，教育部等十一部门印发《加强中小学生欺凌综合治理方案》（以下简称《方案》），进一步明确规定了中小学生欺凌综合治理的内容、措施、处置和防范欺凌长效机制的建立。

---

〔1〕“最高法公布发生在校园内的刑事犯罪典型案例（北京）”，载 http://www.legaldaily.com.cn/index/content/2015-09/18/content_6276351.htm?node=20908，访问日期：2019 年 7 月 20 日。

〔2〕“李克强：对校园欺凌后果严重的必须坚决依法惩处”，载 http://www.legaldaily.com.cn/index/content/2017-04/13/content_7105879.htm?node=20908，访问日期：2019 年 7 月 20 日。

〔3〕“最高法：校园欺凌情节恶劣、后果严重的须依法惩处”，载 http://www.centv.cn/p/313612.html，访问日期：2019 年 7 月 20 日。

在不到两年的时间内，校园欺凌受到国务院总理、最高人民法院常务副院长的高度关注，国务院多个部门前后密集发布多份文件要求对校园欺凌进行综合治理，这是十分罕见的，表明了我国政府和司法部门对校园欺凌坚决遏制的决心。建立校园欺凌综合防治机制，首先需对校园欺凌进行科学界定，其次才能引导教育部门、家长和学生有效地识别校园欺凌，最终建立校园欺凌的预防、惩治机制。回顾我国关于校园欺凌的研究，校园欺凌也是近年来才成为研究热点问题的，学界对校园欺凌的界定众说纷纭，政府发布的文件尽管对“校园欺凌”及其相关概念“学生欺凌”也进行了界定，但各个文件中提出的相关概念也多有所变化，并不统一，有待进行进一步的整合、梳理，对校园欺凌进行科学、准确的界定。

一、我国校园欺凌概念的提出与发展

对校园欺凌的概念进行科学界定，离不开对我国校园欺凌研究历史的回顾。总体来说，校园欺凌的研究近十年来才成为研究的热点问题，在之前很长的一段时期内，校园欺凌在国内鲜有提及。2007年，欺凌作为独立的概念首次被学者提出，[1]在这一时期前后，校园欺凌与校园暴力、校园安全和校园事故等相关概念被混同在一起进行研究。之后，随着对校园欺凌研究的深入，校园欺凌与校园暴力、校园安全等概念逐步区别开来，成了一门“显学”，被学者作为专门研究对象，研究范围涉及广泛，成了横跨心理性、教育学、法学等多门社会科学的概念。[2]

（一）校园欺凌概念的提出与发展

我国校园欺凌研究源于对“校园暴力”的研究，早期曾一度将校园欺凌与校园暴力视为同一概念，互为替代使用。[3]因此，“校园欺凌”这一概念的提出，首要任务就是将校园欺凌与校园暴力进行辨析，辨别校园欺凌与校园暴力的区别和校园欺凌与校园暴力的关系。

对于校园欺凌和校园暴力的关系，我国学界主要形成了两种观点。普遍的观点是包含说，主张校园欺凌是校园暴力的一种。有学者通过界定校园暴力的概念和分类的形式阐述校园暴力与校园欺凌的关系，主张校园暴力是发生在中小学幼儿园及其合理辐射地域，学生、教师或校外侵入人员故意侵害师生人身及学校和师生财产，破坏学校教学管理秩序的行为。校园暴力包括外侵型校园暴力、师源型校园暴力、伤师型校园暴力和校园欺凌。[4]也有学者认为，青少年在其成长过程中都经历过某种形式或多种形式的暴力，包括身体暴力、精神暴力、性暴力、凌辱等，校园中儿童之间的欺凌

---

〔1〕刘晓梅：“以复和措施处理校园欺凌问题”，载《青年研究》2007年第7期。

〔2〕该时期代表作品有，解立军：“校园欺凌中之学校和教师的法律责任及其规避策略”，载《中小学管理》2016年第8期；章恩友、陈胜：“中小学校园欺凌现象的心理学思考”，载《中国教育学刊》2016年第11期等。

〔3〕参见王卫东：“有多少校园欺凌不该发生”，载《光明日报》2016年12月15日。

〔4〕姚建龙：“校园暴力：一个概念的界定”，载《中国青年政治学院学报》2008年第4期。

也是一种暴力。[1]还有学者直接主张校园暴力是校园欺凌的上位概念，欺凌是暴力的一种表现形式，暴力具有更大的内涵。[2]也出现了第二种交叉说的观点，交叉说主张校园欺凌和校园暴力在内涵、形式、后果方面均有不同，加上应对校园暴力可以使用的法律措施却无法应对欺凌，因此校园欺凌并非校园暴力的子概念。[3]笔者同意通说的观念，认为校园欺凌是校园暴力的子概念。理由是暴力是欺凌的上位概念，因此校园暴力是校园欺凌的上位概念。当前，对于暴力的权威界定由世界卫生组织作出，认为暴力是蓄意地运用躯体的力量或者权力，对自身、他人、群体或社会进行威胁或伤害，造成或者极有可能造成损伤、死亡、精神伤害、发育障碍或权益剥夺。[4]可见，校园暴力在内涵、形式和后果上都包含了校园欺凌。交叉说错误地限制、缩小了暴力的内涵、范围和后果。

校园欺凌的研究经历了从欺凌到校园欺凌的发展。学者首先对欺凌进行了界定才逐步走向对校园欺凌的界定。知网数据中关于欺凌的界定最早在2007年，主张“欺凌”（bullying）是恃强凌弱、以多欺寡及属持续性地伤害他人的行为。[5]之后在2008年提出欺凌指的是任何故意用肢体和语言去伤害、威胁和孤立他人，造成受害者肉体、精神、感情和心灵的伤害的行为。并将“欺凌”与“校园”联系在一起，提出了校园中常见的欺凌行为包括起绰号、谩骂、羞辱、排斥、动粗、以威逼和恐吓进行强迫、胁迫等。[6]校园欺凌的提出，有利于明确欺凌的场所和主体，因为欺凌不仅发生在学生之间，还发生在成人与儿童之间或者工作场所的成人之间。

（二）校园欺凌相关概念的变化发展

校园欺凌在我国成为独立概念后，其在政府发布的一系列关于校园欺凌的文件中的表述也多有变化。2016年4月发布的《通知》使用的是“校园欺凌”一词，这也是我国政府首次正式在政府文件中提出，认为“校园欺凌”是指“发生在学生之间蓄意或恶意通过肢体、语言及网络等手段，实施欺负、侮辱造成伤害的校园欺凌事件”。其明确规定校园欺凌的行为主体是“学生”，排除了教师对学生或者学生对教师的欺凌。欺凌行为是“蓄意或者恶意”行为，欺凌的方式包括“肢体、语言及网络等手段”，欺凌行为是“欺负、侮辱”，欺凌的后果是“造成伤害”。《通知》对校园欺凌的界定基本符合学界、公众和实务部门对校园欺凌的理解，对欺凌的主体、主观态度、欺凌方式和后果进行了规定。

但在此后，我国政府似乎刻意回避“校园欺凌”的使用，在之后发布的《指导意见》《防控体系建设的意见》和《方案》中都用“学生欺凌”取代了“校园欺凌”，并

---

〔1〕卜卫：“从人权角度对校园欺凌和校园暴力的认识”，载《人权》2016年第5期。

〔2〕徐久生、徐隽颖：“‘校园暴力’与‘校园欺凌’概念重塑”，载《青少年犯罪问题》2018年第6期。

〔3〕叶徐生：“欺凌并非暴力的子概念”，载《教育科学研究》2016年第10期。

〔4〕参见 http://www. who. int/topics/violence/zh/.

〔5〕刘晓梅：“以复和措施处理校园欺凌问题”，载《青年研究》2007年第7期。

〔6〕徐贲：“别让孩子成校园欺凌的受害者”，载《成才之路》2008年第35期。

在《方案》中对“学生欺凌”进行了明确界定，认为学生欺凌是发生在校园（包括中小学校和中等职业学校）内外、学生之间，一方（个体或群体）单次或多次蓄意或恶意通过肢体、语言及网络等手段实施欺负、侮辱，造成另一方（个体或群体）身体伤害、财产损失或精神损害等的事件。

有学者分析认为文件中改用“学生欺凌”的原因有两个：一是考虑学生欺凌行为的发生地多在校外而非校内，“学生”比“校园”更准确；二是对学校责任的“合理规避”。[1]笔者认为，使用“学生欺凌”的原因除了强调当前欺凌行为的防治工作重点在于中小学生，而非高中和大学阶段的学生，还有使用“学生欺凌”取代“校园欺凌”有客观上淡化学校责任的效果。还应注意的是，《通知》和《方案》将“校园欺凌”和“学生欺凌”均定性为事件，也在客观上起到了淡化学校责任的效果。

除了名称上的变化，《方案》对“学生欺凌”的界定相比于《通知》对“校园欺凌”的界定更为精准，缩小了主体范围，细化了主体实施欺凌行为的次数、欺凌行为主体的人数和欺凌行为造成后果的种类。具体来说：一是在《方案》中明确将欺凌主体限定为“中小学生，包括中等职业学校的学生”，缩小了《通知》中的“学生”的范围，排除了幼儿园、大学等阶段的学生；二是《方案》增加了欺凌行为的次数限定是“单次或多次”；三是《方案》细化了加害人和被害人的数量是“个体或群体”；四是《方案》将《通知》“造成伤害”的后果细化为“身体伤害、财产损失或精神损害”三类。

二、校园欺凌概念界定的学理分歧与发展

与我国政府部门发布的文件坚持使用“学生欺凌”形成鲜明对比的是，我国学界自开始研究校园欺凌起便一直采用“校园欺凌”的提法，并且在政府文件发布后也依然坚持使用“校园欺凌”。学界使用“校园欺凌”的原因是我国对校园欺凌研究的初期主要是引进国外的学者对“校园欺凌”的研究，学者在翻译的时候多直译为“校园欺凌”，于是“校园欺凌”一词在此后长达数十年的研究中一直被沿用至今。尽管学界对“校园欺凌”的提法没有分歧，但对“校园欺凌”概念的界定至今未形成一致的观点。

（一）我国理论界对校园欺凌概念界定的分歧

我国理论界对校园欺凌概念的界定中对于欺凌行为属于主观恶意，欺凌行为具有一定的持续性没有分歧。对校园欺凌概念界定的分歧主要存在于两个方面：一是校园欺凌的概念有行为说、行为后果说和事件说之争；二是校园欺凌的主体、发生场所和损害后果存在分歧。

我国学界在对校园欺凌概念的界定上主要形成了行为说、行为后果说和事件说三

---

〔1〕 姚建龙：“防治学生欺凌的中国路径：对近期治理校园欺凌政策之评析”，载《中国青年社会科学》2017年第1期。

种。行为后果说是我国学界对校园欺凌界定的主流观点，主张校园欺凌是造成损害后果的行为。如有学者认为校园欺凌是指一群学生或单个学生故意、重复地对不会报复的受害者施以长期性的身体或心理上伤害的一种攻击行为。[1]或是认为校园欺凌是指发生在学校内或学校外，施加于学校成员（学生或教师）并导致其身体或精神感到痛苦的行为。[2]再或是认为校园欺凌是指一个或者多个学生，以强凌弱或以众欺寡，集中地、持续地蓄意伤害或者欺压其他学生，造成受害学生肉体或者精神上痛苦的行为。[3]第二种观点主张校园欺凌是一种行为：校园欺凌是发生在学生间的以大欺小、恃强凌弱的行为。[4]第三种观点主张校园欺凌是一种事件：学生欺凌，即校园欺凌是使被欺凌学生受到身心伤害的事件。事件发生于在校学生之间，欺凌是重复实施或传播的攻击行为。[5]其中，第三种观点也是我国政府官方文件所采纳的观点，《指导意见》《防控体系建设的意见》和《方案》均作出了相应的规定。笔者同意通说认为校园欺凌是造成损害后果的行为的说法，原因是第二种观点的缺陷在于没有对欺凌行为造成的损害进行综合考虑。第三种观点将校园欺凌的性质界定为事件，即学生之间产生一定影响的事件，对校园欺凌对受害人的伤害属性的本质缺乏准确把握，且在客观上将校园欺凌事件化，不利于正确认识校园欺凌的危害性。

学者对校园欺凌的主体有不同主张。有学者主张校园欺凌的主体是“学生[6]”，也有学者认为是“教师或者学生[7]”。《方案》规定的是“中小学生”。笔者主张应将校园欺凌的主体做扩大解释，扩展至在幼儿园、工读学校、高中、大学就学的学生。

校园欺凌发生的场所存在争议。有学者主张校园欺凌发生的场所是“学校内或学校外”，[8]也有学者认为是“在幼儿园、中小学及其合理辐射区域内”，[9]还有学者提出是“在校园内及其合理辐射区域内”。[10]《方案》规定的是“校园内外”。笔者主张应将校园欺凌发生的场所限定为校园内外及其合理辐射区域内。

校园欺凌产生的损害后果也有争议。有学者主张校园欺凌的损害后果是“精神上的痛苦”，[11]多数学者认为校园欺凌带来的不仅是精神（心理）上的痛苦，包括“肉体上（身体）的痛苦”，[12]还有学者提出除了“身体伤害和精神损害”，应包括“财产

〔1〕胡春光：“校园欺凌行为：意涵、成因及其防治策略”，载《教育研究与实验》2017年第1期。

〔2〕马雷军：“让每个学生都安全：校园欺凌相关问题及对策研究”，载《中小学管理》2016年第8期。

〔3〕杨立新、陶盈：“校园欺凌行为的侵权责任研究”，载《福建论坛（人文社会科学版）》2013年第8期。

〔4〕魏叶美、范国睿：“社会学理论视域下的校园欺凌现象分析”，载《教育科学研究》2016年第2期。

〔5〕俞伟跃、耿申：“何为学生欺凌？何为校园暴力”，载《人民教育》2017年第8期。

〔6〕胡增瑞：“校园欺凌行为的刑法规制”，载《青少年犯罪问题》2019年第1期。

〔7〕任海涛、闻志强：“日本中小学校园欺凌治理经验镜鉴”，载《复旦教育论坛》2016年第6期。

〔8〕马雷军：“让每个学生都安全：校园欺凌相关问题及对策研究”，载《中小学管理》2016年第8期。

〔9〕任海涛：“‘校园欺凌’的概念界定及其法律责任”，载《华东师范大学学报（教育科学版）》2017年第2期。

〔10〕任海涛、闻志强：“日本中小学校园欺凌治理经验镜鉴”，载《复旦教育论坛》2016年第6期。

〔11〕任海涛：“‘校园欺凌’的概念界定及其法律责任”，载《华东师范大学学报（教育科学版）》2017年第2期。

〔12〕杨立新、陶盈：“校园欺凌行为的侵权责任研究”，载《福建论坛（人文社会科学版）》2013年第8期。马雷军：“让每个学生都安全：校园欺凌相关问题及对策研究”，载《中小学管理》2016年第8期。胡春光：“校园欺凌行为：意涵、成因及其防治策略”，载《教育研究与实验》2017年第1期。

损失"。[1]《方案》规定的是"身体伤害、财产损失或精神损害等"。笔者同意《方案》的规定，同时，笔者认为校园欺凌最终损害的是学校安全秩序的稳定。

(二) 域外对校园欺凌概念的发展变化

各国政治经济文化的差异决定了校园欺凌这一社会问题在各国呈现不同形态，对校园欺凌内涵的界定不可避免地存在差异。国外对校园欺凌的研究早于我国，校园欺凌的相关理论研究和实践经验相对完善，但是对校园欺凌概念的界定并不统一，综合来看，大体形成了行为说和行为结果说。

行为说将校园欺凌界定为行为，各个国家对欺凌行为有不同的表述。世界第一位研究校园欺凌的挪威学者奥维斯主张校园欺凌是一名学生受到一个或者多个学生主导的欺负行为，欺负行为具有多发性、重复性、持续性和长期性。[2]奥维斯对欺凌行为的界定问题在于：一方面，对受害人的范围界定过于狭窄，欺凌行为存在群体受害人的情况；另一方面，他对于欺凌的表现形式仅粗疏地表述为"欺负"，忽略了欺凌方式的多样性。此外，他的界定未对欺凌的后果进行描述，忽略了欺凌行为对受害人和各种关系的破坏。这些局限性与 20 世纪 70 年代欺凌行为问题初步凸显、研究尚处于起步阶段的情况密切相关。

此后，校园欺凌从行为说逐步发展成了行为结果说。英国、日本、瑞典和美国都采用行为结果说，但在校园欺凌的行为表现和结果上的表述略有不同。

英国政府教育部于 2017 年 7 月新修订的《预防和应对欺凌》文件将欺凌界定为造成个体或者群体身体或者情感伤害的行为。[3]英国教育部将欺凌行为从个体拓宽到群体并且意识到欺凌行为方式的多样性，如列举欺凌方式包括身体攻击、戏弄、威胁、取外号或通过电脑网络的欺凌等，并对欺凌行为造成的身体或者情感伤害后果作出了规定。

日本主张校园欺凌是发生在校园内外的儿童、学生之间，通过直接或者间接的方式，对一个或者一群学生进行肉体、精神等方面的伤害行为，同时指出了欺凌会造成肉体、精神上等方面的伤害。

挪威是典型的行为后果说，主张校园欺凌是学校的学生经常对其他同学实施如侮辱、歧视、破坏持有物品和诽谤等致使被欺凌者身体或精神受损的行为。[4]其一方面认识到欺凌是一种侮辱、歧视、破坏持有物品和诽谤等行为，另一方面认识到了欺凌行为使被欺凌者身体或精神受损的后果。此种观点的问题在于其仅关注受害人，而没有意识到校园欺凌对学生安全环境造成的负面影响。

---

[1] 胡增瑞："校园欺凌行为的刑法规制"，载《青少年犯罪问题》2019 年第 1 期。

[2] Olweus D, *Aggression in the schools: bullies and victimization in school peer groups*, The psychologist, 1991, pp. 243~248.

[3] 参见 https://assets.publishing.service.gov.uk/government/uploads/system/uploads/attachment_data/file/623895/Preventing_and_tackling_bullying_advice.pdf.

[4] 陶建国："瑞典校园欺凌立法及其启示"，载《江苏教育研究》2015 年第 34 期。

美国预防校园欺凌中心将校园欺凌行为的后果进行了细化，将校园欺凌行为后果分为三个层次：一是破坏教育使命、影响教学的氛围；二是危害校方预防人身、财产、毒品、枪械犯罪的努力；三是破坏学校治安秩序。[1]值得注意的是，其对校园欺凌行为产生后果的关注重点在于欺凌行为对学校造成的不良影响，主要涉及破坏校园安全和教学秩序、影响教学质量，排除了欺凌行为对受害人造成的影响。美国最早研究校园欺凌之一的新泽西州则对校园欺凌行为造成的后果重点增加了对受害人的影响，进一步将校园欺凌行为的后果细分为五个层次：一是给被害人造成身体或者精神上的伤害；二是给被害人造成财产上的损失；三是使被害人陷入人身伤害或者财产损失的恐惧；四是为被害人创造了不友好的学习环境；五是实质上影响到学习的教学或者管理秩序。[2]

上述仅是选取个别具有代表性的概念进行梳理，我们可以看出，随着时间和科技的发展，对校园欺凌本质和规律的认识愈发深入，校园欺凌概念的内涵和层次也越来越丰富，对校园欺凌的行为主体、主观要素、行为要素和后果要素的认识都逐步扩展，这有利于我国对校园欺凌的认识和准确界定。

三、校园欺凌的构成要素

对校园欺凌范围的准确界定，不仅可以指导学校教师、学生家长有效地识别并及时制止欺凌行为，避免欺凌行为升级、恶化，还可以帮助家长和学校实施有针对性的教导、预防和干预措施。更重要的是，准确界定校园欺凌可以让学生辨别自己是否遭受校园欺凌以及遭受校园欺凌后如何应对，避免学生在遭受校园欺凌后因无法及时处理而产生更严重的后果。

对校园欺凌的界定应当把握校园欺凌的本质特征，从行为主体、主观要素、行为要素和后果要素等方面一一界定，立足于儿童视角，从儿童权利本位出发，参考国外经验，依据我国政府部门颁布的文件进行概括。综上，校园欺凌的构成要素可被分解为以下五个方面：一是行为主体要素，即谁是校园欺凌的行为人或加害人；二是主体主观要素，即欺凌者的主观态度；三是行为要素，即欺凌行为以何种方式实施；四是时空要素，即欺凌发生的时间和空间范围；五是后果要素，即欺凌行为造成的后果。

（一）行为主体要素

界定校园欺凌首先要界定校园欺凌的行为主体要素的范围，即校园欺凌的加害人范围。我国政府部门文件、理论界主流观点和国外都倾向于认定校园欺凌的实施者为未成年学生，排除老师等教职工对学生的欺凌行为，将校园欺凌的行为限定为未成年学生实施的欺凌行为。未成年学生的范围当前在我国主要指在学校就学且年龄不满18周岁的人。

---

〔1〕 姚建龙：“校园暴力：一个概念的界定”，载《中国青年政治学院学报》2008年第4期。

〔2〕 陈荣鹏、方海涛：“美国校园欺凌法律规制及对我国的借鉴——以2010年《新泽西州反欺凌法》为研究视角”，载《公安学刊（浙江警察学院学报）》2015年第6期。

主流观点对于校园欺凌的行为主体的界定过于狭窄，应当适当扩大至大学，包括在校大学生。当前，我国儿童一般在6岁上小学，从12岁开始读六年中学，刚好在18岁左右报考大学，大学一二年级的学生与高中生普遍没有太大的区别，大学和高中的校园生活相似性也较高，并且大学多是住宿制，发生欺凌的可能性在一定程度上不会低于高中，因此应当将欺凌的加害人适当扩展至大学。但不可否认的是，目前我国发生欺凌行为的重灾区是中小学阶段，对这一年龄段的在校学生的欺凌行为防范和治理仍是校园欺凌的重中之重。

（二）主体主观要素

校园欺凌的主体主观要素，即欺凌者的主观心理态度。在对这一问题的研究上，我国理论界、实务界及相关政策和国外经验等基本达成了一致意见，即欺凌者主观上是故意的作为或者不作为。当行为人非故意实施伤害行为时，该行为是由于行为人缺乏管教，举止粗鲁，应加强德育教育，但该行为并非欺凌。当欺凌者在受害人明显告知欺凌者停止该行为或者被欺凌者表现出因伤害行为而沮丧、低落、害怕等负面情绪时，欺凌者仍然主观故意再三为之，则该行为构成欺凌行为。

（三）行为要素

校园欺凌就其本质而言是一种具有伤害属性的侵害行为，实施的方法多种多样。在校园欺凌研究进行的初期，欺凌的行为主要分为言语欺凌（如辱骂、嘲笑、取侮辱性绰号等）、身体欺凌（如推搡、拉扯头发、拳打脚踢、武力暴力攻击等行为）、心理欺凌（如孤立、恐吓、威胁、强势命令被欺凌者做某事等）。之后，随着科技的进步又出现了网络欺凌（如在网络发布侮辱、辱骂性文字和图片、捏造是非等）。未来，随着经济和科技的不断发展，可以预见欺凌的形式会更加多样和隐蔽，因此对校园欺凌的行为要素进行研究的重点在于认识到欺凌行为是一种伤害性的侵害行为。为了让学生、教师、家长和社会公众更好地识别欺凌行为，可以参考采取列举的方式进行。

如英国著名反欺凌组织 Ditch the Label 将校园欺凌界定为针对外貌、体型、兴趣、学习成绩、家庭收入、残疾、气质、种族、信仰和文化等方面的攻击，主要包括以下八类：①言语欺凌，如侮辱、取笑、辱骂或者威胁的任何言语。②身体欺凌，即任何形式的攻击性接触，如敲打、推搡、猛推等。③网络欺凌，即任何通过网络和电话进行的欺凌，如在社交网站或者通过邮件进行的攻击、威胁、骚扰和辱骂性语言。④性欺凌，即有害的批评、言语或者网络的性行为或者身体接触行为，如猥亵和性骚扰。⑤社交孤立，即有目的地忽视或者排除出群体。⑥间接欺凌，即散布流言、八卦、刻意沉默或者有目的地绝交。⑦敲诈勒索，即所有物被偷盗、抢夺或者损坏。⑧性侵害，即因威胁、强迫、被迫参与非自愿的性行为。[1]

（四）时空要素

校园欺凌行为发生的时间和空间构成校园欺凌的时空要素。校园欺凌的时间要素

---

〔1〕 Ditch the label，the annual bullying survey 2014 in UK，Annual Report 2014.

要求校园欺凌发生的时间具有反复性、持续性和长期性。单次和偶然发生的伤害行为不能被认定为校园欺凌。校园欺凌的空间要素，如前所述首先必然包含学生集中的校园，但如果仅把校园欺凌的空间限定在校园范围内则又过于狭隘，如网络欺凌的发生地点明显延伸至了实体校园之外，为数不少的身体欺凌为了躲避学校教师的管控，亦发生在校园之外。因此，校园欺凌的“校园”重在意指在校，而非实体校园，校园欺凌的空间范围应当不仅包含幼儿园、中小学、高中、大学、职业技术学校、工读学校等在校学生所在的校园，而且应当包括因校内延伸至校外的对被害人造成侵害的行为空间，如网络平台、校外的偏僻地域、回家路途等。

（五）后果要素

校园欺凌的后果要素指校园欺凌的行为对被害人造成的伤害，该要素是判断行为是否构成校园欺凌时最应当受到重视，但却一直为人所忽略的要素。

客观来讲，欺凌行为主要造成两方面的危害：一是对被害人造成身体或者精神上的伤害或者财产上的伤害或者威胁；二是影响教学管理秩序的正常进行。尽管校园欺凌行为客观上会对学校的管理秩序造成危害，但校园欺凌的本质危害是对被害人的身体、心理和财物造成损害。如欺凌行为造成受害人身体受伤或形成如沮丧、不安、恐惧等负面的情绪。因此，判断是否构成欺凌应当以受害人是否因欺凌行为受到损害为标准，如受害人认为其受到身体或者精神上的伤害或者财产上的损失或者威胁。

是否受到损害的标准应当如何界定呢？联合国大会通过的《儿童权利公约》第12条第1款规定：“缔约国应确保有主见能力的儿童有权对影响到其本人的一切事项自由发表的意见，对儿童的意见应按照其年龄和成熟程度给予适当的对待。”未成年学生对于自己是否遭受到校园欺凌应当有自由发表意见的权利，应当由遭受侵害行为的受害人本人判断其受到的侵害行为是否对其造成了伤害。如果受害人不认为侵害行为是伤害，那么侵害行为便不应当被认定为欺凌行为。如家境富裕的学生可能不认为其他学生抢占其财物的行为是伤害，甚至并不放在心上。侵害行为是否让受害人认为是伤害，是衡量是否构成校园欺凌行为最为关键、核心的标准，即选择受害学生个人感受为原则的标准。不得不承认选择这一标准会让原本就众说纷纭的校园欺凌界定变得更加困难，但从儿童本位和儿童参与的角度来说，必须从儿童的角度出发，而不能从成年人的主观判断和对社会客观存在的秩序造成损害来判断。

综上所述，笔者主张校园欺凌是发生在学校内外及其合理辐射区域内，一个或者多个学生多次故意或恶意重复、长期通过书面、肢体、语言及网络等多种手段实施的欺负、侮辱、以强凌弱或以众欺寡，造成一个或者多个学生身体伤害、财产损失或主观上精神痛苦和危及学校安全管理秩序等后果的行为。校园欺凌是人类社会发展的产物，是各个国家发展到一定阶段后普遍存在的社会问题，在对校园欺凌进行准确界定后，还需要本国政府对之给予理性对待，积极建立防治校园欺凌的综合机制。

第二篇

实证研究

第三章
中小学校园欺凌的影响因素研究*

近年来，校园欺凌问题引起了社会和政府的高度关注。2016 年 11 月，教育部等九部门联合发布《关于防治中小学生欺凌和暴力的指导意见》，拉开了专门治理校园欺凌的大幕。可以说，国家对校园欺凌的重视程度和治理决心都是空前的。

对校园欺凌实际状况的客观评价，是科学防治校园欺凌的前提和基础。对哪些因素影响校园欺凌、校园欺凌产生的原因是什么、哪些学生群体是校园欺凌的“重灾区”等都应该了解清楚，但目前来看，学界对这些问题的研究比较少，尤其是大规模的调查研究更少。

有学者对 17 814 名农村寄宿制学校的学生进行了调查，发现遭受校园欺凌的占比率为 16. 3%，且校园欺凌会显著影响学生的心理健康水平，造成抑郁、焦虑、社会退缩等问题，[1]但该研究调查对象仅限于农村寄宿学校的小学四、五年级的学生。中国青少年研究中心针对 10 个省市的 5864 名中小学生进行了调查。结果显示：32. 5%的人偶尔被欺负，6. 1%的人经常被高年级同学欺负，[2]但对于全国性的调查而言样本量偏少。也有研究者对 497 名家长、505 名教师、124 名校长和 501 名学生进行了校园欺凌的问卷调研。结果发现：“被同学打”（53. 3%）、“言语侮辱”（61%）、“被强索财物”（58. 1%）、“取笑或捉弄”（57. 1%）在当前的校园欺凌现象中较普遍，[3]但该调查的样本量太小，而且只是针对某个地区进行调查。还有研究者从山东省和河北省抽取了 9200 余名中小学生进行调查，发现在小学阶段，受欺负者和欺负者所占的比率分别是 22. 2%和 6. 2%，其中严重受欺负者和欺负者所占的比率分别是 13. 4%和 4. 2%；在初中阶段，受欺负者和欺负者所占的比率分别是 12. 4%和 2. 6%，其中严重受欺负者和欺负者所占的比率分别是 7. 1%和 1. 5%。[4]但该调查是在 2002 年进行的，相较于十几年前的中小学生，现在的中小学生无论是外在生活环境还是内部心理特征都已经发生了

---

* 本章内容发表在《教育科学研究》2018 年第 3 期，并被人大复印报刊资料《中小学学校管理》2018 年第 6 期全文转载。

〔1〕 吴方文等：“校园欺凌：让农村寄宿生更‘受伤’——基于 17 841 名农村寄宿制学校学生的实证研究”，载《中小学管理》2016 年第 8 期。

〔2〕 颜湘颖、姚建龙：“‘宽容而不纵容’的校园欺凌治理机制研究——中小学校园欺凌现象的法学思考”，载《中国教育学刊》2017 年第 1 期。

〔3〕 苏春景等：“家庭教育视角下中小学校园欺凌成因及对策分析”，载《中国教育学刊》2016 年第 11 期。

〔4〕 张文新：“中小学生欺负/受欺负的普遍性与基本特点”，载《心理学报》2002 年第 4 期。

非常大的变化，因此其参考价值有限。

为了解中小学校园欺凌的现状，在全国层面进行抽样，笔者对超过十万名中小学生进行了调查，以期为国家和地方政府出台相应的防治校园欺凌的政策提供参考。需要说明的是，本研究中的校园欺凌特指发生在学生间的欺负行为。

一、研究设计

（一）抽样方法

本调查采用多阶段概率与规模成比率的抽样方法，抽样过程分为两个阶段。

第一阶段：抽取县（区）。根据2010年全国第六次人口普查数据，从全国（31个省、自治区、直辖市，不含港澳台）共2870个有常住人口的县（区）级行政单位中抽取29个县（区）。

第二阶段：抽取学校、确定参与调查的学生。由于涉及的区县太多，笔者授权委托上述29个被抽到的县（区）教育局负责学校安全的工作人员，在本县（区）随机抽取10所小学、6所初中、2所高中和2所中职学校，要求城市学校与农村学校、寄宿与非寄宿学校都被覆盖到。然后，再由县（区）教育局工作人员按要求从所抽取的学校中抽取学生。调查对象为被抽到小学的所有四年级和五年级的学生、被抽到初中的所有初一和初二的学生、被抽到高中的所有高一和高二的学生及被抽到中职学校的一年级和二年级学生（至少包含6个不同专业）。

（二）被测群体特征

按照上述抽样方法，最终参与网络调查的中小学生共105 176人。去除无效问卷后，得到有效问卷104 834份，学生的分布情况见表3-1。

表3-1　参与调查的中小学生分布情况

分类	选项	人数（人）	百分比（%）	分类	选项	人数（人）	百分比（%）
性别	男	53 217	50.8	是否住校	是	26 822	25.6
	女	51 617	49.2		否	78 012	74.4
年级	小学四年级	21 045	20.0	父母是否在外打工	是	20 835	19.9
	小学五年级	21 117	20.1		否	83 999	80.1
	初中一年级	16 179	15.4	是否接受过法制教育	是	79 001	75.4
	初中二年级	14 445	13.8		否	25 833	24.6
	高中一年级	10 877	10.4	是否接受过心理健康教育	是	48 094	45.9
	高中二年级	9807	9.4		否	56 740	54.1
	中职一年级	5425	5.2	是否接受过安全教育	是	98 979	94.4
	中职二年级	5939	5.7		否	5855	5.6

（三）调查工具与数据处理

本次调查问卷的问题除人口学变量外，还包含两类问题。第一类问题是“你在学校被同学欺负过吗”“你在学校欺负过同学吗”（考虑到中小学生可能难以理解校园欺凌这个词，因此采用了欺负与被欺负的概念）。这类问题的选项为“从来没”“偶尔”和“经常”。第二类问题是“你们学校开展过下列教育或采取过下列措施吗”，选项包括“法制教育”“安全教育”和“心理健康教育”。

所有被调查的中小学生都采用网络作答的方式完成问卷，收集到的数据采用统计软件 SPSS23.0 进行分析，使用的统计方法包括独立样本 t 检验和方差分析。在处理数据时，为了使欺负和被欺负的状况能够量化，从来没被欺负或从来没欺负的记 1 分，偶尔被欺负或偶尔欺负的记 2 分，经常被欺负或经常欺负的记 3 分，得分越高代表学生被欺凌或欺凌他人的程度越严重。

二、研究结果

（一）总体状况

总体来看，在被问到“你在学校被同学欺负过吗”时，报告“从来没被欺负”的中小学生为 69 862 人（占 66.6%），报告“偶尔被欺负”的为 30 042 人（占 28.7%），报告“经常被欺负”的为 4930 人（占 4.7%）。虽然经常被欺负的学生所占比率较低，但加上偶尔被欺负的学生，所占比率已经超过 30%，这是值得我们警惕的。

所有中小学生被欺负的平均值为 1.38，欺负的平均值为 1.21，表明被欺负比欺负更严重。各因素的具体影响效应见表 3-2。从表 3-2 中我们可以看到，无论是被欺负还是欺负，男生的得分都比女生高、不住校的比住校的高、父母在外打工的比没在外打工的高、没进行法制教育的比进行的高、没进行心理健康教育的比进行的高、没进行安全教育的比进行的高。这表明，不住校、父母在外打工的男性学生更容易被欺负或实施欺负，对学生进行法制教育、心理健康教育或安全教育总体上是有效果的。而且，无论是被欺负还是欺负，年级的影响都十分显著：对被欺负而言，小学高年级学生得分最高，初中学生次之，高中生和中职生最低且二者之间没有显著差异，随着年级的增加出现得分下降的趋势；对欺负而言，小学生和初中生之间没有差异，其得分显著高于高中生和中职生，高中生和中职生之间没有显著差异。

表 3-2　各因素对校园欺凌的影响

学生特征		被欺负			欺负		
		平均值	标准差	t/F	平均值	标准差	t/F
性别	男生	1.44	0.61	36.01＊＊	1.26	0.52	35.48＊＊
	女生	1.32	0.53		1.16	0.41	

续表

学生特征		被欺负			欺负		
		平均值	标准差	t/F	平均值	标准差	t/F
年级	小学四年级	1. 53	0. 59	642. 93＊＊	1. 25	0. 87	153. 24＊＊
	小学五年级	1. 49	0. 59		1. 26	0. 48	
	初中一年级	1. 34	0. 55		1. 24	0. 48	
	初中二年级	1. 36	0. 58		1. 24	0. 54	
	高中一年级	1. 23	0. 50		1. 14	0. 42	
	高中二年级	1. 27	0. 56		1. 17	0. 48	
	中职一年级	1. 22	0. 50		1. 12	0. 39	
	中职二年级	1. 23	0. 51		1. 14	0. 42	
是否住校	住校	1. 32	0. 56	21. 32＊＊	1. 21	0. 48	3. 11＊＊
	不住校	1. 40	0. 58		1. 23	0. 47	
父母是否在外打工	在外打工	1. 43	0. 61	13. 12＊＊	1. 26	0. 52	15. 01＊＊
	没在外打工	1. 37	0. 57		1. 20	0. 46	
法制教育	进行过	1. 33	0. 65	43. 87＊＊	1. 18	0. 43	36. 57＊＊
	没进行	1. 53	0. 54		1. 32	0. 57	
心理健康教育	进行过	1. 31	0. 53	37. 42＊＊	1. 17	0. 42	30. 40＊＊
	没进行	1. 44	0. 61		1. 25	0. 51	
安全教育	进行过	1. 36	0. 55	30. 24＊＊	1. 20	0. 44	33. 06＊＊
	没进行	1. 68	0. 80		1. 53	0. 77	

注：(1) t 或 F 值右上角两个＊表示 p 值小于 0. 01；(2) 年级间比较采用方差分析，其他变量水平间比较采用独立样本 t 检验。

(二) 性别与其他因素的交互影响

性别与其他因素的交互作用分析见表 3-3。

表 3-3　性别与其他因素交互对校园欺凌的影响

学生特征		性别	被欺负	欺负
年级	小学四年级	男	1. 59	1. 30
		女	1. 47	1. 19
	小学五年级	男	1. 54	1. 30
		女	1. 44	1. 22

续表

学生特征		性别	被欺负	欺负
年级	初中一年级	男	1. 39	1. 26
		女	1. 28	1. 18
	初中二年级	男	1. 43	1. 31
		女	1. 29	1. 18
	高中一年级	男	1. 30	1. 19
		女	1. 17	1. 09
	高中二年级	男	1. 35	1. 25
		女	1. 19	1. 10
	中职一年级	男	1. 26	1. 17
		女	1. 18	1. 08
	中职二年级	男	1. 27	1. 19
		女	1. 18	1. 09
住校	是	男	1. 39	1. 27
		女	1. 25	1. 15
	否	男	1. 46	1. 26
		女	1. 34	1. 17
父母在外打工	是	男	1. 50	1. 31
		女	1. 35	1. 25
	否	男	1. 43	1. 20
		女	1. 31	1. 15
进行法制教育	是	男	1. 39	1. 22
		女	1. 28	1. 14
	否	男	1. 59	1. 39
		女	1. 45	1. 24
进行心理健康教育	是	男	1. 37	1. 21
		女	1. 26	1. 13
	否	男	1. 51	1. 31
		女	1. 37	1. 19
进行安全教育	是	男	1. 42	1. 24
		女	1. 30	1. 15
	否	男	1. 72	1. 58
		女	1. 60	1. 45

注：表中数值为平均值，下同。

由表 3-3 我们可以发现如下特点：第一，无论是男生还是女生，在小学阶段被欺负的现象都最严重，且男生和女生实施欺负最多的年级分别为初中二年级和小学五年级。进行性别和年级的两因素方差分析，笔者发现无论以被欺负程度还是欺负程度作为因变量，年级和性别的交互作用均显著（对应的 F 值分别为 3.93 和 8.40，$p<0.01$），表明男生和女生被欺负和欺负的程度随年级增加的变化特点不同。具体来说，对被欺负程度而言，无论哪个年级都是男生比女生高。男生中，除高中一年级、中职一年级和中职二年级间几乎无差异外，其余年级间差异均较明显，且小学四年级和小学五年级学生得分较高；女生中，初中一年级与初中二年级学生间基本无差异，高中一年级、高中二年级、中职一年级和中职二年级间亦基本无差异，且小学四年级和小学五年级的学生得分较高。对欺负程度而言，男生中分值较高的年级为初中二年级、小学四年级和小学五年级，次之的是初中一年级和中职一年级，其他三个年级得分最低；女生中得分最高的是小学五年级，次之的是小学四年级、初中一年级和初中二年级，其他四个年级得分最低。不同性别的学生被欺负和欺负状况随年级的变化趋势分别见图 3-1 和图 3-2。

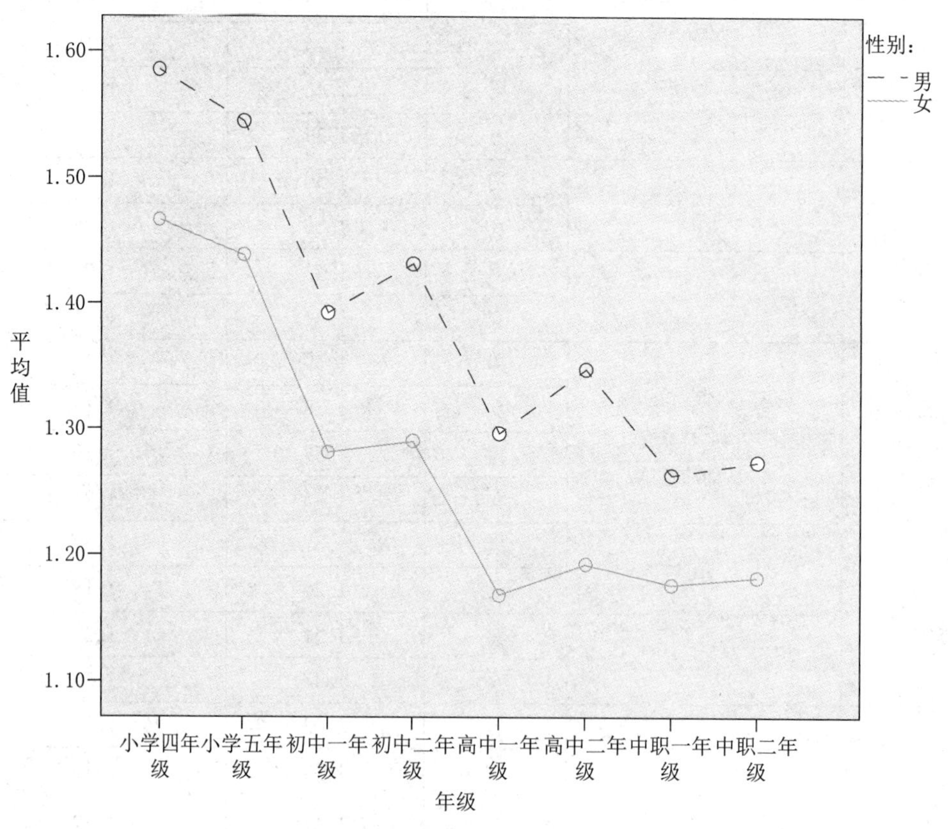

图 3-1　男女生被欺负状况随年级的变化趋势

第二，无论男女都是不住校的容易被欺负。进行性别和是否住校的两因素方差分析，发现在被欺负程度上不存在交互作用，表明无论男生还是女生都是不住校的相对住校的容易被欺负。但在欺负程度上性别与是否住校的交互作用显著（$F=15.21$，$p<0.01$），男生中住校的和不住校的没有显著差异，女生中不住校的比住校的得分高，表明住校与否并不影响男生实施欺负，但对女生有影响，不住校的女生更容易实施欺负。

第三，父母在外打工的男生被欺负和欺负状况都较严重。进行性别和是否在外打工的两因素方差分析，发现二者在被欺负和欺负的程度上都不存在交互作用，说明无论男生还是女生都是父母在外打工的相对更严重，且父母在外打工的男生比父母在外打工的女生得分更高。

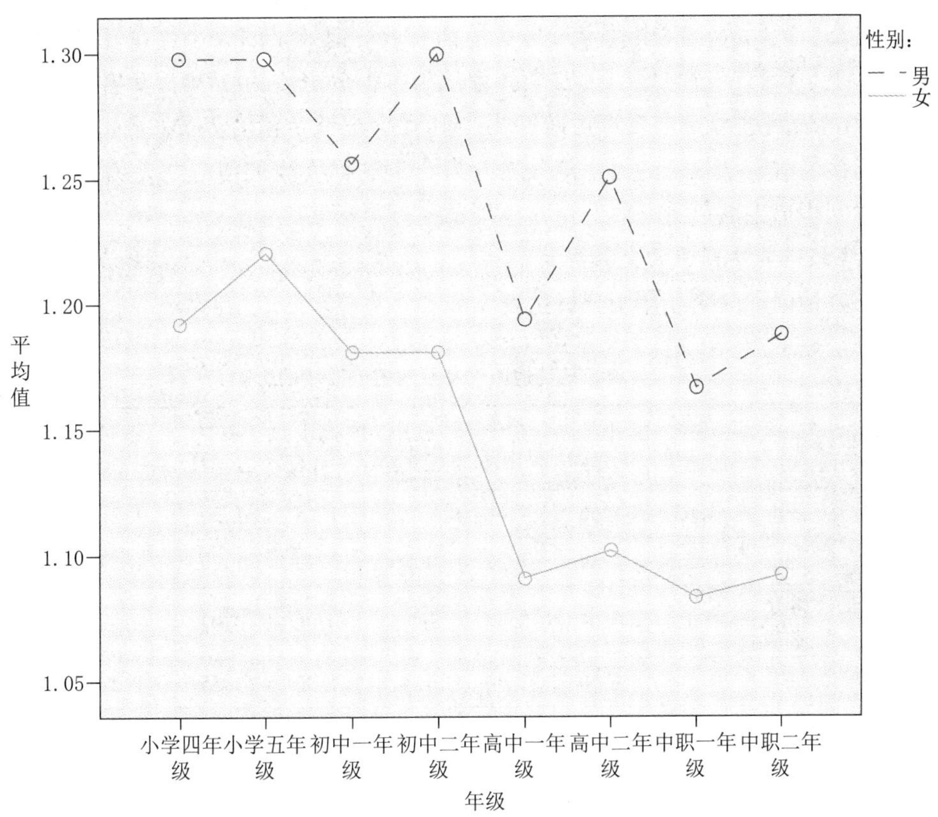

图 3-2　男女生实施欺负状况随年级的变化趋势

第四，进行法制教育对男女生都有效，但对男生效果更明显。进行性别和是否接受法制教育的两因素方差分析，发现二者在被欺负和欺负的程度上都不存在交互作用，无论是男生还是女生都是没接受过法制教育的得分更高，表明法制教育对男女生都有效。但效果的大小存在性别差异：在被欺负程度上，法制教育对减少男生被欺负更有效；在欺负程度上，没接受过法制教育的与接受过法制教育的男生得分之差为 0.17，而女生的得分之差为 0.10，表明法制教育对减少男生欺负更有效。

第五，进行心理健康教育对男女生都有效，但对男生效果更明显。对性别和是否接受心理健康教育的两因素方差分析，发现二者在被欺负和欺负的程度上都不存在交互作用，无论男生还是女生都是没接受过心理健康教育的得分更高，表明心理健康教育对男女生都有效。但效果的大小存在性别差异：在被欺负程度上，没接受过与接受过心理健康教育的男生得分之差为 0.14，而女生的得分之差为 0.11，表明心理健康教育对减少男生被欺负更有效；在欺负程度上，没接受过与接受过心理健康教育的男生得分之差为 0.10，而女生的得分之差为 0.06，表明心理健康教育对减少男生欺负更有效。

第六，进行安全教育对男女生都有效，但对减少男生欺负程度更有效，对减少被欺负程度没有性别差异。对性别和是否进行安全教育的两因素方差分析，发现二者在被欺负和欺负的程度上都不存在交互作用，无论是男生还是女生都是没接受过安全教育的得分更高，表明安全健康教育对男女生都有效。但效果的大小存在性别差异：在被欺负程度上，没接受过与接受过安全教育的男生得分之差为 0.30，女生的得分之差为也是 0.30，表明进行安全教育对减少男生和女生被欺负没有差异；在欺负程度上，没接受过与接受过安全教育的男生得分之差为 0.34，而女生的得分之差为 0.30，表明安全教育对减少男生欺负更有效。

（三）年级与其他因素的交互影响

年级与其他因素的交互作用分析见表 3-4。

表 3-4　年级与其他因素交互对校园欺凌的影响

欺凌类型	学生特征		小学四年级	小学五年级	初中一年级	初中二年级	高中一年级	高中二年级	中职一年级	中职二年级
被欺负	住校	是	1.63	1.56	1.46	1.48	1.25	1.30	1.21	1.22
		否	1.52	1.49	1.32	1.33	1.19	1.23	1.23	1.24
		得分之差	0.11	0.07	0.14	0.15	0.06	0.07	−0.02	−0.02
	父母在外打工	是	1.59	1.60	1.44	1.47	1.30	1.35	1.22	1.26
		否	1.52	1.48	1.32	1.34	1.21	1.24	1.22	1.21
		得分之差	0.07	0.12	0.12	0.13	0.09	0.11	0	0.05
	进行法制教育	是	1.49	1.45	1.30	1.32	1.20	1.22	1.19	1.20
		否	1.61	1.61	1.48	1.53	1.35	1.43	1.36	1.41
		得分之差	−0.12	−0.16	−0.18	−0.21	−0.15	−0.21	−0.17	−0.21
	进行心理健康教育	是	1.44	1.43	1.28	1.29	1.18	1.17	1.16	1.18
		否	1.58	1.55	1.42	1.44	1.26	1.33	1.26	1.27
		得分之差	−0.14	−0.12	−0.14	−0.15	−0.06	−0.16	−0.10	−0.11

续表

欺凌类型	学生特征		小学四年级	小学五年级	初中一年级	初中二年级	高中一年级	高中二年级	中职一年级	中职二年级
	进行安全教育	是	1.52	1.49	1.32	1.33	1.20	1.23	1.20	1.20
		否	1.74	1.74	1.68	1.79	1.54	1.67	1.56	1.67
		得分之差	-0.22	-0.25	-0.36	-0.46	-0.34	-0.44	-0.36	-0.47
欺负	住校	是	1.47	1.41	1.33	1.35	1.15	1.18	1.12	1.14
		否	1.24	1.26	1.20	1.21	1.12	1.16	1.13	1.15
		得分之差	0.23	0.15	0.13	0.14	0.03	0.02	-0.01	-0.01
	父母在外打工	是	1.31	1.35	1.29	1.33	1.17	1.23	1.13	1.16
		否	1.23	1.25	1.21	1.22	1.13	1.16	1.12	1.13
		得分之差	0.08	0.10	0.08	0.11	0.04	0.07	0.01	0.03
	进行法制教育	是	1.22	1.23	1.18	1.21	1.11	1.13	1.10	1.11
		否	1.31	1.35	1.35	1.38	1.23	1.32	1.24	1.30
		得分之差	-0.09	-0.12	-0.17	-0.17	-0.12	-0.19	-0.14	-0.19
	进行心理健康教育	是	1.20	1.22	1.17	1.19	1.10	1.11	1.09	1.10
		否	1.28	1.30	1.29	1.30	1.16	1.21	1.16	1.18
		得分之差	-0.08	-0.08	-0.12	-0.11	-0.06	-0.10	-0.07	-0.08
	进行安全教育	是	1.24	1.25	1.20	1.21	1.17	1.13	1.11	1.11
		否	1.49	1.52	1.56	1.64	1.40	1.58	1.37	1.60
		得分之差	-0.25	-0.27	-0.36	-0.43	-0.23	-0.45	-0.26	-0.49

由表 3-4 我们可以发现如下特点：第一，是否住校的影响在不同年级间有差异。进行年级和是否住校的两因素方差分析，发现二者在被欺负和欺负的程度上都存在显著的交互作用（F 值分别为 22.40 和 45.67，$p<0.01$）。对被欺负程度而言，从小学到高中都是住校生的得分比不住校生高，这种差异随着年级的增加先变大后变小，到初中阶段达到最大，说明住校带来的影响先增后减；对中职生而言，住校的影响发生了反转，不住校生比住校生得分高。对欺负程度而言，从小学到高中都是住校生得分比不住校生高，住校与否间的差异随年级的增加越来越小；对中职生而言，不住校生比住校生得分高。综合来看，住校最容易导致初中学生被欺负，也最容易导致小学生实施欺负。是否住校的学生被欺负状况和欺负状况随年级的变化趋势分别见图 3-3 和图 3-4。

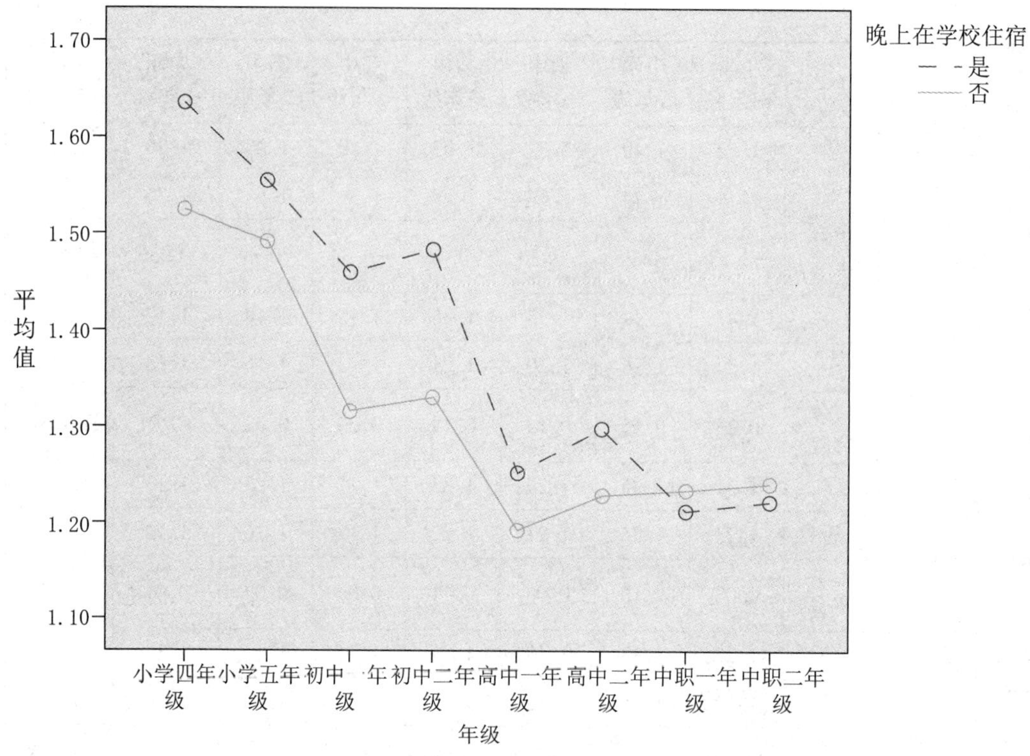

图 3–3　是否住校学生被欺负状况随年级的变化趋势

第二，父母在外打工对初中生和小学生的影响最大。进行年级和父母是否在外打工的两因素方差分析，发现在被欺负和欺负的程度上都存在显著的交互作用（F 值分别为 8.76 和 8.84，$p<0.01$）。无论是被欺负还是欺负，除中职一年级学生外，其余年级都是父母在外打工的比不在外打工的得分更高。从分值差异来看，父母在外打工最容易导致初中生被欺负，也更容易导致初中生和小学生实施欺负。

第三，法制教育对高年级学生所起的作用较大。进行年级和是否接受过法制教育的两因素方差分析，发现二者在被欺负和欺负的程度上都存在显著的交互作用（F 值分别为 7.77 和 15.32，$p<0.01$），无论哪个学段的学生都是没接受过法制教育的得分更高，表明法制教育对所有学段的学生都有作用，但作用的大小在不同年级间有差异。对被欺负程度而言，从是否接受法制教育的得分差异来看，总体上呈现出年级越高差异越大的特点，其中，初二、高二和中职二年级学生的差异最大，小学四年级学生差异最小。对欺负程度而言，从是否接受法制教育的得分差异来看，总体上也呈现出年级越高差异越大的特点，其中高二和中职二年级学生的差异最大，小学四年级学生的差异最小。

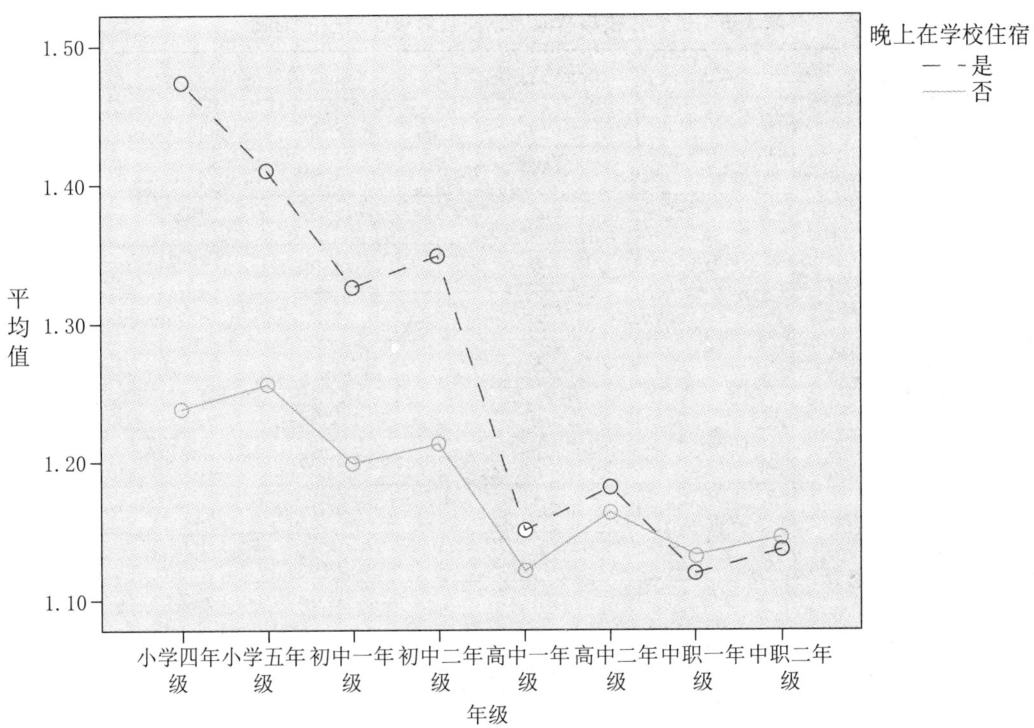

图 3-4　是否住校学生实施欺负状况随年级的变化趋势

第四，心理健康教育对高一学生所起的作用最小。对年级和是否接受过心理健康教育进行两因素方差分析，发现二者在被欺负和欺负的程度上都存在显著的交互作用（F 值分别为 7.06 和 7.38，$p<0.01$），无论哪个学段的学生都是没接受过心理健康教育的得分更高，但是否接受过心理健康教育对不同年级学生的影响作用大小不同。对被欺负程度而言，心理健康教育对高二学生作用最大、对高一学生作用最小；对欺负程度而言，心理健康教育对初一学生作用最大、对高一学生作用最小。

第五，安全教育的作用对中职二年级学生所起的作用较大。对年级和是否进行安全教育进行两因素方差分析，发现二者在被欺负和欺负的程度上都存在显著的交互作用（F 值分别为 20.39 和 23.80，$p<0.01$），无论哪个学段的学生都是没接受过安全教育的得分更高，但是否接受过安全教育对不同年级学生的影响不同。对被欺负程度而言，安全教育对中职二年级学生作用最大、对小学四年级学生最小；对欺负程度而言，安全教育对中职二年级学生作用最大、对高一学生作用最小。

（四）是否住校与其他因素的交互影响

考虑到是否住校可能与其它因素存在交互作用，对是否住校与其他因素间的交互作用又进行了分析，得分情况见表 3-5。

表 3-5 是否住校与其他因素交互对校园欺凌的影响

学生特征		是否住校	被欺负	欺负
父母在外打工	是	是	1.35	1.23
		否	1.49	1.29
	否	是	1.30	1.19
		否	1.39	1.21
进行法制教育	是	是	1.27	1.17
		否	1.35	1.18
	否	是	1.46	1.32
		否	1.55	1.32
进行心理健康教育	是	是	1.25	1.15
		否	1.33	1.17
	否	是	1.36	1.24
		否	1.48	1.26
进行安全教育	是	是	1.29	1.18
		否	1.39	1.20
	否	是	1.67	1.54
		否	1.69	1.52

由表 3-5 我们发现如下特点：第一，不住校且父母在外打工的学生被欺负和实施欺负的状况均更严重。进行是否住校和父母是否在外打工的两因素方差分析，发现二者在被欺负和欺负的程度上都不存在显著的交互作用。对被欺负程度而言，无论父母是否在外打工，不住校生比住校生的得分均要高，其中不住校且父母在外打工的学生分值最高，说明其被欺负状况的最严重。在欺负的状况上也如此。

第二，没接受法制教育的学生中不住校的更容易被欺负。对是否住校和是否接受法制教育进行两因素方差分析，发现二者在被欺负程度上不存在交互作用，但在欺负程度上存在交互作用（$F=5.817$，$p<0.05$）。对被欺负程度而言，无论是否接受法制教育，不住校生都比住校生得分高，其中没接受法制教育又不住校的学生得分最高。对欺负程度而言，接受法制教育的学生中不住校的比住校的得分高，但没接受法制教育的学生中是否住校没有差异。

第三，没接受心理健康教育的学生中不住校的更容易被欺负，也更容易实施欺负。对性别和是否进行心理健康教育进行两因素方差分析，发现二者在被欺负和欺负的程度上都不存在交互作用，无论是否住校都是没接受过心理健康教育的学生得分更高。无论是被欺负还是欺负，没接受过心理健康教育的不住校生分值都最高。

第四，没接受安全教育的学生中不住校的更容易被欺负，住校的更容易实施欺负。

对是否住校和是否进行安全教育进行两因素方差分析，发现二者在被欺负程度上不存在交互作用，但在欺负程度上存在交互作用（$F=11.93$，$p<0.01$）。对被欺负程度而言，无论是否接受安全教育，不住校生都比住校生得分高，其中没接受安全教育又不住校学生得分最高。对欺负程度而言，接受安全教育的学生中不住校的比住校的得分高，但没接受安全教育的学生中却是住校的更高，其中没接受安全教育且住校的得分最高。

（五）父母是否在外打工与其他因素的交互影响

进一步分析父母是否在外打工与是否进行法制教育、心理健康教育与安全教育之间的交互作用，得分情况见表3-6。结果表明，父母是否在外打工与是否进行三种教育之间都没有交互作用，无论父母是否在外打工，都是没接受相应教育的比接受的学生得分更高。因此，父母在外打工的学生应为进行三种教育的重点群体。

表3-6　父母是否在外打工与其他因素交互对校园欺凌的影响

分类		法制教育	被欺负	欺负	心理健康教育	被欺负	欺负	安全教育	被欺负	欺负
父母在外打工	是	是	1.36	1.21	是	1.36	1.21	是	1.41	1.23
		否	1.59	1.39	否	1.48	1.30	否	1.78	1.59
	否	是	1.33	1.17	是	1.30	1.16	是	1.36	1.19
		否	1.51	1.30	否	1.43	1.24	否	1.65	1.50

三、启示与建议

对校园欺凌应实施精准防治，“精”是指精确地找到防治的对象，“准”是指对这些对象采取正确的干预措施。因此，一方面应该考虑重点人群；另一方面可以考虑如何针对不同群体进行相应的干预。

（一）定位重点群体

调查表明，对被欺负而言，男生、小学高年级学生、父母在外打工的被欺负的状况相对较严重；对欺负而言，初二的、父母在外打工的男生，小学五年级的、不住校的女生，住校的小学四年级学生，父母在外打工的小学五年级学生相对较严重。在开展校园欺凌防治工作时应以这些群体为重点关注对象，而且对于被欺负和欺负要分开来考虑。从调查结果来看，小学生尤其是小学高年级学生群体的校园欺凌问题并未引起足够重视，因此从小学阶段就开展校园欺凌预防工作很有必要。随着城市化进程的加速，一些家庭经济状况相对较好的农村孩子、郊区的孩子为了能上重点学校，选择住校的比率也在增加，而且很多都是从小学就开始住校。而本次调查发现，父母在外打工的学生、住校的小学生和初中生相对容易被欺负和欺负别人，住校最容易导致初中生被欺负和小学生实施欺负，因此尤其要重点关注父母在外打工的、住校的小学生和初中生。

（二）反思教育预防

避免校园欺凌，应该以教育预防为主，[1]杜绝校园欺凌现象的根本出路是改善教育，[2]对此笔者非常认同。目前，学校开展的相关教育也不少，如思想品德教育、和谐教育、情感教育、法制教育、安全教育、心理健康教育等。但对其效果如何，哪些因素会影响效果，如何改进等问题的探讨还较少。本次调查对法制教育、安全教育、心理健康教育的效果进行了评估，从结果来看，法制教育对减少男生、中职二年级学生、不住校学生及父母没在外打工的学生被欺负状况的作用较大，对减少男生、中职二年级学生、高中二年级住校生和父母没在外打工学生实施欺负状况的作用较大；安全教育对减少中职二年级学生、不住校学生及父母没在外打工学生被欺负状况的作用较大，对减少男生、中职二年级、住校生和父母没在外打工的学生实施欺负状况的作用较大；心理健康教育对减少男生、高中二年级学生、不住校学生和父母在外打工的学生被欺负状况的作用较大，对减少男生、初中一年级学生及父母没在外打工学生实施欺负状况的作用较大。我们在开展各项教育工作的同时也应反思相同的教育为什么只对部分学生起作用并进行有针对性的改进。目前，中小学生接受安全教育的比率为94.4%，接受法制教育的比率为75.4%，接受心理健康教育的比率只有45.9%，学校应提高法制教育和心理健康教育工作的力度。

[1] 夏国栋："校园欺凌重在教育预防"，载《中国教育学刊》2017年第5期。
[2] 陈志华："改善教育杜绝校园欺凌"，载《中国教育学刊》2017年第5期。

第四章

中小学校园欺凌的现状调查

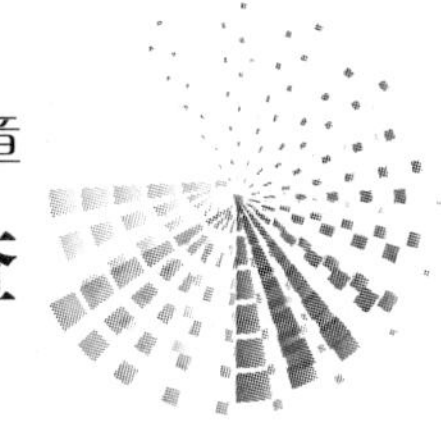

在上一章中，笔者对校园欺凌影响因素的分析是在赋值的基础上进行的，将从来没被欺负或从来没欺负的记 1 分，偶尔被欺负或偶尔欺负的记 2 分，经常被欺负或经常欺负的记 3 分，得分越高代表学生被欺凌或欺凌他人的程度越严重。不同的数据类型及数据处理方式，可能会带来不同的研究结论。为了更全面地认识校园欺凌的现状及影响因素，本章基于校园欺凌的发生率进行分析。需要说明的是，测试的选取、使用的调查问题与上一章都是相同的。

参与网络调查的有 105 176 人。去掉无效问卷后，得到有效问卷 104 834 份，学生的分布情况见表 4-1。

表 4-1　参与调查的中小学生分布情况

分类	选项	人数（人）	百分比（%）	分类	选项	人数（人）	百分比（%）
性别	男	53 217	50. 8	是否住校	是	26 822	25. 6
	女	51 617	49. 2		否	78 012	74. 4
年级	小学四年级	21 045	20. 0	父母是否在外打工	是	20 835	19. 9
	小学五年级	21 117	20. 1		否	83 999	80. 1
	初中一年级	16 179	15. 4	是否接受过法制教育	是	79 001	75. 4
	初中二年级	14 445	13. 8		否	25 833	24. 6
	高中一年级	10 877	10. 4	是否接受过心理健康教育	是	48 094	45. 9
	高中二年级	9807	9. 4		否	56 740	54. 1
	中职一年级	5425	5. 2	是否接受过安全教育	是	98 979	94. 4
	中职二年级	5939	5. 7		否	5855	5. 6

一、被欺凌的状况

总体来看，在被问到“你在学校被同学欺负过吗”时，报告“从来没被欺负”的中小学生为 69 862 人（占 66. 6%），报告“偶尔被欺负”的为 30 042 人（占 28. 7%），报告“经常被欺负”的为4930人（占4.7%）。虽然经常被欺负的学生所占比率较低，但加上偶尔被欺负的学生，所占比率已经超过30%，这是值得我们警惕的。通过对数据进一步分析，笔者发现被欺凌者在性别、年级等变量上存在一定的差异。具体情况见表4-2。

表4-2　不同学生被欺凌的状况（%）

学生特征	从来没被欺负	偶尔被欺负	经常被欺负	学生特征	从来没被欺负	偶尔被欺负	经常被欺负
性别				父母是否在外打工			
男	61.9	31.8	6.2	是	63.3	30.4	6.3
女	71.5	25.4	3.1	否	67.5	28.2	4.3
年级				是否接受过法制教育			
小学四年级	52.2	42.8	5.0	是	70.3	26.2	3.5
小学五年级	55.3	40.1	4.6	否	55.6	36.1	8.3
初中一年级	70.0	26.0	4.0	是否接受过心理健康教育			
初中二年级	69.2	25.5	5.3	是	72.1	24.7	3.1
高中一年级	81.1	15.0	3.9	否	62.0	32.0	6.0
高中二年级	79.3	14.7	6.0	是否接受过安全教育			
中职一年级	81.9	14.4	3.7	是	67.5	28.8	3.7
中职二年级	81.6	14.0	4.4	否	52.7	26.4	20.9
是否住校							
是	73.4	21.6	5.1				
否	64.3	31.1	4.6				

第一，在性别差异上，对学生是否受欺负与性别之间的关系进行2×3的独立性χ^2检验的结果显示存在性别差异（$\chi^2=1282.2$，$p<0.000$），其中男生经常被欺负的比率达到6.2%，偶尔被欺负的比率为31.8%，这两类的比率明显要比女生高（女生相应的比率为3.1%和25.4%）。值得注意的是，从网上曝出的校园欺凌视频来看，发生在女生之间的校园欺凌事件明显比发生在男生之间的要多，但调查表明男生更容易受到欺凌。

第二，在年级差异上，对学生是否受欺负与年级之间的关系进行2×8的独立性χ^2检验的结果显示存在年级差异（$\chi^2=6901.1$，$p<0.000$）。从表4-2我们可以看到，随

着学生从小学升到初中再升到高中（或中职），报告从来没被欺负的学生所占比率是一直是增加的，其中小学四年级和小学五年级的比率在50%左右可以被归为一类，初中一年级和初中二年级的比率在70%左右可以被归为一类，高中和中职学生的比率在80%左右可以被归为一类；报告偶尔被欺负的学生中，小学生的比率最高（小学四年级和小学五年级的比率分别为42.8%和40.1%），且随着年级的增加其比率呈现下降的特点，也可以被归为小学、初中、高中或中职三类；报告经常被欺负的学生中，高二和初二所占比率较高（分别为6.0%和5.3%），随着年级的增加呈现出先下降再上升的特点，但总体上比率变化不大。

第三，性别和年级的交叉情况。从表4-3我们可以看到，偶尔被欺负比率最高的三类是小学四年级的男生、小学五年级的男生和小学四年级的女生；经常被欺负比率最高的三类是高二的男生、初二的男生和小学四年级的男生。从年级的角度来看，无论是小学生、初中生、高中生还是中职生，男生偶尔被欺负和经常被欺负的比率比女生都要高（χ^2 值对应P值都小于0.000）。从性别的角度来看，无论是男生还是女生偶尔被欺负的比率都随着年级的增长而下降。经常被欺负的比率随着年级的增长，男生和女生呈现出不同的变化特点：男生的比率从小学四年级的6.3%开始下降到初二开始上升，随之出现了分化，高中生的比率一直增加直到9.2%，但中职生的比率下降到平均5.6%；女生的比率从3.6%开始下降到初二上升达到最大3.8%，之后无论是高中生还是中职生的比率都开始下降。

表4-3　不同年级的男生和女生被欺负状况（%）

年级	性别	从来没被欺负	偶尔被欺负	经常被欺负	年级	性别	从来没被欺负	偶尔被欺负	经常被欺负
小四	男	47.8	45.9	6.3	高一	男	76.6	17.2	6.2
	女	57.0	39.3	3.6		女	85.1	13.0	1.9
小五	男	51.3	42.9	5.8	高二	男	74.5	16.3	9.2
	女	59.6	37.0	3.4		女	83.8	13.2	3.0
初一	男	65.8	29.2	5.0	中职一	男	78.9	15.8	5.3
	女	74.7	22.5	2.8		女	84.6	13.1	2.2
初二	男	63.8	29.4	6.9	中职二	男	78.5	15.6	5.9
	女	74.7	21.5	3.8		女	84.7	12.4	2.9

第四，是否住校的影响。26 822名住校学生中有5.1%的报告经常被欺负，其他不住校学生中有4.6%的报告经常被欺负，两者并没有显著差异，在总体上，住校学生并不是像很多人认为的那样更容易被欺凌，甚至在报告偶尔被欺负上住校生的比例比不住校生还要低（21.6%对31.1%）。但如果分性别来看，住校学生和不住校学生之间还是存在一些差异的：住校男生经常被欺负的比率为7.3%，不住校男生相应的比率为

5. 9%，但住校女生和不住校女生经常被欺负的比率为 3. 0%和 3. 2%，这说明住校的男生更容易被经常欺负而不住校的女生更容易经常被欺负；住校男生偶尔被欺负的比率为 24. 1%，不住校男生相应的比率为 34. 3%，但住校女生和不住校女生偶尔被欺负的比率为 19. 3%和 27. 7%，这说明无论是男生还是女生，不住校的都更容易偶尔被欺负，且这种影响对男生而言相对更大。

从表 4-4 按照年级统计的数据来看，小学四年级住校学生经常被欺负的比率最高，达 10. 9%，与不住校学生经常被欺负的比率差异为 6. 1%，是所有年级中最高的；而且随着年级的增加，是否住校两类学生经常被欺负的比率之差越来越小，到高中阶段几乎就没有差别了；有意思的是到了中职阶段，不住校的学生经常被欺负的比率比住校生还要高。这说明，年龄越小住校对经常被欺负带来的影响越大。对于偶尔被欺负的状况，小学五年级不住校学生经常被欺负的比率最高达 42. 7%，而且无论是否住校，小学四年级和小学五年级偶尔被欺负的比率都超过 40%，这说明对这两个年级的学生是否住校并没有影响。随着年级的增加，无论是否住校偶尔被欺负比率的绝对大小都逐步下降；但从相对差异来看，初一学生和初二的比率之差高达 11. 1%和 9. 7%，然后出现下降的趋势。这说明住校的初中生更容易偶尔被欺负，是需要我们重点关注的群体。

表 4-4　是否住校及父母是否在外打工的不同年级学生被欺负状况（%）

欺负类型			小四	小五	初一	初二	高一	高二	中职一	中职二
经常	是否	是	10. 9	6. 4	5. 4	7. 6	4. 1	6. 1	3. 1	3. 6
被欺负	住校	否	4. 8	4. 6	3. 7	4. 8	3. 6	5. 9	4. 9	5. 9
		比率之差	6. 1	1. 8	1. 7	2. 8	0. 5	0. 2	−1. 8	−2. 3
	父母是否	是	7. 4	6. 7	5. 7	7. 8	4. 9	8. 2	3. 2	4. 6
	在外打工	否	4. 6	4. 3	3. 6	4. 8	3. 6	5. 3	3. 9	4. 3
		比率之差	2. 8	2. 4	2. 1	3. 0	1. 3	2. 9	−0. 7	0. 3
偶尔	是否	是	41. 6	42. 7	35. 2	33. 2	17. 0	17. 6	14. 9	14. 9
被欺负	住校	否	42. 8	40. 0	24. 1	23. 5	12. 0	11. 1	13. 5	12. 2
		比率之差	−1. 2	2. 7	11. 1	9. 7	5. 0	6. 5	1. 4	2. 7
	父母是否	是	44. 3	46. 2	32. 1	31. 5	19. 7	18. 8	15. 7	17. 0
	在外打工	否	42. 5	39. 0	24. 7	24. 2	13. 4	13. 4	13. 9	12. 4
		比率之差	1. 8	7. 2	7. 4	7. 3	6. 3	5. 4	1. 8	5. 4

第五，父母是否在外打工的影响。有 20 835 名中小学生报告父母在外打工，他们经常被欺负的比率为 6. 3%、偶尔被欺负的比率为 30. 4%；父母没在外打工的学生经常被欺负的比率为 4. 3%、偶尔被欺负的比率为 28. 2%，这表明父母在外打工的学生更容易被欺负。分性别来看，父母在外打工的男生与父母没在外打工的男生经常被欺负的

比率分别为 8. 3%和 5. 7%，二者的比率之差为 2. 6%；而父母在外打工的女生与父母没在外打工的女生经常被欺负的比率分别为 4. 0%和 2. 9%，二者的比率之差为 1. 1%。这说明，无论是男生还是女生，父母在外打工的学生相较更容易经常被欺负，但这种影响在男生身上体现得更明显。父母在外打工的男生与父母没在外打工的男生偶尔被欺负的比率分别为 33. 3%和 31. 5%，二者的比率之差为 1. 8%；而父母在外打工的女生与父母没在外打工的女生偶尔被欺负的比率分别为 27. 2%和 25. 0%，二者的比率之差为 2. 2%。这说明，无论是男生还是女生，父母在外打工的相较更容易偶尔被欺负，且这种影响在女生身上体现得更明显。

从表 4-4 按照年级统计的数据来看，对于经常被欺负而言，除了中职一年级，父母在外打工的学生相较更容易经常被欺负，其中高中二年级父母在外打工的学生经常被欺负的比率最高达 8. 2%，次高的为初二学生达 7. 8%；从比率差异来看，最高的是初二学生达 3. 0%，次高的为高二学生达 2. 9%，这说明父母在外打工对于初二和高二学生是否经常被欺负的影响较大。对于偶尔被欺负的状况，无论哪个年级，父母在外打工的学生相较更容易偶尔被欺负，其中小学五年级父母在外打工的学生偶尔被欺负的比率最高达 46. 2%；从比率差异来看，最高的是初一学生达 7. 4%，初二学生和小学五年级学生紧随其后分别为 7. 3%和 7. 2%，这说明父母在外打工对于小学五年级、初一和初二学生是否偶尔被欺负的影响较大。

第六，法制教育的影响。有 79 001 名学生报告学校有进行过法制教育，这些学生群体中经常被欺负的比率比学校没进行过法制教育的学生经常被欺负的比率明显偏低（3. 5%对 8. 3%），偶尔被欺负的比率比学校没进行过法制教育的学生偶尔被欺负的比率也明显偏低（26. 2%对 36. 1%），表明进行法制教育对于减少被欺负行为是有一定作用的。分性别来看，进行法制教育和没进行法制教育学校的男生经常被欺负的比率为 4. 7%和 10. 5%，二者的差异为 5. 8%；而进行法制教育和没进行法制教育学校的女生经常被欺负的比率为 2. 3%和 5. 8%，二者的差异为 3. 5%。进行法制教育和没进行法制教育学校的男生偶尔被欺负的比率为 29. 6%和 38. 3%，二者的差异为 8. 7%；而进行法制教育和没进行法制教育学校的女生偶尔被欺负的比率为 22. 9%和 33. 6%，二者的差异为 10. 7%。这提示我们，法制教育对男生减少经常被欺负所起的作用比女生更大，而对女生减少偶尔被欺负所起的作用比男生更大。

从表 4-5 的数据可以看出，对于各个年级的学生而言，进行法制教育对于减少各年级经常被欺负和偶尔被欺负都有作用，但这种作用的大小在不同年级间并不相同。先来看经常被欺负的情况，小四、小五、初一、初二四个年级中没接受过法制教育和接受过法制教育两类学生经常被欺负的比率之差为 2. 7%、3%、4. 8%和 7. 7%，高一、高二、中职一、中职二四个年级的比率差为 5. 9%、8. 3%、6. 1%和 8. 8%，呈现出了随着年级的增加比率之差也增加的特点。这说明，进行法制教育来减少经常被欺凌，更应该注重对高年级学生来进行，尤其是对初二、高二和中职二年级的学生。再来看偶尔被欺负的情况，呈现出随着年级的增加比率之差下降的特点。这说明，进行法制教育来减少偶尔被欺凌，更应该注重对低年级学生进行，主要是对小学五年级和初一的学生。

表 4-5　是否接受相应教育的不同年级学生被欺负状况（%）

欺负类型	教育类型		小四	小五	初一	初二	高一	高二	中职一	中职二
经常被欺负	法制教育	没接受过	6.8	6.8	7.7	11.5	8.5	12.4	8.8	11.9
		接受过	4.1	3.8	2.9	3.8	2.6	4.1	2.7	3.1
		比率之差	2.7	3.0	4.8	7.7	5.9	8.3	6.1	8.8
	心理健康教育	没接受过	5.9	5.3	5.8	7.8	4.9	7.7	5.1	6.0
		接受过	3.7	3.9	2.5	3.1	2.4	3.2	2.0	2.8
		比率之差	2.2	1.4	3.3	4.7	2.5	4.5	3.1	3.2
	安全教育	没接受过	17.7	17.6	19.8	25.9	17.6	24.2	17.1	26.1
		接受过	4.5	4.2	3.0	3.7	2.7	4.2	2.9	3.2
		比率之差	13.2	13.4	16.8	22.2	14.9	20.0	14.2	22.9
偶尔被欺负	法制教育	没接受过	47.5	47.5	32.5	29.6	17.7	17.7	18.4	17.3
		接受过	40.3	37.3	24.2	24.4	14.2	13.8	13.7	13.4
		比率之差	7.2	10.0	8.3	5.2	3.5	3.9	4.7	3.9
	心理健康教育	没接受过	46.5	44.6	30.3	28.5	16.0	17.2	16.2	15.4
		接受过	37.0	35.0	22.5	22.7	13.4	10.7	12.4	12.5
		比率之差	9.5	9.6	7.8	5.8	2.6	6.5	3.8	2.9
	安全教育	没接受过	37.1	39.1	28.1	27.1	19.1	18.1	21.4	15.1
		接受过	43	40.1	25.9	25.4	14.6	14.3	14.0	13.9
		比率之差	-5.9	-1.0	2.2	1.7	4.5	3.8	7.4	1.2

第七，心理健康教育的影响。接受过心理健康教育的学生经常被欺负的比率为3.1%，而没接受过心理健康教育的学生经常被欺负的比率为6.0%，偶尔被欺负的状况也是如此（24.7%对32.0%），说明开设心理健康教育课程对于减少被欺凌行为是有帮助的。从性别角度来看，接受过心理健康教育和没接受过心理健康教育的男生经常被欺负的比率为4.2%和7.8%，比率差为3.6%；接受过心理健康教育和没接受过心理健康教育的女生经常被欺负的比率为2.1%和4.0%，比率差为1.9%。接受过心理健康教育和没接受过心理健康教育的男生偶尔被欺负的比率为28.1%和34.8%，比率差为6.7%；接受过心理健康教育和没接受过心理健康教育的女生偶尔被欺负的比率为21.6%和28.9%，比率差为7.3%。这表明开设心理健康教育课程对于减少男生经常被欺负更有效，而对于减少女生偶尔被欺负更有效。

从不同年级来看，初二学生中接受过心理健康教育和没接受过心理健康教育的学生经常被欺负的比率为3.1%和7.8%，高二学生的相应比率为3.2%和7.7%，这两类学生的比率之差是相对较高的，这说明进行心理健康教育对于初二和高二的学生减少其经常被欺负的状况最为有效。对于偶尔被欺负的状况，小学四年级学生中接受过心理健康教育和没接受过心理健康教育的学生偶尔被欺负的比率为46.5%和37.0%，小学五年级学生的相应比率为44.6%和35.0%，这两类学生的比率之差是相对较高的，而且年级越高其比率之差越小。这说明进行心理健康教育对于小学四年级和小学五年级的学生减少其偶尔被欺负的状况最为有效。

第八，安全教育的影响。接受过安全健康教育的学生经常被欺负的比率为3.7%，而没接受过安全健康教育的学生经常被欺负的比率为20.9%，说明开设安全教育课程对于减少经常被欺负是有帮助的。但接受过安全健康教育的学生偶尔被欺负的比率为28.8%，而没接受过安全健康教育的学生偶尔被欺负的比率为26.6%，说明开设安全教育课程对于减少偶尔被欺负是没有帮助的，甚至可能产生负面作用，这需要我们反思该如何进行正确的安全教育。从性别角度来看，接受过安全健康教育和没接受过安全教育的男生经常被欺负的比率为5.0%和22.7%，比率差为17.7%；接受过安全教育和没接受过安全教育的女生经常被欺负的比率为2.5%和17.7%，比率差为15.2%。这表明开设安全教育课程对于减少男生经常被欺负比女生更有效。接受过安全教育和没接受过安全教育的男生偶尔被欺负的比率为32.2%和27.0%，比率差为5.2%；接受过安全教育和没接受过安全教育的女生偶尔被欺负的比率为25.4%和25.2%，比率差为0.2%，说明开设安全教育课程对于减少女生偶尔被欺负是没有帮助的，对于男生而言却起到了相反的作用。

从表4-5的数据可以看出，对于各个年级的学生而言，进行安全教育对于减少经常被欺负都有作用，但这种作用的大小在不同年级间并不相同。从是否接受过安全教育的比例之差来看，小学四年级、小学五年级和高中二年级的学生是较高的，分别是4.5%、4.2%和4.2%，这说明进行安全教育来减少经常被欺负，更应该注重这三个年级的学生。再来看偶尔被欺负的情况，进行安全教育对于大部分年级学生减少偶尔被欺负是有帮助的，但小学四年级和小学五年级学生的状况是相反的，这两个年级的学生在接受了安全教育后偶尔被欺负的比率比没接受过安全教育的学生比率还要高，这提示我们小学阶段的安全教育可能存在问题，需要做出相应的改变。

二、实施欺凌的状况

总体来看，在被问到“你在学校欺负同学吗”时，报告“从来没欺负”的中小学生为85 193人（占81.3%），报告“偶尔欺负”的为16 817人（占16.0%），报告“经常欺负”的为2824人（占2.7%）。通过对数据进一步分析，笔者发现实施欺凌者在性别、年级等变量上存在一定的差异。

表 4-6 不同学生实施欺负的状况（%）

学生特征	从来没欺负	偶尔欺负	经常欺负	学生特征	从来没欺负	偶尔欺负	经常欺负
性别				父母是否在外打工			
男	77.2	19.2	3.6	是	77.6	18.6	3.8
女	85.5	12.8	1.7	否	82.2	15.4	2.4
年级				是否上过法制教育课			
小学四年级	77.2	20.9	1.9	是	83.9	14.3	1.8
小学五年级	75.8	22.3	1.9	否	73.3	21.4	5.3
初中一年级	80.9	16.1	3.0	是否上过心理健康课			
初中二年级	79.7	16.5	3.8	是	84.9	13.4	1.7
高中一年级	88.8	8.5	2.7	否	78.2	18.3	3.6
高中二年级	86.9	8.9	4.2	是否接受过安全教育			
中职一年级	89.9	7.8	2.3	是	82.3	15.8	1.9
中职二年级	89.0	8.1	2.9	否	63.9	19.3	16.8
是否住校							
是	82.9	13.6	3.5				
否	80.7	16.9	2.4				

第一，在性别差异上，对学生是否欺负同学与性别之间的关系进行 2×3 的独立性 χ^2 检验的结果显示存在性别差异（$\chi^2=1248.5$，$p<0.000$），其中男生经常实施欺负的比率为 3.6%，偶尔实施欺负的比率为 19.2%，这两类的比率明显要比女生高（女生经常实施欺负的比率为 1.7%，偶尔实施欺负的比率为 12.8%）。值得注意的是，从网上曝出的校园欺凌视频来看，发生在女生之间的校园欺凌事件明显比发生在男生之间的要多，但调查表明男生更容易实施欺凌行为。

第二，在年级差异上，对学生是否实施欺负与年级之间的关系进行 2×8 的独立性 χ^2 检验的结果也显示存在性别差异（$\chi^2=2591.9$，$p<0.000$）。从表 4-6 可以看到，随着学生从小学升到初中再升到高中（或中职），报告从来没欺负的学生所占比率是一直增加的，其中小学四年级和小学五年级的比率在 76%左右可以被归为一类，初中一年级和初中二年级的比率在 80%左右可以被归为一类，高中和中职学生的比率在 88%左右可以被归为一类。报告偶尔欺负的学生中，小学生的比率最高（小学四年级和小学五年级分别为 20.9%和 22.3%），且呈现出随着年级的增加其比率下降的特点，也可以

被归为小学、初中、高中或中职三类。报告经常欺负的学生所占比率先下降再上升，高二和初二所占比率较高，但总体上比率变化不大。

第三，性别和年级的交叉情况。从表 4-7 可以看到，偶尔欺负比率最高的三类是小学四年级的男生、小学五年级的男生和初二的男生；经常欺负比率最高的三类是高二的男生、初二的男生和高一的男生。从年级的角度来看，无论是小学生、初中生、高中生还是中职生，男生报告偶尔欺负和报告经常欺负的比率比女生都要高（χ^2 值对应 P 值都小于 0.000）。从性别的角度来看，无论是男生还是女生报告偶尔欺负的比率都随着年级的增长而下降。报告经常欺负的比率随着年级的增长，男生和女生呈现出不同的变化特点：男生的比率从小学四年级的 2.3%开始一直上升到初二，随之出现了分化，高中生的比率先下降后增加直到 6.7%，但中职生的比率下降到平均 3.9%；女生的比率从 1.4%开始上升到初二达到最大 2.5%，之后无论是高中生还是中职生的比率都开始下降。

表 4-7　不同年级男生和女生实施欺负状况（%）

年级	性别	从来没欺负	偶尔欺负	经常欺负	年级	性别	从来没欺负	偶尔欺负	经常欺负
小四	男	72.5	25.2	2.3	高一	男	85.0	10.7	4.3
	女	82.3	16.3	1.4		女	92.2	6.6	1.3
小五	男	72.4	25.4	2.2	高二	男	81.6	11.7	6.7
	女	79.5	19.0	1.5		女	91.7	6.4	1.9
初一	男	78.2	18.0	3.8	中职一	男	87.0	9.4	3.6
	女	84.0	14.0	2.0		女	92.7	6.4	1.0
初二	男	75.2	19.7	5.1	中职二	男	85.3	10.5	4.1
	女	84.4	13.2	2.5		女	92.5	5.7	1.7

第四，是否住校的影响。26 822 名住校学生中有 3.5%的报告经常欺负，不住校学生中有 2.4%的报告经常欺负；住校学生中有 13.6%的报告偶尔欺负，不住校学生中有 16.9%的偶尔欺负。这说明住校学生更容易经常欺负，而不住校学生更容易偶尔欺负。如果分性别看，住校男生和不住校男生经常欺负的比率为 5.1%和 3.2%，但住校女生和不住校女生经常欺负的比率为 2.0%和 1.6%，这说明无论是男生还是女生住校的都比不住校的更容易经常欺负；住校男生和不住校男生偶尔欺负的比率为 16.7%和 20.0%，住校女生和不住校女生偶尔欺负的比率为 10.8%和 13.5%，无论是男生还是女生不住校的比住校的都更容易偶尔欺负。

从表 4-8 按照年级统计的数据来看，从绝对数量来看，住校的小学四年级学生经常欺负的比率最高为 7.4%；从比率之差来看也是小学四年级的最高为 5.7%，且这种差异随着年级的增加越来越小，在高二学生和中职学生上甚至出现了反转，不住校的学生相比住校生更容易经常欺负。这说明年级越小的住校生越容易经常实施欺负，年级越高的不住校生越容易经常实施欺负。对于偶尔欺负的状况，住校的小学四年级学生偶尔欺负的比率最高为32.6%；比率之差随着年级的增加呈现出先增加再下降的特点，在初一时达到最高值9.2%。这说明住校的初中生更容易偶尔被欺负，是需要我们重点关注的群体；住校的小学生更容易偶尔欺负，且住校产生的影响对于初中的学生最明显。

表 4-8　是否住校及父母是否在外打工的不同年级学生实施欺负状况（%）

欺负类型			小四	小五	初一	初二	高一	高二	中职一	中职二
经常欺负	是否住校	是	7.4	6.4	4.4	5.8	2.7	3.7	1.9	2.5
		否	1.7	1.7	2.7	3.3	2.7	4.9	3.1	3.7
		比率之差	5.7	4.7	1.7	2.5	0	−1.2	−1.2	−1.2
	父母是否在外打工	是	3.4	2.8	4.3	5.3	2.9	5.6	2.3	3.3
		否	1.6	1.7	2.7	3.5	2.6	3.8	2.2	2.7
		比率之差	1.8	1.1	1.6	1.8	0.3	1.8	0.1	0.6
偶尔欺负	是否住校	是	32.6	28.3	23.7	23.2	9.6	10.8	8.2	8.6
		否	20.5	22.1	14.5	14.7	6.8	6.6	7.0	7.1
		比率之差	8.1	6.2	9.2	8.5	2.8	4.2	1.2	1.5
	父母是否在外打工	是	24.7	29.3	20.5	22.1	11.5	11.9	8.5	9.5
		否	20.2	21.1	15.2	15.3	7.5	8.0	7.5	7.4
		比率之差	4.5	8.2	5.3	6.8	4.0	3.9	1.0	2.1

第五，父母是否在外打工的影响。有20 835名中小学生报告父母在外打工，他们经常欺负的比率为3.8%，偶尔欺负的比率为18.6%；父母没在外打工的学生经常欺负的比率为2.4%、偶尔欺负的比率为15.4%。这表明父母在外打工的学生更容易实施欺负。分性别来看，父母在外打工的男生与父母没在外打工的男生经常欺负的比率分别为4.7%和3.4%，二者的比率之差为1.3%；而父母在外打工的女生与父母没外在外打工的女生经常欺负的比率分别为2.7%和1.5%，二者的比率之差为1.2%。这说明，无论是男生还是女生，父母在外地打工的学生都更容易经常欺负，且这种影响在男生和女生身上没有差异。父母在外打工的男生与父母没在外地打工的男生偶尔欺负的比率分别为21.8%和18.5%，二者的比率之差为3.3%；而父母在外打工的女生与父母没在外地打工的女生偶尔欺负的比率分别为15.1%和12.3%，二者的比率之差为2.8%。这说明，无论是男生还是女生，父母在外打工的学生都更容易偶尔欺负，且这种影响在男生身上体现得更明显。

从表4-8按照年级统计的数据来看，无论哪个年级，父母在外打工的学生都更容易经常欺负，其中高中二年级父母在外打工的学生经常欺负的比率最高达5.6%，次高的为初二学生达5.3%；从比率差异来看，最高的小学四年级、初二和高二的学生都为1.8%，更容易经常欺负。对于偶尔欺负的状况，无论哪个年级，父母在外打工的学生相较更容易偶尔欺负，其中小学五年级父母在外打工的学生偶尔欺负的比率最高达29.3%；从比率差异来看，最高的是小学五年学生达8.2%，其次为初二学生达6.8%，这说明父母在外打工对于小学五年级和初二学生是否偶尔欺负的影响较大。

第六，法制教育的影响。有79 001名学生报告学校有进行过法制教育，这些学生群体中经常欺负的比率比学校没进行过法制教育的学生经常欺负的比率明显偏低（1.8%对5.3%），偶尔欺负的状况也是如此（14.3%对21.4%），表明进行法制教育对于减少欺凌行为是有一定作用的。分性别来看，进行法制教育和没进行法制教育学校的男生经常欺负的比率为2.4%和7.2%，二者的差异为4.8%；而进行法制教育和没进行法制教育学校的女生经常欺负的比率为1.2%和3.2%，二者的差异为2.0%。进行法制教育和没进行法制教育学校的男生偶尔欺负的比率为17.4%和24.3%，二者的差异为6.9%；而进行法制教育和没进行法制教育学校的女生偶尔欺负的比率为11.2%和18.0%，二者的差异为6.8%。这提示我们，法制教育对男生减少经常欺负所起的作用比女生更大，而在减少偶尔欺负上对男生和女生的影响并没有明显差别。

从表4-9法制教育在不同年级学生上的影响来看，对于经常欺负而言，比率之差呈现出随年级增加逐渐上升的特点，尤其初二、高二和中职二年级的学生，不仅没接受过法制教育的实施经常欺负的比率较高，而且与接受过法制教育的比率之差也是非常高的，这说明进行法制教育对减少这三个年级学生经常实施欺负的作用最大。对于偶尔欺负而言，呈现出随着年级的增加比率之差下降的特点。这说明进行法制教育来减少偶尔欺负，更应该注重对低年级学生来进行，主要是小学四年级、小学五年级和初一的学生。

表4-9　是否接受相应教育的不同年级学生实施欺负状况（%）

欺负类型	教育类型		小四	小五	初一	初二	高一	高二	中职一	中职二
经常欺负	法制教育	没接受过	2.7	3.1	6.5	8.8	6.3	9.9	6.3	9.8
		接受过	1.4	1.4	2.0	2.5	1.7	2.5	1.5	1.7
		比率之差	1.3	1.7	4.5	6.3	4.6	7.4	4.8	8.1
	心理健康教育	没接受过	2.3	2.3	4.6	5.4	3.5	5.3	3.2	4.1
		接受过	1.3	1.4	1.6	2.4	1.4	2.4	1.1	1.7
		比率之差	1.0	0.9	3.0	3.0	2.1	2.9	2.1	2.4
	安全教育	没接受过	20.4	12.7	17.5	25.9	13.3	21.2	10.9	22.3
		接受过	1.5	1.5	2.1	3.7	1.8	2.5	1.7	1.8
		比率之差	18.9	11.2	15.4	22.2	11.5	18.7	9.2	20.5

续表

欺负类型	教育类型		小四	小五	初一	初二	高一	高二	中职一	中职二
偶尔欺负	法制教育	没接受过	25.2	28.5	21.8	20.1	10.2	11.8	11.0	9.8
		接受过	18.7	20.0	14.5	15.5	8.0	8.1	7.2	7.8
		比率之差	6.5	8.5	7.3	4.6	2.2	3.7	3.8	2.0
	心理健康教育	没接受过	23.2	25.1	19.6	19.2	9.4	10.8	9.1	9.6
		接受过	17.3	19.3	13.2	14.0	7.1	5.8	6.3	6.7
		比率之差	5.9	5.8	6.4	5.2	2.3	5.0	2.8	2.9
	安全教育	没接受过	24.2	26.3	21.2	21.1	13.3	14.7	15.2	14.8
		接受过	20.8	22.2	15.8	16.1	8.1	8.3	7.4	7.7
		比率之差	3.4	4.1	5.4	5.0	5.2	6.4	7.8	7.1

第七，心理健康教育的影响。接受过心理健康教育的学生经常欺负的比率为1.7%，而没接受过心理健康教育的学生经常欺负的比率为3.6%，偶尔欺负的状况也是如此（13.4%对18.3%），说明开设心理健康教育课程对于减少欺凌行为是有帮助的。从性别角度来看，接受过心理健康教育和没接受过心理健康教育的男生经常欺负的比率为2.2%和4.8%，比率差为2.6%；接受过心理健康教育和没接受过心理健康教育的女生经常欺负的比率为1.1%和2.3%，比率差为1.2%。接受过心理健康教育和没接受过心理健康教育的男生偶尔欺负的比率为16.4%和21.4%，比率差为5.0%；接受过心理健康教育和没接受过心理健康教育的女生偶尔欺负的比率为10.6%和14.8%，比率差为4.2%。这表明开设心理健康教育课程对于减少男生经常欺负和偶尔欺负比女生更有效果。

从不同年级来看，初二学生中接受过心理健康教育和没接受过心理健康教育的学生经常欺负的比率为2.4%和5.4%，高二学生的相应比率为2.4%和5.3%，这两类学生的比率之差是相对较高的，这说明进行心理健康教育对于初二和高二的学生减少其经常欺负的状况最为有效。对于偶尔欺负的状况，小学四年级学生中接受过心理健康教育和没接受过心理健康教育的学生偶尔欺负的比率为17.3%和23.2%，小学五年级学生的相应比率为19.3%和25.1%，初一学生的相应比率为13.2%和19.6%，这三类学生的比率之差是相对较高的，这说明进行心理健康教育对于小学四年级、小学五年级和初一的学生减少其偶尔欺负的状况最为有效。

第八，安全教育的影响。接受过安全健康教育的学生经常欺负的比率为1.9%，而没接受过安全健康教育的学生经常欺负的比率为16.8%，说明开设安全教育课程对于减少经常欺负是有帮助的。接受过安全健康教育的学生偶尔欺负的比率为15.8%，没接受过安全健康教育的学生偶尔欺负的比率为19.3%，说明开设安全教育课程对于减少偶尔欺负也是有帮助的。从性别角度来看，接受过安全健康教育和没接受过安全教育的男生经常欺负的比率为2.5%和18.5%，比率差为16.0%；接受过安全教育和没接受过安全教育的女生经常欺负的比率为1.2%和13.7%，比率差为12.5%。接受过安全教育和没接受过安全教育的男生偶尔欺负的比率为19.1%和20.5%，比率差为1.4%；接受过安全教育和没接受过安全教育的女生偶尔欺负的比率为12.6%和17.1%，比率差为4.5%。这表明开设安全教育课程对于减少男生经常欺负更有效，而对于减少女生偶尔欺负更有效。

从表4-9的数据可以看出，对于各个年级的学生而言，进行安全教育对于减少经常欺负都有作用，但这种作用的大小在不同年级间并不相同。从是否接受过安全教育的比例之差来看，初二、中职二年级的学生是较高的，分别为22.2%和20.5%，小学四年级和高中二年级紧随其后，分别是18.9%和18.7%。这说明进行安全教育来减少经常欺负，更应该注重这四个年级的学生。再来看偶尔欺负的情况，进行安全教育对于各年级学生减少偶尔欺负都是有帮助的，呈现出随着年级的增加比率之差上升的特点。这说明进行安全教育来减少偶尔欺负，更应该注重对于高年级学生来进行，主要是高二、中职一年级和中职二年级的学生。

三、被欺凌与欺凌交叉存在的状况

调查表明，存在着被欺凌与欺凌交叉的情况，即在被欺负的同时又欺负别人，这样的学生数量为14 807人，占总人数的14.1%左右。在被欺负与欺负同时存在的四种状态中，比率最高的是偶尔被欺负也偶尔欺负别人达到11.2%，经常被欺负也经常欺负的为1.2%，经常被欺负也偶尔欺负的为1.1%，偶尔被欺负也经常欺负的为0.6%。这四种状态在性别、年级、是否住校等变量上存在一定的差异，具体比率分布情况见表4-10。

表4-10　欺负与被欺负同时存在状态在性别等变量上的分布（%）

	经常被欺负也经常欺负	经常被欺负也偶尔欺负	偶尔被欺负也经常欺负	偶尔被欺负也偶尔欺负
性别				
男	1.6	1.5	0.7	13.2
女	0.7	0.7	0.4	9.1
年级				
小学四年级	0.8	1.7	0.6	16.0
小学五年级	0.6	1.7	0.6	16.8
初中一年级	1.1	0.9	0.7	10.7
初中二年级	1.8	1.1	0.7	10.9
高中一年级	1.3	0.4	0.4	4.9

续表

	经常被欺负也经常欺负	经常被欺负也偶尔欺负	偶尔被欺负也经常欺负	偶尔被欺负也偶尔欺负
高中二年级	2.1	0.6	0.7	4.9
中职一年级	0.9	0.5	0.4	4.7
中职二年级	1.6	0.4	0.3	4.6
是否住校				
是	1.6	0.8	0.6	8.9
否	1.1	1.2	0.6	12.0
父母是否在外打工				
是	1.6	1.4	0.9	13.1
否	1.0	1.1	0.5	10.7
是否上过法制教育课				
是	0.6	0.9	0.5	10.0
否	2.9	1.8	1.0	15.1
是否上过心理健康课				
是	0.7	0.9	0.4	9.4
否	2.8	1.3	0.7	12.8
是否接受过安全教育				
是	0.7	1.0	0.5	11.2
否	9.6	2.9	2.9	10.9

第一，经常被欺负也经常欺负的情况。从性别来看，经常被欺负也经常欺负的男生占所有男生的比率为1.6%，而女生占所有女生的比率为0.7%；从年级来看，小四、小五、初一、初二、高一、高二、中职一、中职二八个年级中，经常被欺负也经常欺负的学生在各自年级中的比率分别为0.8%、0.6%、1.1%、1.8%、1.3%、2.1%、0.9%和1.6%，说明男生、高二、初二和中职二年级学生相对比较严重。调查也发现，下列学生经常被欺负也经常欺负：住校的学生、父母在外打工的学生、没接受过法制教育的学生、没接受过心理健康教育的学生、没接受过安全教育的学生。

第二，经常被欺负也偶尔欺负的情况。从性别来看，经常被欺负也偶尔欺负的男生占所有男生的比率为1.5%，而女生占所有女生的比率为0.7%。从年级来看，小四、小五、初一、初二、高一、高二、中职一、中职二八个年级中，经常被欺负也偶尔欺负的学生在各自年级中的比率分别为1.7%、1.7%、0.9%、1.1%、0.4%、0.6%、0.5%和0.4%，说明男生、小四和小五两个年级的学生相对比较严重。调查也发现，下列学生容易经常被欺负也偶尔欺负：不住校的学生、父母外在打工的学生、没接受过法制教育的学生、没接受过心理健康教育的学生、没接受过安全教育的学生。

第三，偶尔被欺负也经常欺负的情况。从性别来看，偶尔被欺负也经常欺负男生占所有男生的比率为0.7%，而女生占所有女生的比率为0.4%。从年级来看，偶尔被欺负也经常欺负的学生在各自年级中的比率差别非常小，在0.3%和0.7%之间，其中初一、初二和高二的学生相对较高。调查也发现，下列学生容易偶尔被欺负也经常欺负：父母外在打工的学生、没接受过法制教育的学生、没接受过心理健康教育的学生、没接受过安全教育的学生。需要注意的是，是否住校并没有影响。

第四，偶尔被欺负也偶尔欺负的情况。从性别来看，偶尔被欺负也偶尔欺负的男生占所有男生的比率为13.2%，而女生占比为9.1%。从年级来看，小四、小五、初一、初二、高一、高二、中职一、中职二八个年级中，偶尔被欺负也偶尔欺负的学生在各自年级中的比率分别为16.0%、16.8%、10.7%、10.9%、4.9%、4.9%、4.7%和4.6%，说明男生、小四和小五两个年级的学生相对比较严重。调查发现，下列学生容易偶尔被欺负也偶尔欺负：不住校的学生、父母在外打工的学生、没接受过法制教育的学生、没接受过心理健康教育的学生。需要注意的是，接受过安全教育的比没接受过安全教育的比率还要高，虽然只是高出0.3%，但也说明目前的安全教育还存在一定的问题。

综合来看，无论在被欺负与欺负同时存在的哪种状态中，男生、父母在外打工的、没接受过法制教育的、没接受过心理健康教育的都是相对比率较高的，应该被重点关注。但年级、晚上住校、接受安全教育等，对于四种状态的影响是不同的：小学四年级和小学五年级的学生更容易经常被欺负也偶尔欺负以及偶尔被欺负也偶尔欺负，而初二和高二的学生更容易经常被欺负也经常欺负以及偶尔被欺负也经常欺负；住校的学生容易经常被欺负也经常欺负，而不住校的学生容易经常被欺负也偶尔欺负以及偶尔被欺负也偶尔欺负；没接受过安全教育的学生除了在偶尔被欺负也偶尔欺负外，在其他三种状态中都比接受过安全教育的学生要相对严重。

第五章
重庆市防治校园欺凌调研报告

作为中小学学生相对较多的省市，重庆市非常重视预防和处理校园欺凌。作为预防和处理校园欺凌问题较为先进的城市，重庆市通过加强对校风文明的建设，加强综合治理，加强家校共治共管等措施，切实将预防和处理校园欺凌问题落到了实处。为深入了解重庆市校园欺凌防控的具体实践工作，课题组成员田相夏、耿献勇、张丹、唐红云于2017年11月23日抵达重庆进行调研。此次调研由重庆市妇联统筹协调，参加会议的有重庆市教委基础教育处、综合治理办公室、重庆检察院未检处、重庆市高院研究室、重庆市妇联维权部、重庆市司法局宣传处、重庆团市委、重庆市公安局治安大队、重庆市民政局等部门的领导或负责同志，部分中小学以及职业学校校长共30余人。

一、调研前期准备

为了使调研活动顺利开展，提高调研效果，课题组在前期也做了充分的准备工作，主要包括：

第一，对校园欺凌治理相关政策的学习。我国政府高度重视校园欺凌的防治，先后出台了一系列相关政策、法规，如《国务院教育督导委员会办公室关于开展校园欺凌专项治理的通知》《关于防治中小学生欺凌和暴力的指导意见》《关于加强中小学幼儿园安全风险防控体系建设的意见》。在调研之前，调研小组搜集了有关校园欺凌的文本材料，并对相关政策、法规进行了认真研读，在此基础之上进行了有效的消化吸收，这为此次会议研讨打下了良好的基础。

第二，小组成员的内部交流学习。小组成员在调研之前就做了大量的工作，建立了微信群，及时沟通，及时联系，并积极分享自己搜索到的资料，共建共享，不仅增加了成员间的沟通，更是深化了对校园欺凌的认识。在抵达重庆之后，召开了成员会议，对调研的资料进行了深度分析和讨论，各自提出了意见、建议，并提出了各自的问题。通过多层次、多角度的深入交流，课题组理清了研讨思路，为研讨会的召开做了充足的准备。

二、相关工作情况简介

重庆市总面积为8.24万平方千米，辖38个区县（26区、8县、4自治县）；2016年常住人口达3048.43万。重庆市现有中等职业学校182所，小学2979所，特殊教育学校36所；普通中学1120所，在校生60.68万人；普通初中在校生96.60万人。

在重庆当地，人们习惯性地将“校园欺凌”称作为“校园下暴”，[1]指的是青少年学生施暴，主要指某些学生因过早的、不成熟的三角恋、钱物需求、青春性意识萌动或者仅仅因为模仿录像某些情节、发泄心中怨气等而对其他学生施暴的行为，如殴打、强奸、索要保护费、抢劫、侮辱、杀害等，这一现象在重庆被俗称为“下暴”。学生“下暴”行为表现出以下特点：①年龄小，大多集中在小学高年级和初中；②对于录像中的暴力情节有很强的模仿性，其手段令人发指；③以学生中非正式群体的“团伙”行动居多。校园下暴最多的是指以大欺小，实施校园抢劫行为（金额较小）。从2017年1月1日截至调研的当日，重庆市检察院共受理校园欺凌批准逮捕案件16件28人，其中逮捕14人，不批捕10人，不构成犯罪撤回4人；重庆市法院受理审查起诉案件34件72人，其中起诉51人，不起诉5人，附条件不起诉8人。重庆市学校数量多，在校生人数多，因此预防和处理校园欺凌的压力之大可想而知。

预防和处理校园欺凌具有十分重要的现实意义，为此，重庆市各职能部门先后通过各项治理措施，将校园欺凌防控到最低，采取相关举措，为预防和减少校园欺凌现象打下了基础。

（一）预防处置校园欺凌的组织领导

针对校园欺凌问题，市教委专门成立了防治学生欺凌和暴力工作领导小组，并下发了一系列文件，组织开展了专项治理活动。综治委高度重视校园欺凌事件，将其纳入平安校园建设内容之中。

重庆市综治委设置了八个专项组，[2]其中预防青少年违法犯罪专项组办公室设在团市委，具体工作由市综办一处负责，校园周边治理专项组办公室设在市教委，具体工作由市综办三处负责。

重庆市市教委内设机构中主要由政策法规处和基础教育处负责相关校园欺凌事务，其中政策法规处主要负责指导教育系统普法教育工作并参与教育执法监督、检查工作，基础教育处负责指导特殊教育和工读教育。市教委重在行业主管，由综治办统筹协调，学校重在安全主体责任。

市司法局加强与市教委、市检察院、市高院、市关工委等单位密切协作，共同组织开展“开学第一堂法治课”“依法治校评估”“庭审旁听及庭审进学校”“关爱明天普法先行”“学宪法知识网络竞赛”等活动。公、检、法、司、妇联、工商等部门重在

---

〔1〕参见 https://baike.baidu.com/item/%E4%B8%8B%E6%9A%B4/6115160?fr=aladdin.

〔2〕综治委治理专项组包括：社会治安专项组、实有人口专项组、特殊人群专项组、“两新”组织专项组、法律政策专项组、预防青少年违法犯罪专项组、校园及周边治安综合治理专项组、护路护线联防专项组。

综合管理职能，从而形成了群策群力、部门联动、齐抓共管的工作合力。

2016 年来，市公安局排查化解涉校生矛盾纠纷 289 起，妥善处置因涉校矛盾纠纷引发的不稳定事端 151 起，积极预防可能伤害学生儿童案事件苗头 66 起。截至 2016 年 10 月份，市妇联 12388 服务热线共接听电话 408 个。其中，妇女维权热线 289 个，心理咨询热线 98 个，女童悄悄话热线 31 个，心理咨询的有 11 人，总计面询时间 32 小时。

（二）做好校园欺凌预防工作

校园欺凌重在预防，因此，重庆市各职能机关把积极预防校园欺凌放在首位，各部门紧密配合，为把校园欺凌消灭在萌芽状态作出了重要贡献，比较成熟的做法主要有：

第一，开展法律宣传活动。普法不仅是全国全面推进依法治国的基础性工作，也是预防校园欺凌的良好措施。

（1）市司法局主抓全市普法工作，将未成年人列为法治宣传的重点对象，严格贯彻落实"谁执法谁普法"的原则，并以加强法治教育基地建设为抓手，深化对青少年的法治宣传教育。

（2）市法院坚持以案释法、以案普法，开展"送法进校园"，加强法治宣传，增强学生的自我保护意识。各中小学以及职业学校领导严格重视法治宣传，在每学期开学认真组织开展"开学第一课"，将法律知识融入各项社团活动之中。

（3）市公安局通过校园民警上法治教育课，发放宣传单、案件分析等方式加强法治安全教育，提高学生的法治意识，同时民警兼任学校辅导员、法治副校长，并形成常态机制。

（4）市妇联动员妇联组织利用重大节点，积极开展普法知识讲座、法律咨询、现场宣传等活动。市妇联和市检察院联合制作编印《未成年人保护教育读本》7 万余册，拍摄未成年人保护视频讲座做成光碟 3000 盘，下发各区县。

第二，开展综合治理。各地综治部门组织认真学习贯彻党中央、国务院关于社会治安防控体系建设的重要指示精神，充分发挥各级综治中心在社会治安防控体系建设中的重要作用。

（1）市公安局加强涉校网络舆情监管，制定校园及周边安全舆情处置应对方案，加强网上巡逻、处置和导控工作，及时发现、封堵、删除涉校涉生有害信息。

（2）市综治办针对校园及周边治安问题，形成了一系列常态化、行之有效的工作机制。

（3）市检察院积极延伸法律监督触角，积极参与校园周边综合治理工作，对校园周边容易发生问题的网吧，会同公安机关加大摸排管控工作。加大对校园欺凌事件易发校园的监督力度，并会同学校、公安机关对欺凌势力进行深挖。

第三，加强学校安全治理。保证校园安全是预防校园欺凌的先决条件，因此加强学校安全治理是预防和处理校园欺凌的应有之义。学校的安全治理离不开公安部门以及其他有关部门的大力配合。

市公安局设立了校园安保工作的专职队伍，全市建立了41校保支（大）队，这是重庆在国内率先成立的安保队，其共设立5263个校园警务室，2766个“护校岗”，605个学校周边治安岗亭，派驻校警4501人，加大校园及周边巡逻防范力度。在学生放学高峰时段落实“见警察、见警车、见警灯”的“三见”工作制度，组织群防力量参与护校工作，有效防止校园欺凌的发生。

第四，加强对困境儿童的关爱。困境儿童可能诱发欺凌，所以对其加以关爱是减少或避免校园欺凌的重要举措。

留守儿童作为一个特殊社会群体，由于缺少父母的直接关爱、教育、管束，容易成为校园欺凌事件的参与者或受害者。因此，做好留守儿童工作，对预防校园欺凌具有重要的现实意义。市妇联积极关爱帮助留守儿童健康成长，依托农村5381个儿童之家、1.4万个妇女之家等服务阵地，运用“家庭教育流动学校”打造农村儿童活动阵地，开展农村儿童能力培养、素质提升、心理疏导、安全防护和暑假实践活动，并建立“妇联干部+社会工作者+志愿者”关爱服务队伍，探索通过购买社会组织服务方式，为农村留守儿童提供有针对性的专业化服务。

市民政局加强组织领导，市政府出台了《关于加强农村留守儿童关爱保护工作的实施意见》，成立了由27个部门组成的联席会议机制，市民政局、市公安局、市教委联合开展了农村留守儿童摸底排查工作，截至2017年9月，市县留守儿童共有227 172名，其中义务阶段有175 801名，占总数的78%。2017年和民政部合力推动“合力监护，相伴成长”关爱保护行动，对无户籍、无人监护的失学辍学儿童开展救助。

第五，开展文化引领。学校开展各类活动，让广大师生了解校园欺凌，并积极开展文化活动，给学生传递平和心态，促使学生形成良好的文化底蕴。

教育学生面对强权时要多采取对话机制。学校编写人文读本，拍摄校园文化微视频，对学生进行浸润教化，从正面开展教育。着力开展习惯德育特色活动，进行文明习惯、学习习惯、生活习惯、安全习惯、创新习惯教育，并开展法治教育、道德教育、成人教育等学习主题教育活动。

第六，注重学生心理健康。把学生的心理健康放在与学习同等重要的位置，学校配备专职心理老师，有效解决学生在学习生活中产生的心理问题，预防校园欺凌的发生。

市妇联积极采取措施疏导、促进学生心理健康，并通过心理咨询的个案走访和开展爱心父母与困境儿童的结对帮扶活动，较好地解决困境的心理问题和情感缺失问题，促进困境儿童健康发展。

市法院明确家事审判方式的改革方向就是以维护婚姻家庭和谐为中心，做好包括婚姻家庭救治、家庭成员情感修复、妥善保护未成年人等工作，并探索心理干预制度。全市15个试点法院对570件家事案件进行了心理测评干预，并且注重对家事案件的回访。

第七，开展家校共管。欺凌案件主要有寻衅滋事、故意伤害、抢劫等；而诱发原因中很重要的一项就是家庭教育缺失。

学校积极和家长沟通，采取家访制度，开展走进家庭活动。搭造家校联动平台、社区学校联动平台，第一时间掌握学生动态，为以后措施的积极、有效实施开展打下了基础。重庆高度重视家庭教育，在市妇联的建议下，于 2016 年 5 月 27 日审核通过颁布了全国首部家庭教育地方性法规——《重庆市家庭教育促进条例》。这不仅有利于传承文明家风，也有利于强化父母责任，对解决当下的家庭教育问题具有重要意义。

（三）开展校园欺凌的治理

积极开展校园欺凌的预防工作并不能完全杜绝校园欺凌的发生，因此，如何更好地治理校园欺凌亦是摆在当前的一大难题。重庆市各部门积极探索，摸索了一条符合具体实际的道路，包括：

市综治办、市教委联合出台春季、秋季校园及周边治安综合治理工作方案，以市综治办名义印发给全市综治成员单位和各区县，并把防治校园欺凌问题作为重点工作任务进行安排部署。

市检察院对参与欺凌的青少年开展矫治，并注重双向保护，保护被欺凌的学生的隐私安全。

市公安局积极排查矛盾纠纷，排查化解涉校涉生矛盾纠纷，全面掌握涉校涉生不稳定因素，对相关重点人员采取纠纷调解、教育疏导、法治谈话等形式。通过升格立刑案，加强震慑力，对因受欺凌等原因离家出走、失联的一律立命案或按涉嫌拐卖妇女儿童罪立案查处。

市民政局积极支持社会福利机构介入校园欺凌，支持社工在校园欺凌中开展救助保护工作。

市法院依法审理校园欺凌和暴力事件，遏制学生欺凌和暴力等案件的发生，并专门下发通知在全市法院征集校园欺凌的典型案例。积极探索符合未成年人身心特点的审判方式，着力帮助校园罪犯改过自新。坚持特殊保护理念，注重教育感化。继续推进家事纠纷多元化化解机制和家事审判改革，从根源上遏制校园欺凌案件的发生。

市妇联密切配合相关部门，建立相关工作机制，推动工作落实。

团市委联合综治委、民政局、公安局、检察院采取购买社会服务的方式帮扶有过欺凌历史的青少年。

（四）督察工作落实

督察是手段，落实是目的。抓督导、查问题、促落实，要在总揽全局的基础上，善于抓住重点问题、关键环节，集中力量攻坚克难，从而推动全局发展。在校园欺凌工作中，重庆市各部门的主要做法有：

市综治办积极开展校园及周边治安整治工作专项督查，一般是由副厅级干部带队，“平安综治”考核也把校园欺凌纳入重点督察内容范围，以推动工作落实。

市检察院创设了年度报告制度，根据区县院、分院办理的未成年案件特点，撰写年度报告并报告给当地政府以引起高度重视，促进解决相关问题。

市司法局严格贯彻落实“谁执法谁普法”的原则，督促指导并协调相关部门抓好未成年法治工作。市公安局将部分校园及周边案件突出、治安较差的地区列为市级 A 类社会治安重点地区实施动态挂牌整治。

市民政局逐步建立“发现报告”的衔接机制，民政、教委、卫健委等部门对学校、幼儿园、医疗机构、村居委会以及社会工作福利机构、救助机构等工作人员宣传其发现报告的责任，并加大督察力度。

（五）学校积极主动探索预防校园欺凌的做法

作为校园欺凌的主发地，学校在预防和处理校园欺凌方面具有不可推卸的责任，重庆市各初高中学校领导高度重视预防和处理校园欺凌工作，在实践工作中积累了良好的经验，并形成了适应各个学校的良好做法，主要有：

重庆天一新城小学校安全委员制。学校领导注重对校内安全的防范，每班选出两位安全委员，在活动期间，一前一后做好大家的安全工作。平时学习生活中，当安全委员发现个别学生购买校园违禁品时，马上报告班主任。

重庆市南岸区弹子石小学学长制。学校培养学生的责任担当意识，让高年级的学生礼让并保护低年级学生。应对校园欺凌主要以宣传预防和教育为主，强化组织机构，建立完善相关职责，并成立了以校长为组长，以校领导班子为副组长，以德育干部、年级组长为成员的预防和处置校园欺凌小组。以校园广播站、学生展板为宣传媒介，注重校园欺凌知识的宣传。同时注重对教师化解学生间矛盾能力的培养。

重庆市渝北区第二实验中学反思制。学校在每天放学前 20 分钟总结今天工作的不足，并对明天的工作展开部署。

重庆滨江实验学校申诉制。学校构建师生申诉机制，师生权益受损时有良好的疏通渠道，使得师生能及时宣泄各自的不良情绪，有利于校园的和谐。学校还搭建了家庭、社区、学校三位一体的平台，同时注重文化引领，培养学生的平和心态，把校园欺凌发生的可能性降到最低。

重庆辅仁中学校园巡逻制。学校把安全放首位，对新入学的学生开展家庭调查，掌握学生的家庭生活情况，在每学期均开展法治教育，校园校警严把校门关，防范社会闲杂人员进入校园，校园保安坚持 24 小时巡逻，积极预防校园欺凌。

重庆育人中学法制课程制。学校每年秋季入学便开展法治教育，“开学第一课”的法治宣传以及每学期至少 10 节的法治课程，并邀请校保支队、派出所民警以及未管所警官以案例形式到学校讲学。班级、寝室均设立信息员，以掌握学生的基本动态，从班级生活、寝室生活入手，从内部严格把控管制刀具并在每周开展安全教育活动。

重庆渝北职业教育中学特色法治宣传制。学校积极开展文化引领活动、开发校园微视频，多角度多方面对学生进行教化，开展行为养成活动、法治专题教育、法院庭审进校园，每月一主题的安全教育活动，有效开展自治和自我教育活动、家校共育活动，尤其特别重视与新生家长的沟通交流，深入家庭、学校，对不良个体进行跟踪，重点具体关注。

重庆龙门浩职业中学心理疏导制。学校配备专职心理教师，每个班都有心理委员，每天有专职心理老师接待学生并对之加以疏导，每个月有心理主题活动。在每周日返校时安稳办和德育处利用现代化工具查处管制刀具、香烟、打火机。

（六）预防处理校园欺凌的建议

与会代表在阐述预防和处理校园欺凌的具体做法之后，对如何进一步深化和落实，以期更好地预防和处理校园欺凌提出了各自的看法，主要有：

市综治委建议树立共治机制，推动党委领导责任：教育部门的主导责任，推动落实学校主体责任、家庭的兼附责任、社会的参与责任，总体上构建“社会—家庭—学校”三位一体常态化工作机制，保证学生的人身、财产、人格权。要健全源头防范机制，进一步落实教育部门的主管责任和学校的主体责任，加强人防、物防、技防建设，严格出入校园门卫保安制度，织密校园防控网。加强学生的安全知识教育，注重心理疏导。加强学校家庭联动，健全完善综合整治机制，一方面严厉打击校园欺凌行为，另一方面深挖源头，深入治理校园欺凌幕后的“黄赌毒”。健全、社会参与机制，发挥群团组织的重要作用。

市检察院建议加快对校园欺凌的立法工作，在司法层面，重视未进入司法程序的犯罪黑数，对这类少年采取保护处分，同时加强社会共同治理，避免九龙治水现象。

市法院指出对青少年问题的治理存在九龙治水的现象，导致责任稀释，主张吸收、借鉴国外的青少年事务局和青少年感化院做法。

市公安局主张进一步构建完善预防、干预校园欺凌的有效机制，加强与社区、妇联及当地派出所等有关部门的合作，重视校园欺凌问题的综合治理；进一步提高教师和家长防范校园欺凌的能力，可定期聘请校内外专家对教职员工和家长进行青少年身心发展特点、法律常识和防治校园欺凌技能等方面的专题培训；进一步加强德育、法治教育和心理健康教育；适时开展校园欺凌治理工作专项督导，适时开展对校园欺凌治理工作落实情况的专项督导评估和工作绩效考评，对学校专项治理情况进行实地抽查，并强化督导结果的运用。

市司法局建议法治教育与心理教育相结合，进一步强化家校联系，加强家长的素质提升，加强法治师资力量保障。

市民政局建议进一步完善发现报告和应急处置机制、评估帮扶机制、监护干预机制，积极支持社会工作服务机构介入校园欺凌预防。

团市委建议认真排查校园欺凌发生的原因，理清不同的责任、完善问责机制，尝试构建学生权益部，促使学生自身开展自我保护。

市妇联建议继续强化对未成年人开展法治宣传教育、咨询服务，进一步提高青少年的法治修养；建立关爱机制，团结社会力量参与对困境儿童的救助。从家庭教育的战略高度定位，明确政府的保障责任，设立家庭教育专项经费，并确立家庭教育经费投入体制和筹资办法，以保障各级家庭教育工作获得必需的财力支持；明确各级政府妇儿工委为组织协调机构，教育部门为家庭教育行政主管部门；对家庭教育服务行业进行规范；保障家庭学科建设以及专业人才培养。

出席研讨会议的学校部门领导建议，要注重学生的心理教育，针对儿童年龄特点，编写卡通宣传书册，拍摄公益视频，职能部门开展宣讲统合，进一步落实相关职能部门的工作，加强校园周边环境综合整治，强化对家长的教育。

学校部门领导都指出了一个共同存在的问题，即“问题学生背后的问题家长”，对问题家长的应对存在不足之处。解决问题学生必须解决问题家长，对于如何行之有效，建议从国家层面对家校制度予以重视。

三、应对校园欺凌的典型做法

重庆市对有关儿童权益保护的工作始终保持高度关注。近年来，随着网络对于校园欺凌事件的曝光，重庆市政府、市教委、市综治办以及市民政等工作部门对于校园欺凌事件设立综合整治体制，发挥各机构的合力保护儿童权益。重庆市对于校园欺凌应对措施的最典型做法有如下几点：

（一）治理校园欺凌的理念先进

1. 重视校园欺凌防治现象

重庆市各个部门针对校园欺凌开展的各项工作表现出了其对于校园欺凌防治的重视。具体而言：

（1）重庆市教委负责对全市学校开展校园欺凌专项治理活动的督导和检查，通过设置法治教育等课程将校园欺凌的教育渗入课程。

（2）重庆市综治办主要负责校园周边的综合治理，并且针对校园欺凌成立防治学生欺凌和暴力工作领导小组，将校园欺凌纳入黑恶问题的调研范围，通过治理校园欺凌这一手段来治理涉黄、涉毒、涉黑和涉恶等社会问题，进而实现维护校园周边安全的目的。

（3）重庆市检察院针对校园欺凌案件进行数据分析并制定相应处理办法和保护措施，其中针对欺凌事件中的被害人提出既给予法律援助又保障司法救助的双向保护意见。

（4）重庆市高院进行家事审判的改革，对校园欺凌案件予以特殊处理，设立心理干预和测评干预制度，通过回访和心理疏导的方法引导校园欺凌当事人化解因欺凌而产生的社会障碍。

（5）重庆市公安局设置专职安保队伍来预防校园欺凌的发生，同时加大对于涉及儿童案件的重视力度，比如涉及儿童的刑事案件一律上升为命案进行查处，进而保护儿童、家长的权益和保障社会稳定。

（6）重庆市司法局大力开展有关于校园欺凌的普法工作，并为法治教育队伍提供师资和志愿者培训。

（7）重庆市民政局结合校园欺凌情况开展儿童福利、农村留守儿童和困境儿童权利保护工作，其中规定对于无人监护的学生的违法犯罪现象及时出警训诫监护人。

（8）重庆市团委从校园欺凌原因排查（校内原因和校外原因分类别排查）、理清学校主体责任和相关部门责任、在理清相关主体责任的基础之上进行处罚问责这三个环节治理校园欺凌现象。

（9）重庆市妇联从法治宣传、权利维护、心理辅导和关心关爱四个方面开展防治校园欺凌的工作。

2. 防治校园欺凌的部门联动机制

重庆市在防治校园欺凌工作的开展过程中注重各个部门的联合工作，形成了部门联动机制。目前已经建立的部门联动机制有：①市综治办联合市政府及市工商开展对校园周边治安整治的专项活动；②市检察院和市公安局合作对于校园周边治安进行综合治理，打击成年人通过设置微信群教唆未达到刑事责任年龄的学生进行犯罪；③市检察院和市公安局合作找到微信群里的学生并且和其面对面谈话，解散该群，化解潜在问题；④市民政局联合市教委、卫健委设置督察组第一时间对受侵害的被欺凌者进行帮助等。这些部门联动机制在预防、治理校园欺凌事件、监督相关部门落实责任和帮扶校园欺凌当事人上发挥着巨大的作用。

3. 制定地方法规引领校园欺凌的防治

良好的家庭教育是防治校园欺凌的重要保障，重视家庭教育就是从源头预防校园欺凌的发生，因此市教委、市民政和市妇联高度重视在校学生的家庭教育工作。为严格贯彻国家以儿童利益为最大原则的宗旨，重庆市针对本市儿童保护情况制定了《重庆市家庭教育促进条例》以及为贯彻该条例发布《重庆市家庭教育指导大纲》，开展家庭教育的指导，帮助家长积极履行监护人的义务和对于孩子进行正确的价值观引导，从而从根源上减少校园欺凌的发生。同时，市民政和市妇联开展对于农村留守儿童和困境儿童的安置和教育工作，对于弱势群体给予更多的社会关爱，关注其安全感和获得感的获取，培养健康向上的少年。

（二）高度重视和发挥法律及政策对校园欺凌整治的作用

1. 中央政策

为了防治校园欺凌，国务院、教育部等相关部门先后出台了一系列相关政策，预防和减少了校园欺凌的发生。如 2010 年 7 月 8 日发布的《国家中长期教育改革和发展规划纲要（2010-2020 年）》提出，加强安全教育和学校安全管理，加强校园网络管理和周边治安综合治理，完善学校突发事件应急管理机制，妥善处置各种事端。[1] 2016 年 4 月，《国务院教育督导委员会办公室关于开展校园欺凌专项治理的通知》出台，要求各地对校园欺凌进行专项整治。2016 年 11 月，教育部等九部门发布的《关于防治中小学生欺凌和暴力的指导意见》在现行法律和政策框架内对校园欺凌的防治提

〔1〕《国家中长期教育改革和发展规划纲要（2010-2020 年）》。

出了更加具体的要求。[1]2017年4月25日，国务院办公厅发布《关于加强中小学幼儿园安全风险防控体系建设的意见》，该意见强调完善学校安全风险预防体系、健全学校安全风险掌控体系，建立专兼职学校安保队伍，维护校园安全。[2]

重庆市对于国家针对校园欺凌提出的各个要求认真解读，根据本地区实际情况，在贯彻中央政策的指导下，开创了治理校园欺凌的“重庆模式”和“校园警务”制度，校园欺凌整治取得了明显成效。

2. 本地规章

为全面贯彻实施《重庆市家庭教育促进条例》，促进未成年人全面健康成长，增进家庭幸福和社会和谐，重庆市结合本市实际制定了《重庆市家庭教育指导大纲》，意在提高家庭教育质量，培养儿童优良品格和健康人格，完善家庭教育工作的长效机制，提高家庭教育指导水平和实效。重庆市民政和市妇联以加强家庭教育指导为切入口，加强家校之间的密切度，从家庭教育方面加强对于校园欺凌的整治。

3. 本地部门之间的合作协定

防治校园欺凌，重庆市各个部门之间的合作协定有《重庆市教育委员会 重庆市妇女联合会关于进一步加强家校共育工作的意见》，共同和为青少年健康成长营造良好环境；为保障校园安全，市教委和市公安局针对校园内安全联合修改《校园消防安全管理规定》，共同为校园安全保驾护航。本地部门之间联系密切，有利于治理校园欺凌部门之间的联动机制，合作协定以及其他联合制定的规范性文件有利于各个部门共同防治校园欺凌工作的开展和完善。

（三）开展“平安校园”活动，净化校园周边环境

校园周边环境对于学生的学习和生活环境安全具有重大影响，对于“平安校园”的建设也具有重大意义。面对学生违法犯罪活动的增多，重庆市设立综治办对校园周边环境进行整治，为学生创造良好的学习和生活环境，进而预防其犯罪。重庆市“平安校园”建设的基本方式有群众路线和部门联动两种方式：

1. 群众路线

主要是建设以共建、共设和共享为中心的社会参与机制，其中具有代表性的是群团组织的“平安青年”建设活动。公益类和慈善类社会组织积极吸引青少年参与到其组织的活动之中，让青少年在活动中既可以学习积极向上的社会价值观，又可以通过该活动向其他青少年宣传遵纪守法的思想精神，这对于青少年犯罪和校园欺凌预防具有“治本”性的作用。

2. 部门联动

在市综治办的统筹协调之下，健全防治校园欺凌的体制机制。市综治办对于防治校园欺凌的常态化工作机制是指在学校开学之际，对于校园周边进行安全部署，并且

---

〔1〕《教育部等九部门关于防治中小学生欺凌和暴力的指导意见》。

〔2〕《国务院办公厅关于加强中小学幼儿园安全风险防控体系建设的意见》。

联合市政府和市工商开展校园周边治安整治的专项活动。对于校园周边环境恶劣的突出地区挂牌整治，市综治办督促各项整治措施落实到位，并将整治措施取得的积极成果和整治方法的有效经验在全市各区县借鉴应用。在市综治办高度重视和统筹协调之下，重庆市对于“平安校园”的建设工作取得了显著的成效。

针对“平安校园”建设可能出现的九龙治水的现象，重庆市政府高度重视，并规定了年度报告制度，了解各组织机构对于“平安校园”建设和校园欺凌工作的落实情况，以及在各项整治措施下校园暴力的反应情况和校园安全系数状况。此项制度为“平安校园”建设工作的开展和落实保驾护航，致力于为学生创造健康、和谐的校园环境。

（四）开展“校园安全”专项活动，净化校园内部环境

“校园安全”活动有利于对校园欺凌的积极防治。一个安全和谐的校园环境不会产生严重的校园矛盾，也能有效杜绝校园欺凌事件的发生。“校园安全”工作范围包括学生遵纪守法观念的树立、建设安全的校园内学习和生活环境以及校园周边安全的维护。

学生遵纪守法观念的树立需要学校、家庭和社会三方的共同合作。学校帮助学生树立遵纪守法的观念活动有重庆市司法局进校园开展普法工作、重庆市教委统筹各类学校开展法治教育工作以及学校聘请法律专业人员定期授课。法律进校园，学生懂法律的系列法制教育活动轰轰烈烈地展开，送法进校园，以真实的校园欺凌案例和学生们进行讨论，也即以案说法，让学生们在具体案例中感受法律的威严和遵纪守法的必要性，进而帮助学生形成遵纪守法的价值观念。

关于校园安全的专项活动有市综治办针对校园欺凌开展的综合治理，主要表现为在校园欺凌严重的学校重点挂牌，督促相关措施落实，一年四季度无定时专项督查，平安综合考核，督导检查，保证校园内外的安全，防治校园欺凌的发生，此外还有市公安局为校园安全所开展的一系列活动。重庆市公安局在校园安全保卫的组织构建、基础工作、行为模式以及督导考核上对于校园欺凌事件予以积极防治。具体而言，市公安局设置了专职校园安全保卫队伍，其中包括 41 个支队和大队、5263 个校园警务室，保证学生在上学放学期间可以见到警察、警车和警灯，保证学生之间发生校园欺凌事件时警察可以立即介入并开展相关司法工作程序。另一方面，市公安人员兼任学校法治副校长和法治教育委员会委员，促进法治教育进校园活动，将对于学生安全的关爱落实到位。市公安局对于校园安全工作活动予以动态化考核，根据实时动态调整校园安全保卫工作模式。重庆市公安局开展的这一系列预防校园欺凌和维护校园治安活动可以增强学生的校园安全感，使得学生对于发生的校园欺凌事件勇敢报告，维护自己的权益。

重庆市还制定了《重庆市家庭教育促进条例》，并对于家庭教育工作的落实和监督配备专业的机构和人员，统筹市妇联、市教委、市综治办和市司法局等机构开展青少年法治教育工作，三股合力有效地预防了校园欺凌事件的发生。

（五）“校园警务”制度

重庆市针对校园欺凌展开的一系列工作不但对于治理校园欺凌有明显实效，在全国也形成了治理校园欺凌的“重庆模式”。

1. 校园警务制度的基本背景

全国中小学尤其是幼儿园的安全问题日益严峻，校园内发生了多起暴力伤害学生事件并且造成了严重的后果，引起了巨大的社会反响，这表明我国校园安全体系以及治理手段存在不足。另一方面，美国、韩国和日本等国家为治理校园欺凌而建立的校园警察制度，在维护校园安全、学生安全方面取得了明显成效。参考国外成功经验，针对校园内安全，重庆市设立了“校园警察”，以维护学生的人身和财产安全。相对于“校园保安”，“校园警察”是一支专业性更高、组织性更强以及执法权力更大的维护校园安全的队伍。校园警察是强大而有力的校园安全防控的组织后盾。

2. 校园警务制度的具体内容

重庆市的“校园警察”是以重庆市委、市政府名义推动的。重庆市校园警务制度的具体内容有：①率先在全国建立新的警种——校警；②建立学校安全保卫队伍，其中包括在各区县教育行政部门和办学规模1000人以上的学校设立专门保卫机构，配备专职保卫干部；根据办学规模，配齐配强校园保安；建立专职护校队伍，并开展日常校园巡逻守护工作；③建立校园安全防范制度，其中包括制定《校园民警勤务规范》；建立校园安全管理制度，严格门卫执勤和日常巡逻等校园内部安全保卫工作；完善重点时段巡逻制度，消除校园周边治安和刑事隐患；④开发校园安全保卫警务信息系统，重庆市公安局新开发校园安全保卫基础警务信息管理系统和研发校园警务地理信息标注系统，建立快速反应机制；⑤推进校园安全视频监控建设，重庆市在全市中小学、幼儿园校园附近主要公共场所重点区域安装了视频监控报警设备，预防校园欺凌的发生；⑥开展校园安全专项整治活动，针对日益严重的校园欺凌事件，重庆市出台七条措施和制定两条规则，迅速成立校园保卫专项队伍，将校园及其周边安全纳入社会治安整治重点，并在学校上学、放学时段将中小学和幼儿园作为交警巡逻必巡点。〔1〕

3. 校园警务制度的效果

校园警务制度带来的直接效果是校园暴力尤其是恶性校园暴力事件的减少，有效地维护了校园安全，维护了社会稳定。此效果在重庆表现得甚为突出。由于重庆地区特殊的社会环境，也即涉黄、涉毒以及涉赌现象严重，因此，重庆市以防治校园欺凌为手段，对于校园周边环境进行整治，进而实现打击涉黄、涉毒和涉赌等违法犯罪的目的，从而维护社会稳定。

4. 校园警务制度的挑战与问题

重庆市校园警务制度在实行的过程之中，亦存在许多挑战和问题，比如存在法律规定的空白、和其他部门分工不明确以及其自身职权和设置不完善等。

---

〔1〕 牟丽娇、陈菊娟：“从‘重庆模式’谈校园安全保卫工作的创新”，载《公安研究》2011年第5期。

（1）相对于美国的“校园警察”在法律层面予以的规范而言，重庆市的“校园警察”法律位阶较低，因此，校园警察的执法力度较弱。

（2）在校园警务制度具体实行的过程中，需要学校和相关职权部门分工合作和互相配合，也就是说校园警务制度需要各个组织和部门有一个科学的联动机制，将各项防卫校园安全工作贯彻到位。然而，重庆市目前在校园警务制度的实行过程之中，学校和各个部门联动和合作、职责分工以及责任承担方面较为模糊。

（3）校园警察虽然可以预防校园犯罪、保护学生人身和财产安全以及对校园突发事件及时处理，保证校园执法的及时、高效和准确，然而，校园警察发挥其应有的作用需要其体制、具体职责、任职资格和具体任务上的科学设置和相关保障予以法律上的规定，也即校园警务制度的建立需要有关校园安全法律的制定和施行。这亦是目前重庆市校园警务制度所缺乏的。

（六）心理服务体系的构建

校园欺凌涉及的主体包括受害方、加害方以及家长和学校。重庆市就校园欺凌涉及的多方主体设置不同的心理服务体系。

1. 就受害方而言

受害学生会在被欺凌的过程中形成自我和社会认知障碍，还会对学习和学校产生恐惧情绪等，这些心理问题不仅不利于其正常地接受义务教育，更加不利于其健康成长，因此在发现校园欺凌事件后应该及时对受害方予以心理疏导。重庆市部分学校和地方高校合作，在学校设置心理咨询室，对被欺凌者进行及时的心理干预，帮助其发泄心理情绪，疏导其因被伤害而产生的心理障碍，帮助其回归正常的学习和生活状态。

2. 就加害方也即欺凌者而言

欺凌者的心理服务需要根据情况分阶段进行：

第一阶段，同受害者同步。欺凌者通过暴力的方式解决生活中出现的问题或者以暴力获得一定程度的满足感，这是一种病态的心理。这不仅会让欺凌者对社会形成认知障碍，如任由此心理继续发展还会将欺凌者引向违法犯罪的道路。重庆市在校园内设置的心理咨询室可以遏制欺凌者病态心理的继续发展。

第二阶段是特别针对欺凌者实施的欺凌行为构成犯罪行为、需要法院对其定罪审判而设置的。重庆市法院在对于欺凌者刑事审判中，采取不同于一般的庭审方式，也即圆桌审判和对话式的庭审方式，既让欺凌者在庭审中感受到法律的威慑力，又可以以近距离、面对面交流的方式安抚其涉案的恐惧心理。另一方面，在庭审过程中，针对欺凌者犯罪行为开展社会调查工作，了解其成长过程和心理状态，并特邀陪审员参与审判，增加对欺凌者心理成长路径的了解并积极引导其后续行为，帮助涉案欺凌者健康回归社会，从而实现保障人权和维护社会安全的统一。

3. 就欺凌事件中的家长而言

这里会存在被欺凌者的家长反应强烈、欺凌者家长和被欺凌者家长之间矛盾大、无法沟通、家长不配合司法工作人员和学校管理人员工作展开等现象。重庆市十分重视对于家长心理的疏导和安抚。因而重庆市民政联合市教委、团市委和卫健委会对家长进行心理教育指导，给家长提供途径，发泄心理情绪，引导家庭和学校的联合和沟通，提高家长应对儿童安全事件的能力。

这些都是在平和的心理状态之下所产生的良好效果，由此可见心理服务建设在校园欺凌处置中的重要作用。

（七）网络文化的规制

网络对于校园欺凌事件的发生和走向具有一定的导向作用。网络暴力游戏和其他影视暴力在网络上可以自由传播，青少年在网络上极容易接触到这些内容并且深受影响，可以说网络在一定程度上是校园欺凌事件发生的源头。与此同时，当一个校园欺凌事件发生之后，网络舆情不仅可以影响欺凌事件的处理，也会泄露欺凌者和被欺凌者的隐私，这会对当事人造成二次伤害。由此可见对于网络文化规制的必要性所在。

1. 网络舆情的规制

重庆市公安局不仅十分注重对于网络舆情的规制，设置了对于校园欺凌事件的处置应对预案，对于极端负面的网络舆情予以及时删除，避免其导致不良的社会效果，更是针对网吧以及网络暴力游戏和影视暴力设置了青少年准入制度，避免网络暴力渗入青少年文化活动，这既可以为青少年创造和谐、安全的网络环境，也可以从源头防止校园暴力的发生。

2. 利用网络的正面传播价值

网络是把“双刃剑”，网络既是暴力的传播媒介，亦是法律的宣传媒介。因此，重庆市多所中学和中职学校均利用网络开展校园文化活动。摄制校园欺凌事件预防微视频引导学生在发生欺凌事件的时候应当如何做，以及拍摄建设安全校园的微视频提高学生维护校园安全的意识。同时，拍摄校园安全的公益广告，激发社会大众对维护青少年网络文化环境的重视，吸引社会组织参与学生网络文化的建设，为学生创造健康的网络环境和符合学生身心发展的网络文化。

（八）校园品牌建设

由于中小学拥有自己的生活空间和生活方式，因此就参与欺凌等校园暴力行为的学生而言，重庆市团市委对校园欺凌者和被欺凌者进行深入了解，设置了法治辅导员，开展“明天彩虹帮教”对欺凌者进行教育矫治。

这里值得一提的品牌校园是重庆市行知学校。行知学校是在市教委的指导下开展的最具有代表性的民办职业学校。行知学校既招收正常入学的学生，也招收其他违法违规学生，并且对这些学生进行集中教育和封闭性教育，通过开展各类校园文化活动对其价值观加以引导，帮助他们认识社会、适应社会以及服务社会。

重庆市行知学校坚持学校、企业、军队、家庭和社会的办学特色，艰苦奋斗、勤俭办学、求真务实、真抓实干，走出“做人为本，德育为首，以素质教育为中心，以质量为生命”的行知之路，通过多种多样的校园文化活动提高学生的素质教育，行知学校教育了一批又一批既有文化又有知识的综合性人才。行知学校的办学打破了传统的将正常学生和涉事学生分开教育的模式，让正常学生带动涉事学生回归到正常的学习和生活之中，用正能量消除负能量，用善良制造更多善良。重庆市行知学校的办学特色和教育方针成了重庆市地区学校建设的品牌，这对于校园欺凌中欺凌者的处遇方式方法具有积极的借鉴作用。

四、重庆经验的启示

通过此次重庆的调研，笔者发现，在对待校园欺凌的问题上，重庆的中小学校始终坚持以预防和教育为主的理念，在校园建设和管理上不断创新和实践，努力营造安全校园、文明校园的氛围，重视对学生思想和品行的文化引领，着力打造校园的文化氛围，加强对学生正确的价值观和人生观的培养，切实履行好保护在校学生学习和生活安全的责任和义务。

（一）树立科学的理念，加强安全校园建设

校园欺凌行为在社会上引起了广泛的关注，从调研和研讨会的成果来看，重庆市依据教育部等九部门联合出台的《关于防治中小学生欺凌和暴力的指导意见》及其他相关法律法规的要求，在本地区积极开展校园欺凌行为的预防和处置工作机制的建设，重庆市在应对校园欺凌行为方面具有较为科学的理念，树立了以预防和教育为主，处罚为辅的防治理念。

（1）高度重视理念引导校园欺凌防治工作。在对待校园欺凌的问题上，学校应该始终坚持预防和教育为主的理念，应对机制也应由过去的被动应对转变为主动预防，并积极探索建立防治校园欺凌的长效机制和联动机制，从根本上治理和预防校园欺凌；树立学生是校园欺凌防治的主体而不是防治的对象理念。在加强学业教育的同时，注重培养学生的思想道德品质和法治理念，通过多种方式和渠道让学生充分认识到校园欺凌的危害，促使其遵纪守法，并制定切实可行的措施提高学生的自我保护意识和能力，进一步增强学生对校园欺凌的免疫力。

（2）构建平安校园，加强校园法制宣传和教育。构建平安校园是在全国范围内开展的校园建设的重要活动之一，应该充分利用好这一平台，加强校园的安全建设。重庆市中小学在开学季都会开展“开学第一堂法制课”，这已经成为各个中小学校园的常态活动，受到了老师和学生的普遍欢迎，同学们对于学习法律、了解法律的热情也在渐渐高涨。同时在全市范围内的学校印发法制宣传小手册，使学生能够更加具体、深入地了解法律知识和法律常识。学校可以利用法治课堂普及和宣传法律知识，使学生树立法治的理念和信仰，从而在日常生活中养成良好的行为规范。

除了法治宣传和教育能够让同学们了解法律知识外，也要让同学们树立运用法律的武器保护自己的观念，这也应当作为法制宣传课的应有内容。保护自己是一个学生最基本的技能，每个学生都应当提高自我保护的意识，学校和老师以及家长也应积极地推进学生学会一些保护自己的基本技能，这已经成为全国学校安全教育的重要内容。学校利用法治课堂的机会，教育学生提高自我防范的意识与能力，对防治校园欺凌行

为将产生积极的效果。

（3）加强校园自身管理和预防机制的建设，有效控制校园欺凌行为的发生。重庆市的中小学普遍开展了校园自身管理和预防机制的建设，有效地控制了校园欺凌行为的发生。如校园门卫管理制度、班级安全委员制度、校园巡查制度、班级信息员制度、管制刀具管控制度等其他管理和预防校园欺凌行为的制度，均取得了较显著的效果。作为校园安全的第一道关口，门卫制度的建立和完善必不可少。不管是家长还是其他来访人员一律采取登记进入校园的管理制度，有效杜绝社会无关人员进入校园实施不良行为的渠道。除此之外，学校应当建立和完善防治校园欺凌工作制度，重庆市中小学从校园巡查到道具管控，从安全委员到班级信息员，尽最大的努力，禁止一切可能对学生、老师的人身造成伤害的危险品进入校园，这些成功的经验都是值得我们借鉴和思考的。

除此之外，在校园自身管理和预防机制建设方面，学校和老师应当积极地开展与家长以及相关部门的沟通和协调工作，通过建立三方协调机制，有效化解学生之间的矛盾和冲突，避免矛盾的进一步升级和恶化。同时加强与当地公安机关的联系，加强学校周边的治安管理，在学生上下学的时间段基本做到有老师看护、有公安民警巡逻，保障学生上下学的安全和秩序。

（4）加强学校文化建设，积极探索校园管理新方式。重庆市各中小学日益重视对学生思想和品行的文化引领，着力打造校园的文化氛围，加强对学生正确价值观和人生观的培养，帮助学生树立正确的价值观。如在校园里鼓励推行“学长制”的管理方式，让高年级的同学帮助、关心低年级的学生成为校园文化的一部分，逐渐让高年级的学生培养学长关心、爱护学弟的责任感，促使其在整个九年的学习过程中形成这样一种互助互爱模式，为同学间的交往创造良好的机会，形成和谐的人际关系。同时，重庆市在中小学积极开展心理健康教育，设立专门的心理健康办公室，由专门的心理咨询师帮助学生排解心中的不满、忧虑等不良情绪，培养学生的健全人格和积极心理品质。

校园文化对学生的影响是无形的、潜移默化的，但同时又是一种巨大的教育力量，被视为教育成功的重要基础，对于学生的全方面成长和发展有着不可替代的作用。校园文化也集中反映了一所学校的精神风貌，它对学生的智慧、视野和人格等方面的影响都是重大而深远的。在一个良好的校园文化中学习、生活，对于学生品性的影响是“润物细无声”的，但又是深刻的。因此，加强校园文化建设，培养学生良好的行为规范和文明礼貌的道德素养，对于防治校园欺凌有着重要的意义。

（二）完善配套制度构建，有效防止校园欺凌

有了正确的理念为指引，接下来就是努力打造配套的制度和规范。重庆市中小学在校园安全的防治上充分发挥公安、综治等力量，共同打造安全校园，在很多制度建设和管理模式方面积极探索、努力实践，逐步建立起属于自己的校园欺凌防治的特色和亮点。

（1）积极开展校园警务建设，加强校园安全管理的强制力量。重庆市市综治办三处副处长和公安局治安总队内保支队副支队长介绍，针对全国接连发生的校园恶性案件，重庆市公安部门建立了以“校园民警”为主体的校园安保体系，“校园民警”不仅参与校园内部的安全保卫和校园的周边治安整治工作，还具有刑事治安案件侦查、处理权、消防管理权，协管校园食品安全，并定期开展和组织师生安全事故的培训演练等。同时，在学校和幼儿园里，还设置专门保卫机构，配备专职保卫干部，这些保卫人员全部接受校警直接领导。

公安与学校加强联动，开启了重庆市的校园安全管理新模式。重庆市“校园警务”的防治模式在维护校园及其周边地区安全方面成果显著，对于其他地方的校园欺凌等校园安全问题的处置具有一定的借鉴意义。建立校园新型警务体制，能够加强校园及周边治安整治的效果，提高校园安全管理的强制力度，加大对校园欺凌及校园周边破坏校园安全行为的威慑力。

（2）探索制定校园安全法，发挥法律法规的引领作用。笔者在重庆的调研中发现，目前我国缺乏针对校园安全的专门的法律法规，使很多政策无法得到有效的贯彻落实。关于校园欺凌等校园安全问题的综合治理方式没有立法的方式进行完善，很容易出现“九龙治水”的局面。

因此，构建科学、完善的校园安全立法应是目前中国防治校园欺凌，构建中小学校园安全建设的当务之急。因为，只有有了立法的保障，各种制度和体系的建设才能做到合法、有序；只有有了强制力的保障，各个机构的执法行为才有强制力和威慑力，所以，立法保障对于防治校园欺凌具有不可替代的作用。同时，应当关注的是，构建科学统一的中国校园安全法律体系，应充分借鉴国外成功范式，有效结合各地实际和实践经验教训，高度重视并大力加强对校园安全法学的科学研究，从内容上建立完善的校园安全法律制度，提升校园安全立法层级，完善法律责任规定，强化校园安全法律督察，严格校园安全违法追究，强制保障校园及师生安全，依法维护教育事业发展。

（3）建立专门机构，加强青少年事务处理机制的专业化和系统化。重庆市强化学校周边综合治理，动员、协调社会各方面力量做好校园及其周边地区安全防范工作，同时重点排查学校周边地区，加强校园及其周边地区的安全防范。在治安情况复杂、问题较多的学校周边加强公安、城管的巡逻次数，密切与学校的沟通协作，积极配合学校排查发现校园欺凌行为的隐患苗头。重庆市妇联会同教育部门、综治部门、各级法院、各级检察院以及公安、民政、司法、共青团等相关职能部门成立了维护校园安全、防治校园欺凌工作的专门领导小组，完善了防治工作的协调机制。

政府统一领导，各部门分工合作，从而形成合力，共同保障校园内的教学秩序和学生的人身安全和其他合法权益不受非法侵害。但是，我们也应当看到，重庆市校园欺凌及其他校园安全事务主管的部门较多，又存在职能分工不清、责任主体不明的状况，造成权力和责任的分散，导致青少年事务处置缺乏科学性的指导和系统化的体系。因此，应该成立专门负责校园安全的机构或部门，完善和构建中国自己的青少年事务处理专门机构，专业的事情交给专业的人处理，才能够更好、更有效地保障青少年的合法权益。

（4）探索工读学校发展的新模式，帮助问题学生真正地回归社会。重庆市在工读学校的发展中也面临同样的困境，据团市委中学与少年队工作部部长、少先队重庆市工作委员会副主任介绍，在重庆市有一所接收问题学生的民办学校，即重庆市行知学校，该学校将普通学生与问题学生一同招生、一同教育，为企业培养技能人才，在探索解决问题学生的方式上取得了一定的效果，[1]很多问题学生在这里得到了较好的教育，走进社会后拥有一技之长，从而真正地做到了回归社会。

工读学校的建设和发展在全国范围内都普遍存在生源不足的窘境，一方面国家鼓励工读学校的开办，另一方面是家长和学生对于工读学校具有排斥心理，因此，工读学校的处境略显尴尬。由此，全国绝大部分工读学校学生均被与正常学校学生分开培养，也在一定程度上加重了工读学校和工读生的标签，不利于他们的社会化。与此相反，重庆市行知学校将问题学生与普通学生放在一个学校进行培养，充分重视青少年的同一性，重视青少年同辈群体的正面引导，有助于使问题学生得到积极引导，从而有助于他们的社会化。将问题学生与普通学生一同教育的做法对全国工读学校的发展以及对于问题学生的教育给出了重要的启示。

（三）探究问题出现的深层次原因，提高预防和处置校园欺凌的能力和水平

笔者在重庆调研期间发现，重庆市的校园欺凌防治工作也出现了很多除了校园内部之外的问题，这些问题，单单依靠学校的管理是没有办法改变的，如家庭问题、轻微违法未成年人教育问题以及其他社会因素对于校园安全的影响。因此，面对这些问题需要政府和全社会的共同努力来帮助学校解决。

（1）家庭问题成为未成年人遭受或者实施欺凌的重要原因。就参加研讨会的部分学校的负责人反映的问题家庭问题家长这一情况，在全国范围也是普遍存在的。部分家长存在一种不正确的教育观，他们对于自己的孩子要么放任不管，要么不积极配合学校、老师的工作，有的甚至采取较为蛮横的态度对待学校和老师，这也成了一个较为棘手的问题。为了解决上述问题，也为了推进重庆市家庭教育的开展，重庆市在全国首先出台了中国第一部关于家庭教育的法规——《重庆市家庭教育促进条例》。这一条例的出台，对于明确家庭在未成年人教育中的责任、增强家长的监护责任意识等都起到了重要的作用。

家庭教育理念的提升有利于规范家长的监护职责，有利于孩子的健康成长，孩子的品行和道德素养在很大程度上来源于家庭的培养和教育。相关数据显示：走上歧路的问题学生有很大一部分来自问题家庭。因此，加强对家庭教育的培养，对于提高学生的行为规范、防治校园欺凌等方面都会起到积极的作用。建议尽快制定全国范围内的家庭教育法规，完善相关的配套制度和体系，让未成年人能够在一个更加健康的家

---

[1] 李永生："重庆行知学校管理模式创新探索"（上、下），载《中国培训》2019年第2、3期。

庭环境中成长和发展。

（2）关注非涉案涉罪的未成年人违法行为所带来的影响。重庆市检察院、法院等部门提供的数据显示，校园欺凌行为涉案涉罪的数量逐年减少。与会的学校负责人普遍反映，校园内的欺凌行为得到了有效的控制，但是校园周围的欺凌行为还是非常严重的。对此，教育部门应该重视，在今后的工作中要转变思路，从过去只关注未成年人犯罪转变到既关注未成年人犯罪，又密切关注未成年人违法和不良行为的防治和处置。

（3）社会治安状况对校园欺凌的影响不容忽视。重庆市市综治办三处副处长和公安局治安总队内保支队副支队长在谈到校园欺凌的问题时表示，校园欺凌行为是社会治安状况的一个反映。重庆市检察院未检办的工作人员反映，在其辖区办理的案件中，就有部分社会人员利用微信群的形式教唆学校学生实施欺凌行为或者其他一些不法行为，严重扰乱了学校的教学秩序，对学生的人身安全造成了威胁和损害。

校园欺凌行为与社会治安状况有着密切的联系，社会治安越差的地方，校园欺凌行为的发生率越高。因此，要从根本上防治校园欺凌需要看到更深层次的社会原因。同时，城市的城乡接合部、城市的郊区因为距离城市较为偏远，且人口流动大、人口类型复杂等特点，导致在这些地方社会治安形势严峻，治安状况的混乱在很大程度上影响了校园周边及校园内的正常教学秩序和学生的正常学习环境。这些问题应当得到相关部门的重视，采取必要的措施进行治理，以维护校园的正常教学秩序以及学生和老师的人身安全。

（四）需要的帮助与支持

治理校园欺凌工作绝不是仅仅依靠哪一个部门就可以解决的问题，它是一个综合的、复杂的工程。学校以及学校的工作人员在防治校园欺凌的工作中需要更加专业的人员和力量的帮助来提升自身的应对能力，从目前的防治工作来看，主要有以下两个方面的问题需要解决：

（1）需要专业的人员和社会的支持和帮助。在防治校园欺凌工作中，在面对学生的消极情绪和不良行为时，学校负责人普遍反映缺乏专业性知识和专业性能力，因此需要给学校配备专业的人员，给予教师必要的帮助和指导，以帮助学校、老师疏解学生的心理问题或心理情绪，如配备能够排解学生不良情绪的专业心理咨询师等。

（2）应对网络舆情的能力亟待提升。在当前网络普及、自媒体迅速发展的时代，关于校园欺凌舆情的监测预警和应对机制也因此显得十分重要，一旦学校媒体应对有所不当，在强大的舆论面前，学校和教育主管部门将处于十分被动的地位，因此学校需要加强媒体应对能力建设。

五、存在的问题

（一）对待实施校园欺凌行为的学生教育理念还存在欠缺

从研讨会的发言来看，绝大部分的中小学负责人都秉持着“教育和保护”的理念，认为对于未成年人，或者是对于实施校园欺凌行为的学生应当采取适当宽容的态度去对待他们的过错和行为。但是，还是有极少的学校负责人认为对于问题学生应当严惩，对于校园欺凌行为应当“重拳治理”，这与我国对于防治校园欺凌行为工作理念存在相悖的地方。因此，对于校园欺凌行为还是应当坚持以“教育和预防”为主，不能一味地强调惩罚，或者片面地强调以开除的方式解决，更多地应当秉持教育的理念来挽救学生。

(二) 对待实施校园欺凌行为的学生教育举措还存在欠缺

在对未成年学生进行保护的同时，对犯错的学生应该给予适度惩戒，如应当赋予学校和老师必要的惩戒权。惩戒对教育有一定的辅助作用，惩戒对于具有不良行为的学生可以起到矫正言行的作用，并使其认识到不良行为的严重性，对其具有警示作用。国家相关法规、政策也没有明确赋予学校、老师采取何种措施惩罚具有不良行为的学生。因此，目前学校对于部分学生的不良行为还处于“敢怒不敢言”的情况。

(三) 学校之间缺乏交流和借鉴

从参会的中小学负责人反映的校园欺凌情况来看，存在较多同质性的问题，但是各个学校都只关注自己学校的校园欺凌防治和工作机制的开展情况，没有进行必要的交流，没有很好地吸取各个学校的经验和教训。

(四) 责任主体不明确，责任分工不具体

重庆市的校园欺凌负责机关包括：教育部门、综治部门、各级法院、各级检察院以及公安、民政、司法、共青团、妇联等多个部门和机关，多个部门共同合作有利于“集中力量办大事”，但是也容易造成“九龙治水”的不利局面。因此，在责任主体和责任分工上应当作出明确的规定，做到上通下达，才能从根本上防止校园欺凌行为的发生。

第六章

海口市校园欺凌问题调研报告

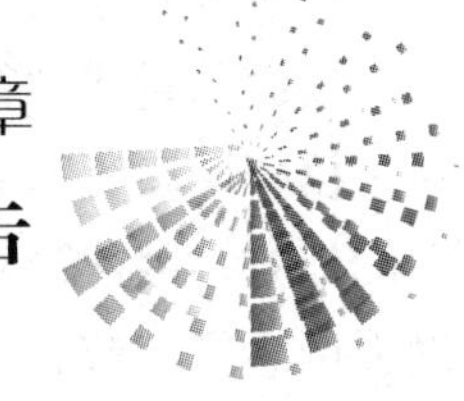

海口调研成员由滕洪昌、周颖、王盼盼、林需需、王建斌组成，由海口市妇女儿童工作委员会负责组织和协调。在调研期间，课题组实地参观了海口市未成年人法制教育中心，对法制教育中心的基本情况和具体矫治模式进行了详细的了解；与中心的部分学员进行了一对一的访谈，了解了他们在中心的具体生活、学习状况等。此外，课题组还组织召开了预防和处置校园欺凌相关政策研究座谈会，邀请了海口市教育局、公安局、民政局、司法局、市中级人民法院、市检察院、综治办、共青团等相关人员以及各中小学校代表等二十余人参与座谈，就有关中小学校园欺凌问题展开了讨论。

一、调研前期准备

为了使调研活动得以顺利开展，提高调研效果，课题组在前期做了充分的准备工作，主要包括：

第一，搜集材料，拟定调研方案。在实证调研开展之前，课题组成员在网上搜集了大量关于海南省及海口市校园欺凌预防和处置方面的材料，从具体的欺凌案件到相关政策文件，再到个案的应对措施等，课题组都进行了详细的搜集、比较和分析，在充分消化吸收的基础上，结合海口市的实际情况，拟定了海口市预防和处置校园欺凌相关政策研究调研方案，即实地参观和座谈会议相结合的调研模式。

第二，及时将调研方案向海口市妇女儿童工作委员会汇报，并与其进行积极的沟通与协调，落实调研方案。在调研活动开展前，课题组积极与相关部门联系，通过书面、电话等方式进行了大量的前期沟通，全面落实调研活动。课题组与海口市妇女儿童工作委员会取得联系后，介绍了此次调研的背景和目的，向其表达了课题组对此次调研的相关想法，包括座谈会时间、地点的确定与选取等。海口市妇女儿童工作委员会也积极配合课题组的相关要求，提前与与会人员沟通协调，并就相关事宜作出了安排。海口市妇女儿童工作委员会对此次调研活动给予大力支持，为整个调研活动顺利完成打下了基础。

第三，课题组成员内部学习，交流想法。为了对调研地海南省及海口市预防和处置校园欺凌的现状有一个相对清晰的了解，课题组成员对海口市的相关情况进行了专题学习：建立微信群对相关资料进行梳理与学习，分享课题组成员的学习感受与成果；

进行专题讨论；组织全体调研小组成员开展了交流讨论会，成员表达了对海口市预防和处置校园欺凌相关工作的看法并提出了自己的相关问题。通过这一系列的学习和沟通交流，课题组成员理清并确认了思路，带着问题参加调研，使得调研效果事半功倍。

二、相关工作情况简介

海口市地处海南岛北部，总面积为2304.84平方公里。海口市辖秀英区、龙华区、琼山区、美兰区4个区（县级），下设21个街道、22个镇、207个社区、245个行政村，常住人口为224.6万人。截至2016年，全市共有普通中学104所、小学160所、幼儿园738所。近年来，随着校园欺凌事件的不断恶化，海口市也出现了类似案件，海口市公安局的警综平台数据统计应用系统显示：2016年海口市共发生2起较为严重的欺凌案件。第一起是2016年2月29日，某小学学生叶某放学时被某中学学生陈某和符某抢走人民币879元；另一起是2017年1月9日，某中学初一学生吴某被四名同学殴打。海南省对此给予了高度重视，要求各相关部门积极应对校园欺凌，将校园欺凌发生的风险降到最低，切实保障中小学生能够平安快乐地学习和成长。为此，各有关部门在预防和处置校园欺凌方面做出了诸多努力。

（一）全面开展法治宣传工作，增强防范意识

第一，深入开展“法制进校园”活动，包括“律师进校园法治讲座”“检校共建”、检察官进校普法、法官进校讲法等活动。组建起专门的法治宣传队伍，深入各中小学，以案释法，培养学生的自我保护和法律意识，帮助学生养成遵纪守法的习惯。

第二，深入开展“法治文艺进校园”。为了有效增强法治宣传教育工作的吸引力，以海口市未成年人法制中心学员违法犯罪的典型案例为原型，创作编排舞台情景剧，深入全市各中小学校巡演62场，增强了法治宣传的有效性和渗透力。

第三，积极开展“法治课堂”。从青少年身边的现实故事入手，以图文并茂的形式编写了《海口市青少年法制教育读本》，并录制海口市青少年法制教育专题片《少年忏悔录》在各中小学播放，深化预防青少年违法犯罪工作。

（二）深入开展校园欺凌专项治理工作

根据教育部等九部门印发的《关于防治中小学生欺凌和暴力的指导意见》的精神，海口市从以下几方面入手，深入开展各项校园欺凌专项治理工作：

第一，积极与教育部门沟通联系，建立协调工作机制，畅通信息共享渠道，形成防治校园欺凌和暴力的工作合力，齐抓共管，落实工作责任。

第二，组织法制副校长（法制辅导员）和社区民警深入辖区中小学270人次，开展预防学生欺凌、暴力专题教育和安全法制培训活动，提高学生对欺凌和暴力行为严重危害性的认识，提高学生的安全意识和处置突发事件的能力。

第三，组织警力23 485人次积极开展校园周边不安定因素排查及重点人员管控工作，配合学校排查发现学生欺凌和暴力隐患苗头，并采取相应措施及时干预和警示教育。依法依规查处欺凌学生案件，对犯罪嫌疑人进行依法处置，有效打击欺凌违法犯

罪活动。

第四，加强学生上下学重要时段、学生途径重点路段的巡逻防控和治安盘查，对发现的苗头性、倾向性欺凌和暴力问题，采取相应的防范措施并通知学校和家长，及时干预，震慑犯罪。

第五，协同教育部门建立中小学生欺凌和暴力事件及时报告制度，对实施欺凌和暴力的学生进行严肃批评教育和警示谈话，情节严重的，依法依规进行查处。

第六，进一步加强校园及周边地区社会治安防控体系建设，推进校园及周边地区公共安全视频监控系统全覆盖，加大视频图像集成应用力度，实现对青少年违法犯罪活动的预测预警、实时监控、轨迹追踪及动态管控。

（三）加大校园及周边治安环境综合治理工作

第一，建立健全学校及周边安全防范工作机制。印发《关于建立健全学校及周边安全工作机制的意见》，明确各级各部门工作职责和责任，建立党委、政府领导，各部门协作配合的学校及周边安全防控工作责任体系；建立联席会议、安全报告、安全预警、督导检查四项具体机制；成立校园及周边治安综合治理专项工作领导小组；严格落实督察考核和责任追究制度。

第二，强化学校、幼儿园内部安全保卫工作。落实学校、幼儿园安全管理责任；加强内部保卫力量建设；狠抓学校、幼儿园的各项内部安全管理制度的落实情况，同时进一步强化学校、幼儿园技防设施建设；大力推进警校对接联对机制。

第三，加强学校、幼儿园周边治安管理和防范工作。加强学校、幼儿园周边巡逻防控；依法严厉打击涉校涉园违法犯罪活动；强化学校、幼儿园周边安全隐患排查，大力改善校园周边治安情况；组织开展中小学校幼儿园“护校安园”专项整治行动。

第四，强化校园及周边安全管理的基础工作。开展“平安校园”创建活动；加强学校兼职法制副校长队伍建设；加强学生安全法治教育。

（四）多形式开展“法治进校园”校园帮教活动

第一，开展“法治教育进校园”活动。2016 年，市教育局与团市委、市检察院一起，组织法律工作者、司法工作人员到多所学校进行法制教育讲座 26 场，受教育学生达 5200 多人；2017 年，组织开展文明礼仪教育活动，组织中学生到市旅游职业学院进行文明礼仪观摩教育。

第二，开展“法伴青春 呵护成长”法制教育体验活动。组织多名学生到秀英法院少年法庭进行观摩，开展模拟法庭活动；组织参观市未成年人法制教育中心，了解同龄重点青少年的矫正情况，并开展青少年法制体验活动，提高广大青少年的法治意识和法律素养。

第三，开展中学生“法在我心中 德伴我成长”主体演讲活动，加强学生的思想道德建设；组织开展海口市第二届学生“学宪法讲宪法”演讲比赛。

第四，组织开展“校园法制情景剧”活动，从全市学校中遴选 10 个优秀情景剧进行现场比赛和展演。

三、防治校园欺凌的典型做法

在海口市政府部门的领导下，各有关部门在贯彻落实相关工作以外，针对本地区实际需要，也实施了一系列预防校园欺凌，降低校园安全风险的措施。海口市作为此次调研的一个重要地点，其在校园欺凌防控方面也有独特的经验：

（一）预防先行，多形式并举全面开展法治宣传

预防先行，多形式并举全面开展法治宣传是海口市预防和处置校园欺凌的典型做法。海口市的校园欺凌预防工作呈现出了以下特点：①对象全面：从学生到家长再到全社会，共同参与；②普法主体多样：除了老师、学校以外，律师、检察官、法官等也全面参与其中；③形式多样：包括法制宣传讲座、法制情景剧、论文大赛、模拟法庭等多种灵活的形式；④双向互动：既要请进来又要走出去，既邀请法制巡讲，又体验法制教育中心的生活，旁听庭审。具体实践操作主要包括有以下方面：

（1）全面开展“法制进校园”活动，律师以案释法、检察官进校普法、法官进校讲法。为进一步加强在校学生的法治宣传教育工作，提高在校生的法治意识和自我保护意识，海口市司法局组建了两支法治宣传队伍：“七五”普法讲师团和“海口市律师法律服务团”，结合青少年的法治教育实际情况，挑选了一批专业的执业律师，深入到各中小学开展“律师进校园法治讲座”活动，通过以案释法，向在校青少年讲授校园欺凌行为的表现形态以及严重危害性，教育、引导学生预防和应对校园欺凌，培养学生的自我保护和法律意识，提高学生的自我保护能力，降低校园欺凌行为的发生率和危害性。

（2）举办“法治文艺进校园”，丰富法治宣传形式。以海口市未成年人法制教育中心为依托，以中心学员违法犯罪的典型案例为原型，结合发生在学生身边的法律故事，创作编排了生动活泼的舞台情景剧：“为了明天”法制进校园和“法治海口”，深入全市各中小学校巡回演出，向在校学生直接展示未成年人走向违法犯罪的过程，提高法治宣传的有效性和渗透力，增强学生的法治意识。

（3）法治宣传走进“家长学校”，全面打通家校合作服务学生“最后一公里”。建立专门的“家长学校”，为家长提供法制讲座、团体帮扶、个案访谈等多种形式的服务，尝试家长、老师、学生“大手拉小手，同上一堂课活动”，增进彼此的沟通了解，让老师、家长了解和尊重孩子在不同年龄阶段的身心发展规律和特点，扬长避短，帮助孩子更好地成长。

（4）积极开展“法治课堂”，从青少年身边的现实故事入手，以图文并茂的形式，编写了《海口市青少年法制教育读本》，对中小学生犯罪与预防等相关知识进行专门的讲解，并选取典型案件，辅以检察官说法、法官说法、律师说法以及心理学家、社会学者的教育和应对防范措施等。录制海口市青少年法制教育专题片《少年忏悔录》在各中小学播放。加深学生对违法犯罪的认识，深化预防青少年违法犯罪工作。

（5）利用网络新媒体平台开展校园欺凌的宣传教育工作，发布相关信息，营造良

好的社会氛围。依托“青年之声海口”网上共青团模块、椰城青年网、“海口共青团”微信公众号等新媒体平台发布预防校园欺凌的相关信息，扩大宣传覆盖面，营造家庭、学校、社会反欺凌的整体氛围。

（二）内外兼顾，双管齐下健全校园安全防控

根据中央综治办、教育部、公安部联合发布的《关于进一步加强学校幼儿园安全防范工作建立健全长效工作机制的意见》，海口市政府办公厅印发了《关于建立健全学校及周边安全工作机制的意见》（海府办［2010］333号），明确了各级各部门工作职责和责任，建立了党委、政府领导，各部门协作配合的学校及周边安全防控工作责任体系；针对学校及周边安全防范工作建立起了联席会议、安全报告、安全预警、督导检查等四项机制。同时，要求落实督察考核和责任追究制度，把校园及周边治安综合治理工作纳入年度考核内容，强化督察督办，努力推动各级、各部门工作落实。

首先，强化校园内部安全保卫工作。全面落实学校安全管理责任，强化学校校长作为校内安全管理第一责任人的责任。同时，加强学校内部保卫力量建设，根据需要为学校配备一定数量的专、兼职治安保卫人员，配备专职门卫，据统计目前海口市共有948所学校、幼儿园配备了保安人员，保安人数达到2691人；加强学校保安人员的素质能力建设，由公安机关举办专门的保安人员培训班，积极推进保安人员持证上岗制度，加强保安设备建设，配备必要的警械警具。狠抓学校内部安全管理制度的落实工作，在学校内建立值班、内部治安巡逻、外来人员车辆登记、每月安全隐患排查、寄宿制学校幼儿园学生请假登记、夜间巡查等制度，强化门卫管理和值日领导、教师的课间巡查，全面发挥“第一道防线”作用；严格学生出入管理，严防社会不法分子进入校园滋事闹事，防止意外事件发生，加强重要时间、重要场所的巡逻和查看，并做好相关记录，督促学校安保人员加强对校园巡视，提高查看监控视频的频率。与此同时，加强学校的技防设施建设，目前海口市学校相继建立了重点部位视频监控和报警系统，大力推进警校对接联对机制，部分校园视频监控系统和报警系统接入属地综治中心和公安派出所的监控平台。此外，在学校内配置法制副校长（法制辅导员）和社区民警，对学生集中开展预防学生欺凌、暴力专题教育和安全法制培训活动，增强学生对欺凌和暴力行为严重危害性的认识，同时对于情况复杂的学校配置专门的工作人员进行驻扎，长期教育，切实提高学生的安全意识和处置突发事件的能力，促使学生自觉遵守校纪校规，做到不实施欺凌和暴力行为。

其次，加强学校、幼儿园周边治安管理和防范工作。把学校周边地区的巡逻防控工作作为社会治安防控体系建设的重要环节，统筹安排警力，加强巡逻防控和治安盘查，最大限度地做到上学放学时段校门口“见警察”，学生途径主要路段“见警车”，校园周边地区“见警灯”。对发现的苗头性、倾向性欺凌和暴力问题，采取相应防范措施并通知学校和家长，及时干预，震慑犯罪；加强学校周边安全隐患排查，坚持把学校周边的流动人口聚集区、出租屋、小旅馆、网吧和电子游戏厅等娱乐场所作为治安管理重点，强化管理力度，大力整治各类不法行为，净化校园周边治安环境；同时成

立校园及周边治安综合治理专项工作领导小组，对校园及周边治安综合治理工作进行指导、督促及检查，对突出问题进行有针对性的部署研讨，总结、推广工作经验，推动校园及周边治安综合治理工作的深入开展；加强校园及周边地区社会治安防控体系建设，推进校园及周边地区公共安全视频监控系统全覆盖，加大视频图像集成应用力度，实现对青少年违法犯罪活动的预测预警、实时监控、轨迹追踪及动态管控。

再次，依法严厉打击涉校涉园违法犯罪活动，做到及时反应，认真处置。一旦发现有校园欺凌的现象，立即快速反应，及时查处，必要时成立专门的工作组，组织人员对事件发生、处理过程及影响等进行处置；对于涉校涉生案件实行专案专人制度，做到快侦快破，对长期未能侦破的侵害师生案件，实行挂牌督办，限期破案；对涉案嫌疑人员和在逃人员实行专案办理，确保全力缉拿归案，检察院、法院对涉校涉生案件提前介入，做到快捕、快诉、快审、快判，以震慑犯罪；要求学校成立帮教小组，对涉事学生进行帮教安抚和心理疏导；教育部门、学校也要作出深刻反思，总结教训，举一反三，避免类似事件再次发生。

最后，进一步增强校园及周边安全管理的基础工作。深入开展“平安校园”创建活动。以海口市“平安校园”创建工作测评指标体系为“杠杆”，按照“成熟一个，确认一个”的要求，组织全市各学校开展“平安校园”创建活动，并取得明显成效。通过考核测评，“平安校园”的达标率均在80%以上；坚持把学校兼职法制副校长队伍作为维护学校及周边安全的骨干力量加强队伍建设和管理，2015年完成了190名学校兼职法制副校长选聘和续聘工作；大力开展“法制进校园”普法宣传活动，通过赠送法制教育图书、法制课宣讲、放映法制宣传片等方式，进一步提高青少年知法、懂法、用法、守法的水平；运用新媒体普及自护知识，通过网站、微信公众平台发布青少年自护手册，提高师生的自我保护意识和应急处理能力。

（三）多举措并举全面应对欺凌

在班级设立“小哨兵”观察学生之间的异常动态，有“情况”立刻向老师汇报；把校园周边的商铺老板和街坊邻居发动起来，共同防范学生欺凌；有针对性地成立校园“帮教小组”，潜移默化把“小霸王”的精力转移到学习上来。

（1）在班级设立“小哨兵”，第一时间发现问题。海口市第一中学，在每个班设两名心理委员，学校心理学教师不定期对心理委员进行培训，心理委员和同学们同吃同住，他们如同“小哨兵”一样能够在第一时间发现同学呈现出的异常现象，包括高中生所普遍面临的学习压力、因家庭变故导致的心理压力等，一旦发现异常情况，他们会立即向班主任汇报，从而防患于未然。与此同时，对班主任开展专项培训工作，要求把家访落到实处，加强心理疏导，强化教育惩戒的震慑作用。坚持每周工作上报，加强监督追责，实施定期与不定期检查。

（2）发动街坊当“观察员”，与学校保持密切联络。海口市第九中学学校老师通过实地走访了解片区学生的家庭情况，与校园周边街坊保持密切关系。建立长期的电话、微信联系互动，学生在放学路上一旦有异常表现，这些校外“观察员”会第一时间给学校反馈。

(3) 成立校园“帮教小组”，纳入安全责任状。对全校学生进行问卷调查，摸底可能存在的校园欺凌问题，通过摸底调查，锁定了一些活跃在校园里的“小霸王”，并有针对性地成立了校园“帮教小组”，由校领导与问题学生结对，一对一地帮教。

(四) 全面落实校园欺凌专项治理的督导和检查

加强排查，全面落实月报制度。为了更好地预防和应对校园欺凌，全市各中小学校认真做好各学校校园欺凌排查月报工作，学校通过设立举报箱、举报电话和问卷调查等方式对在校学生进行摸底排查，全面了解、掌握学生的基本情况，及时发现学生之间的矛盾纠纷及苗头性问题，及时进行教育引导，帮助学生理性和平地处理矛盾冲突。同时按照相关要求切实做到每月排查，定期上报。

不断强化专项监督。各中小学将“加大法制宣传，防止校园欺凌”作为学校安全防范工作的重点，采取措施强化治理。将防范校园欺凌教育作为开学第一课的内容对学生进行教育，在开学之初集中对学生进行欺凌预防和应对教育。同时，由教育局牵头组织开展两轮专项督查，即春季开学工作检查和校园安保专项督查（会同公安部门）。督促各中小学校建立健全工作小组，完善帮教措施，落实防范工作。

(五) 强化心理关怀，推动建立观护站

在预防和应对校园欺凌的基础之上，海口市也不忘对涉罪未成年人和受欺凌未成年人的心理关怀，以关护帮教为出发点，海口市为涉罪未成年人和受欺凌未成年人建立了秀英区观护站，目的在于给涉罪未成年人一个心灵港湾。对于校园欺凌涉嫌犯罪的未成年人，秀英区观护站通过“检察人员+社工+心理咨询师”的“1+3”模式对涉罪未成年人共同开展观护帮教工作，帮助涉罪未成年人重新走上正途。同时，对因为欺凌心理受到严重冲击的未成年人，提供专业的心理咨询和辅导，帮助他们克服心理问题，尽快恢复正常的学习生活。

四、普遍反映的困惑

海口市在预防和处置校园欺凌方面虽然做出了许多努力，但是各部门、各学校也在校园欺凌的预防和处置工作中遇到了许多较难解决的困惑，主要包括：

(一) 法制宣传教育过于零散，未形成体系化、常态化

一方面，法制宣传教育缺乏协调性，未形成体系化。学校普遍反映，法制宣传教育一般都是“喂什么，吃什么”，没有选择权。教育局、司法局等各个政府部门在设计和实施校园普法教育活动过程中，没有征求学校的意见，有些法制宣传教育与学校的实际情况脱离，没有针对性，不能起到理想的效果。与此同时，各部门之间的宣传教育活动缺乏协调性，导致“有的学校撑得要死，有的学校却饿得要死”，大家都选择去一些市区的、比较优秀的学校做法制宣传，导致这些学校的资源严重饱和，而一些相对偏远的、比较差的学校又都没人愿意去，这种资源分配的严重不均不仅不能起到法制宣传教育的最初效果，同时也极大地浪费了司法资源。当然，司法、教育部门的人

员也反映，对于他们开展的法制进校园活动，有些学校是比较抗拒的。这就说明各部分之间的沟通协调性还是不够的，并未真正形成合力。

另一方面，法制宣传教育缺乏长效性，未形成常态化。政法大力倡导或关注校园欺凌或校园安全时，各相关部门都全力搞宣传教育，但普遍都是短期的，学校短时间内可能会接受很多次宣讲，但大都是一段时间内的集中式教育，缺乏长期性的规划，宣传期一过，大家都快速收工、销声匿迹。“十年树木，百年树人”，法制宣传教育应该是一项长期性的活动，不能寄希望于短时间内宣传引导，集中式长期的教育才是根本，只有这样才能够让学生对校园欺凌有个大概的认识，警钟长鸣才能够真正实现预防目的。

（二）普遍缺乏相应的法律专业人员和心理咨询专业人员

学校内部缺乏相应专业人员。学校代表们普遍反映，学校内部也应当有相应的专业人员，例如法律专业人员和心理咨询专业人员。目前，大多数学校虽然配置了法制副校长或兼职法制辅导员，但这些大都为兼职，很少有专职驻扎在学校里的，尤其是对于一些问题比较严重、情况比较复杂的学校而言，配置专职的法律专业人员是十分必要的。另外，就目前而言专业心理咨询师这一块基本是空白，学校的专业心理咨询人员是十分匮乏的，学校普遍反映没有相应的心理咨询专业人员。

在学校配置专业的法律人员可以增加法制宣传的灵活度，也能够更好地解决日常教育教学过程中出现的欺凌问题，能够最大限度地做到及时、专业和有效。同时，学校也需要专业的心理咨询师，帮助解决学生的心理问题，使学生更好地学习、生活，但目前由于经费、编制、人员等方面的原因，很多学校都没有配备专门的心理咨询师。

（三）惩戒权的问题

惩戒权作为一个敏感而又棘手的问题，一直是大家回避但又不得不面对的问题。关于惩戒权各方面的认识存在着较大的差距。对于是否应当赋予学校、老师一定的惩戒权，大家众说纷纭，各持己见。家长更多地认为学校应当禁止任何形式的暴力行为，惩戒权是不应该也不被赋予的，学校应当坚持改善说教的方式，帮助学生健康地成长；而学校则认为，对于一些学生通过普通的说服教育已经难以达到教育的效果，适当的惩戒可以实现教育的效果，如果一点惩戒权都没有，一些学生会产生误解，认为没有人可以管自己，因此无法无天，不但自己不学习甚至还会干扰别人学习，这样继续下去后果很严重。

首先，要明确惩戒与暴力的界限，量化惩戒权的适用。关于惩戒权，有段时间网络上曝出有老师殴打学生的视频，引发了家长对于教师惩戒权的排斥，家长的这种情绪是可以理解的。在学校的教育过程中，安全始终应当放在第一位，殴打行为是严厉禁止的，但也不能“因噎废食”，不能因为存在殴打行为就将学校的“惩戒权”剥夺，需要在“殴打行为”与“惩戒权”之间划定一个明确的界限。不能因为存在少数殴打学生的行为就“绑住”老师的手脚。其次，老师使用惩戒权也不能为所欲为，一定要制定严格的标准，明确界定惩戒权的适用条件和使用方式，禁止超出惩戒权范围的行为。现在社会上普遍有一种认识，即未成年人不管做了什么事情都应当是情有可原的，这样的一种舆论导向收获了适得其反的效果，使得很多学生现在确实认为自己不管做什么事情都是能够被原谅的，没有了法律的威慑力，开始走上犯罪的道路。

（四）多部门负责导致无人负责

调研发现，多个政府部门对校园欺凌问题都有职责，也都在履行职责，但实际效果却是都履行却都没大的成效。在调研过程中，每个部门都讲述了自己在防治校园欺凌过程中采取的措施，总体来看对海口市校园欺凌的防治起到了很大的作用，但问题也是明显的，缺乏有效的协调联动机制，不能真正实现资源利用的最大化。调研中有学校代表反映，2016年教育部、司法部、全国普法办印发的《青少年法治教育大纲》对青少年法治教育实施计划有了完善的安排，立足教育规律，对每个学龄段学生的法治教育工作进行了合乎规律的安排，但由于客观原因，例如升学压力、资金有限、人员设备等局限，很多措施难以开展，执行难度较大。

每个部门都在完成自己的职责，但每个部门都没有完成好自己的职责，因为缺乏统一的协调机制，遇到校园欺凌事件，每个机构都在负责地做事，但是部门之间缺乏良好的协调，使得资源遭到浪费，不能形成合力，在面对典型校园欺凌事件时，很难及时做出应对。为此，要充分发挥教育部门的协调和沟通作用，在相关部门与学校之间牵线搭桥，使各部门真正运转起来，更好地预防和应对校园欺凌。

五、海口调研的启示与思索

在此次海口市预防和处置校园欺凌的调研中，从实地的走访参观到具体的座谈探讨再到一对一的心灵沟通，从各相关部门的工作汇报到各中小学校的经验分享再到预防和处置工作中面对的实际困惑，都给我们带来了相当多的启示与思考。

（一）建立常态化的法制巡讲机制

预防是最好的应对措施，所以法制宣传教育一直是应对校园欺凌的基本点，居于十分重要的位置，海口市关于校园欺凌的事前宣传预防工作做得是比较健全的，但有一个明显的不足就是法制宣传活动过于零散，未形成常态化、体系化。各相关部门都在搞宣传教育，可能短时间内做了很多次宣讲，但都局限于一段时间内的集中式教育，缺乏长期性的规划。“十年树木，百年树人”，教育是个长期性的活动，不能寄希望于短时间内的宣传引导，集中式的长期教育可以让学生对校园欺凌有个大概的认识，警钟长鸣才能够真正实现预防目的。

事前设计要从长远入手，开展更多切实有效的校园欺凌宣传教育活动，通过宣传教育工作来教育、感化和挽救学生。同时，明确将预防校园欺凌内容放在校园安全责任中，切实增强各校校长的责任观念，考虑将校园欺凌的改善情况作为校长考核的重要指标；事中宣传要考虑各学校之间的关系，在机会平等的基础之上，有所侧重，加大对于特殊类型学校的宣传力度；事后要注意及时考察宣传教育的效果，各中小学要及时反馈，相关单位要总结经验，不断完善法制宣传教育活动，最大限度地发挥宣传教育的优势，形成合作机制，共同预防和应对校园欺凌。

就宣讲的范围而言，可以开展小班教学，在一到两个班级内开展宣讲，人数控制在 70 人左右，不宜过多。教育尤其是校园欺凌这种实践性较强的教育，孩子的参与非常重要，大的班级里面，一方面大家的听讲效果要差一些，另一方面每个学生参与互动的机会也会少很多，建议在小的范围内进行宣讲，宣讲可以以案例教学为主，也可以做一些小游戏，帮助学生更好地了解校园欺凌和如何防范校园欺凌；关注重点人群，校园欺凌在不同省市的表现形式不一样，在同一个地方的不同地区也会不一样。调研中发现，位于城乡接合部的学校校园欺凌情况更加突出，更加严重，需要将更多的时间和精力放在这些学校，在这些地区重点开展预防校园欺凌宣讲活动；打造一支品牌队伍，定期、长期地进行法制教育工作。每个单位都有自己本职的工作要做，每个人都参与也是浪费资源的一种体现，可以由每个负责部门抽出一定的人员组成专门的校园欺凌宣讲团队，定期、长期地到学校、社会进行法制宣讲活动。

（二）建立专业的评估机制

目前，对于具有严重不良行为的学生到底该怎么处置，特别是对于处于义务教育阶段的学生到底该如何处置是一个问题。义务教育阶段学校是不能对其予以开除的，但如果将其放在学校其又不服管教，还会影响其他同学，因此实践中很多学校就只能做学生和家长的工作，对其予以劝退。但实践中也有一部分学校选择将其送入专门的教育矫治学校进行教育，这在目前已基本得到认可，但究竟什么样的行为才是严重不良行为，究竟什么样的学生才可以被送到相关的学校进行专门的教育是目前实践中存在的主要问题。缺乏“严重不良行为学生”的评估机制，具体到某个学生的行为是否符合“严重不良行为”或者说送入专门的教育矫治学校的必要性有多大，都是很难判断的，因此建议设立专门的评估机构，让专业的人做专业的事。这样一方面能够保持学校原有的教育秩序，另一方面能够让评估标准更加规范化和专业化。

（三）建立完善的心理干预机制

在此次调研中，学校暴露出的另外一个关键问题是缺乏专业的心理咨询师。就校园欺凌案而言，无论是施暴者还是受害人多多少少都会遭遇一些心理障碍。对于施暴者而言，他们可能存在暴力倾向或者承担过重的心理压力等，而对受害者而言，身体伤害往往能够在短时间内恢复，但心理伤害的恢复却是一个漫长的过程，为了避免他们出现孤僻、冷漠甚至是抑郁等心理问题，必须提前预防、尽早干预。有几个学校的代表普遍反映学校缺乏专业的心理人员，这点应该得到重视。针对校园欺凌案件的涉罪未成年人以及受害未成年人，可以委托具有心理咨询师资格的专业人员，开展心理测评工作，建立心理档案，持续跟踪成长状况，确保其顺利成长。

（四）建立全面的帮扶联动机制

要妥善处理好欺凌者的继续学习问题，校园欺凌的加害人因为一时冲动，甚至有些因欺凌而涉嫌犯罪，需要被送往专门学校进行教育矫治的，一定要妥善地处理好他们的再教育和就业问题。教育部门可以建立专门学校与普通学校的教育资源畅通机制，组织老师到专门学校中开展教育工作，帮助涉罪未成年人实现继续教育。主管部门可以与各类爱心企业、职业学校、社区委员会等建立联系，共同帮扶教育，为涉罪未成年人提供就业就学机会，帮助涉罪未成年人完成学业、实现就业，帮助他们更好地回归社会。政府财政部门也要预留适当的经费，为被害人和涉罪未成年人提供帮助，帮助他们更好地融入社会。

（五）赋予学校相应的惩戒权

惩戒权问题一直是困扰学校和社会的一个主要问题。从调研情况来看，学校因为惩戒权未明确，管理都是束手束脚的，甚至出现了孩子当着老师的面欺负别的学生的现象，影响极其恶劣。学校是否应当享有惩戒权？如果有惩戒权，那么界限又在哪里？这是个非常棘手但又必须明确的问题。学校以教育为主是基本的主线，但是不能否认惩戒也是教育的一种形式，尤其是针对“熊孩子”这样一个群体，适当的惩戒对于孩子的成长也是有益的。因此，建议赋予学校适当的惩戒权。

（六）加强立法，完善未成年人监护教育制度建设

父母是孩子的监护人的定位不能变，要防止出现孩子在家由父母看护，在学校由学校看护的错误观念，要全面督促父母切实履行好监护职责。现有法律制度对父母履行监护义务的规定大多是建议性的软措施，缺乏惩戒性规定，加上一些父母的法制观念淡薄，导致法律规定成为“具文”，要不断完善法律法规中关于父母未履行监护教育义务下的法律负担，督促父母履行监护义务。当孩子遇到了校园欺凌，家长要正确地加以引导，让孩子正确地对待校园欺凌，消除欺凌行为带来的负面影响，同时也要教授孩子该如何应对类似的欺凌行为，提高孩子应对欺凌的能力，对孩子进行正确的引导，帮助他们以积极的心态面对这一问题。

（七）避免二次伤害

“二次伤害”是少年司法领域经常会提到的一个问题，电影《素媛》里面形象化地体现了未成年人受到二次伤害的严重后果，同样校园欺凌也要防止二次伤害。随着自媒体网络的不断完善，很多校园欺凌的照片、视频都会被迅速地传播到网络上面，当然，也有很多媒体、加害人为了扩大事件的影响范围而做出同样的选择。这种行为对受害人的伤害非常大，应该严格予以制止。一方面，要从源头上避免，规范网络环境，增强网络警察巡视力度，遇到这种视频要及时删除，防止危害的扩大化。另一方面，要教育大众不要转发这样的照片、视频，对于转发此类消息的人可以要求其承担一定的法律责任。

第七章
网络欺凌预防指南：一个中学的探索

近年来，网络欺凌严重危害着青少年的健康成长，引起了全社会的广泛关注。“网络欺凌”（Cyber-bully），是指一种在网上生活中发生的欺凌事件，是网络时代的新事物。百度百科把网络欺凌解释为人们利用互联网做出针对个人或群体的，恶意、重复、敌意的伤害行为，以使其他人受到伤害。美国的《梅根 · 梅尔网络欺凌预防法》将“网络欺凌”界定为“任何人在跨州或跨国交往中，出于强迫、恐吓、骚扰他人或对他人造成实质情绪困扰的目的而使用电子手段传播的严重、重复的恶意行为”。网络欺凌是恶意的、敌意的言行，跟普通的同学之间开一个玩笑，搞一个恶作剧是有区别的。

2017 年 12 月 27 日，教育部、中央综治办和最高人民法院等十一部委联合发布了《加强中小学生欺凌综合治理方案》，其中明确了通过网络手段实施欺负、侮辱，造成他人身体伤害、财产损失或精神伤害的属于欺凌行为。面对来势汹汹的网络欺凌，为了提高老师、学生和家长的防范意识，上海市上南中学开展了积极的实践和探索。2017 年 4 月，《上海市上南中学网络欺凌预防指南》（以下简称《指南》）正式发布，在社会上引起了较大的反响。

一、《指南》的设计意图

现在的高中生都已经是“00 后”“网一代”，他们从小就生活在网络环境下，利用平板电脑、智能手机上网已经成了他们学习和生活的常态。由此，网络欺凌也随之出现。在上南中学，两位女生因为一些琐事而起了冲突。其中一位同学因为自己的一些自私的要求没有得到满足就在 QQ 空间里发表了一些不负责任、违背事实、侮辱伤害另一位同学的言论。由此，引来了其他同学的围观，这些同学在不明事实真相的情况下，就跟着一起起哄，侮辱伤害另一位同学，激化、扩大了同学间的矛盾，进而引起了更多人的围观和参与。这给学校、老师、学生和家长带来了很大的困扰和烦恼。那位受到欺凌的女生，及时主动地向学校报告了情况。最后，在学校、班主任老师以及双方家长的配合协调下，这个事情得到了及时的处理和解决。

所有这些因素都在客观上“督促”学校设计出应对之策，在一定程度上加速了《指南》的出台。通过设计一套应对举措，帮助学生认识网络欺凌的危害，培养学生良好的网络道德规范和网上行为规范，尽量避免他们成为网络欺凌的参与者或受害者。

同时，通过出台应对举措，也能在一定程度上帮助并提高家长和老师的网络欺凌防范意识。

二、《指南》的主要内容

本着解决问题的思路，《指南》围绕着“是什么”“为什么”“怎么办”三个方面进行了设计和编写。为此，《指南》着重编写了“面对网络欺凌，怎么办?”这部分内容。同时，考虑到青少年网络欺凌主要涉及学生、家长和老师三部分人群，《指南》专门设计了针对这三部分人群的预防措施。《指南》以“问题”和“回答”“Q”和“A”的形式讲解“网络欺凌”，一问一答，共九问九答，简洁明了，一目了然，具体如下：

1. 网络欺凌的界定

网络欺凌，是指发生在互联网上的欺凌事件，即指人们利用互联网做出针对个人或群体的，恶意、重复、敌意的伤害行为，以使其他人或群体受到伤害。这一现象在青少年中多有发生，且对青少年的身心健康发展造成巨大的伤害特别是心理上的伤害。随着移动互联和社交网络的发展，网络欺凌已经成为全球性的浪潮，成为广受关注的社会问题。

2. 网络欺凌的危害

该部分主要通过理论和案例来进行解析。如心理学分析研究发现，与传统的欺凌相比，网络欺凌会对青少年造成更大的心理伤害，会导致受害者出现包括自信心缺失、心情低落沮丧、脾气暴躁易怒、学业成绩下降，甚至会导致抑郁、自杀等更为严重的后果。案例主要引用了英国少女汉娜·史密斯的案例，[1]通过理论加案例的方式，更加生动地反映了网络欺凌的巨大危害。

3. 网络欺凌的形式

在该部分，《指南》列举了网络欺凌常发生的四种形式：第一，在微信、论坛、贴吧或QQ空间等上发布传播损害、侮辱、诋毁、威胁受害者的文字、图像、音频、视频等；第二，未经受害者同意，把受害人的姓名、手机号、家庭地址和个人照片等隐私信息在互联网上予以公开；第三，对受害者的头像或者照片进行移花接木（PS）或在这些照片中加上与事实不符的侮辱性文字；第四，在微信、论坛、贴吧或QQ空间等制造传播虚假信息，诽谤受害人；盗用受害者的QQ号，发布不实信息等。

4. 网络欺凌的成因

首先，由于网络世界的高度自由，使得青少年可以在网络世界里不计后果地肆意表达自己的观点，宣泄自己的情绪，对他人进行人身攻击。其次，青少年还处在心理发育期，心智还不健全，思想不够成熟，在网络这个相对自由的空间里，更容易言行过激，更容易头脑发热，更容易做出对他人的欺凌伤害行为。最后，由于互联网上个

---

[1] 2013年8月初，多年受湿疹和抑郁困扰的英国少女汉娜·史密斯在ask.fm网站注册的主页上贴出照片，发布求助信息。可是，随后几个月的回帖中却充斥着“丑女”“肥婆”“喝漂白水吧”“帮帮忙去死吧，你这个可怜的家伙”等恶毒的评论。持续的谩骂、诅咒和人身攻击最终令这名14岁女孩不堪其辱，精神崩溃。

人身份的匿名性和隐蔽性，导致不少青少年认为不必对自己的网上言论承担责任，这也令网络欺凌现象更加严重。另外，从心理学角度分析，人性中存在“恶”的一面，人们希望拥有权力，希望以一个强者的姿态对弱者发出攻击。因此，当有人遭受网络欺凌的时候，其他人容易围观，以强者的姿态加入到欺凌者的队伍当中，由此获得心理的满足感。

5. 家长应对网络欺凌的对策

尽管网络欺凌危害巨大，且隐蔽性较强，但是家长们也可以采取措施积极预防。家长应从学习上、生活上、思想上多关心孩子，留意回家后孩子的情绪和行为是否有异常，多了解孩子在校园里的学习生活情况和交友情况。家长要为孩子营造一个温馨、和谐的家庭氛围，加强亲子间的沟通，在交流沟通的过程中，及时了解掌握孩子平时经常浏览的网站、上网时间、上网社交的对象等信息。同时，家长也要留意孩子的身体、饮食是否存在异常。

6. 判断和识别孩子是否遭到网络欺凌的方法

由于网络欺凌具有匿名性、随意性、隐蔽性，且被欺凌者往往不会主动向家长、老师报告求助，所以给网络欺凌的早发现、早干预带来了很大的困难。因此，一方面，家长要鼓励孩子不要做“沉默的羔羊”，要勇敢、主动地向家长和老师报告自己被欺凌的事实；另一方面，家长也要学会做一个有心人，留意观察孩子的言行举止和身体状态的细微变化，来判断孩子是否正遭受网络欺凌。〔1〕

7. 未成年人处置和发现欺凌的对策

该部分内容主要包括未成年人分别作为欺凌受害方和加害方的不同处理办法。前者包括：家长应提醒孩子不要以暴制暴，采取报复行为，这样只会让情况变得更复杂，而应切断与对方的一切联系，进行冷处理；家长可通过学校或者相关部门联系欺凌者，要求其停止欺凌行为，删除不良信息，并赔礼道歉；网络欺凌主要是骚扰、威胁、污蔑、侮辱、诽谤等侵害他人人格，破坏他人名誉的网上行为，这些网上行为都有悖互联网服务供应商的服务条款，家长可要求其对相关信息进行屏蔽、删除；如果欺凌者与孩子在同一所学校，家长应主动联系学校和老师，共同解决问题；联系警方或诉诸法律；如果孩子出现心理问题，家长可以联系心理老师或心理专家，对孩子进行必要的心理疏导。后者包括：家长可以告诉孩子，在网络上发表不实言论，对他人进行威胁、侮辱、诽谤等是违背人类道德规范的行为，应该受到谴责；要求孩子立即停止对他人的欺凌行为，删除相关不良信息，并主动向对方赔礼道歉；禁止孩子在一段时间内使用手机、电脑和网络，借此达到教育和惩戒作用；联系学校老师和对方家长，进行协商沟通，妥善处理孩子间的矛盾、冲突；联系心理老师或心理专家，对孩子进行必要的心理疏导和行为矫正。

---

〔1〕 例如，对于网络欺凌受害者而言，青少年的表现主要有：在电脑前停留的时间过长；当家长走进房间时关闭电脑显示屏；对自己的上网行为保密；上课思想不集中，作业拖沓，学业成绩下降等；情绪低落了，没有胃口，胃疼。

三、《指南》的实践成效

作为全市乃至全国首份“网络欺凌预防指南”，《指南》的发布得到了老师、学生和家长的一致好评，取得了良好的实践效果。经过一个阶段的宣传和教育，全校师生对网络欺凌有了一定的认识和了解，并在一定程度上掌握了科学应对网络欺凌的方法，同样，也在一定程度上避免了学生间网络欺凌行为的发生。在学习了《指南》之后，不少学生表示今后不会参与到网络欺凌当中，同时，如果遭遇网络欺凌也不会做“沉默的羔羊”，会向老师或家长寻求帮助。

同时，《指南》的发布也在社会上引起了巨大的反响，包括《新民晚报》《解放日报》《新闻晨报》《法制日报》《澎湃新闻》《东方网》和《上海观察》等在内的各大媒体都做了宣传和报道。“一石激起千层浪”，青少年网络欺凌的预防一时间成了网络搜索的热词和百姓热议的话题。

2017 年 6 月 14 日下午，上海市教委联合市青少年权益保护办公室、市高级人民法院少年庭、市检察院未检处和团市委等部门，在上南中学召开了“上海市中小学网络欺凌预防和处置座谈会”。2017 年 10 月 10 日，上海市教委发布的《预防中小学生网络欺凌指南 30 条》也吸收了《指南》的部分内容。

附录一　上海市上南中学网络欺凌预防指南

（2017 年 4 月）

什么是网络欺凌?

网络欺凌，是指一种在网上生活中发生的欺凌事件，是网络时代的新事物。即指人们利用互联网做出针对个人或群体的，恶意、重复、敌意的伤害行为，以使其他人受到伤害。这一现象在青少年中多有发生，且危害性较成年人更甚。随着社交网络、移动互联网的盛行，网络欺凌开始演变成全球的浪潮，成为越来越严重的社会问题。与传统的校园暴力相比，网络欺凌会对青少年造成巨大的心理伤害，影响他们的健康成长。

网络欺凌的危害有多大?

2013 年 8 月初，多年受湿疹和抑郁困扰的英国少女汉娜·史密斯在 ask. fm 网站注册的主页上贴出照片，发布求助信息。可是，随后几个月的回帖中却充斥着“丑女”“肥婆”“喝漂白水吧”“帮帮忙去死吧，你这个可怜的家伙”等恶毒的评论。持续的谩骂、诅咒和人身攻击最终令这名 14 岁女孩不堪其辱，精神崩溃。心理学分析研究发现，与传统的校园欺凌和校园暴力相比，网络欺凌对青少年造成的心理伤害可能更大。它会导致青少年长期的心理伤害，包括丧失自信、沮丧、脾气暴躁、学业成绩下降、逃学，有时还会引发校园暴力或导致自杀。

网络欺凌有哪些形式?

通过短信、微信，或在论坛、聊天室、微博、贴吧、QQ 群、微信群等公开威胁、侮辱、诽谤受害人。

利用互联网传播与受害人相关的文字、图像、视频和音频片段等，使受害人受到威胁、伤害、侮辱或尴尬等。

未经受害者同意，把受害人的个人资料（如真实姓名，容貌等）上传到互联网，予以公开，俗称“起底”。

把受害人容貌移花接木至他人相片中，或在这些相片旁加上侮辱性、诽谤性的文字，俗称“改图”。

制造与传播虚假信息诽谤受害人，或者冒充受害者身份，发布不实信息。

网络欺凌的成因是什么?

由于网络世界的高度自由，使道德、伦理、法规、纪律等社会约束机制在网络空间失效，同时，青少年处于生理和心理的发育期，心智还不健全，但模仿能力和好奇心却很强，在网络这个相对自由的空间里，容易言行过激。同时，由于网络世界个人身份的匿名性、虚拟性和隐蔽性，所以不少人认为不必对自己的网上言论负责，从而令网络欺凌现象更加严重。从心理层面分析，网络欺凌的原因来自于人性中“恶”的一面。每个人人性中都有比较阴暗的一面，希望拥有权力，希望以一个强者的姿态对弱者发出攻击，因此，容易聚集起来，恃强凌弱，欺凌弱者，由此获得满足感和发泄感。

面对网络欺凌，家长怎么做？

由于网络欺凌行为多数发生在校园外，因此，家长应该加强对子女的关怀，多了解他们校园生活及交友情况，在家庭中创造温馨的氛围，加强和孩子的交流和沟通。家长还应监督青少年在家的上网动态，比如经常浏览的网站、上网时间、上网聊天的对象，留意子女情绪、行为或身体方面是否出现异常情况。

如何判断您（您的孩子）是否遭到网络欺凌？

由于网络欺凌具有随意性、隐蔽性，且被欺凌者往往不会向家长、老师报告求助，所以给网络欺凌的早发现、早干预造成了很大的困难。因此，家长和老师除了鼓励青少年主动报告或求助之外，还应通过他们的一些行为和语言所反映出来的情况，来辨别其是否遭受网络欺凌。例如，针对网络欺凌受害者而言，青少年的表现主要有：

在电脑前停留的时间过长；

当家长走进房间时关闭电脑显示屏；

对自己的上网行为保密；

上课思想不集中，作业拖沓，学业成绩下降等；

情绪低落了，没有胃口，胃疼。

发现孩子受到欺凌，怎么办？

让孩子不要轻举妄动或采取报复行为，切断来自对方的一切通信；

联系欺凌者要求其停止对孩子的攻击；

网络欺凌大部分是骚扰、威胁、侮辱等信息，它们都有悖网站或互联网服务供应商的“服务条款”，可要求其及时对相关内容进行屏蔽、删除；

如果欺凌者与孩子在同一所学校，应联系学校和老师，共同解决问题；

联系警方或诉诸法律；

联系心理老师或专家，对孩子进行必要的心理疏导。

发现孩子欺凌别人，怎么办？

告诉孩子，通过网络发表不实的、不负责任的言论，对他人进行侮辱、诽谤、攻击等是不道德的行为，应该受到谴责；

要求孩子立即停止网络欺凌行为，并主动向对方赔礼道歉；

禁止孩子一段时间内使用手机、电脑、网络，借此达到教育和惩戒作用；

联系老师、联系对方家长，进行沟通，妥善处理孩子间的矛盾、冲突；

联系心理老师或专家，对孩子进行必要的心理疏导。

面对网络欺凌，学生本人如何应对？

不要在网络上泄漏自己的私人信息，不上传自己的照片等，学会自我保护；

遵守网络道德规范，不侮辱、诽谤、攻击他人，不发表不实的、不负责任的言论，不参与网络欺凌；

遭到网络欺凌，要勇敢地站出来讲述实情，并寻求家长和老师的帮助；

遭到网络欺凌，要保持冷静，不以暴制暴，通过正确途径予以反抗。

上南中学网络欺凌预防口诀
虚拟世界非净土，网络欺凌需提防；
嘲讽谩骂和诽谤，不明真相莫起哄。
欺辱他人实不该，违法追责悔当初。
挫折面前要坚强，网上言论须谨慎；
遭遇骚扰和欺凌，沉着应对报师长。
忧伤困惑说出来，融入集体心舒畅。

附录二　上海市教委预防中小学生网络欺凌指南30条

（2017年10月）

学生篇

1. 不使用语言攻击他人。如通过短信、微信，或在论坛、聊天室、微博、贴吧、QQ群、微信群等公开威胁、侮辱、诽谤他人。

2. 不曝光他人隐私。如传播或公开可能令他人受到威胁、伤害、侮辱或尴尬的文字、照片、图像、视频或音频等。

3. 不制造与传播虚假信息。如通过拼接图片，或加上侮辱、诽谤性文字，散播谣言，发布不实信息。

4. 不随意上传个人信息。注意保护私人信息，谨慎将个人或家庭资料上传网络。

5. 不以暴制暴应对网络欺凌。理性应对网络不良行为，在遭遇网络攻击或网络欺凌时，保持冷静与自信。

6. 及时寻求他人援助。遭遇网络欺凌行为，要及时告知老师或家长，也可咨询求助青少年援助热线12355。

家长篇

准确判断孩子是否遭受网络欺凌

7. 看行为习惯是否有变化。如使用电脑或手机时间过长，对自己的上网行为尤为保密。

8. 看精神状态是否有变化。如易怒、焦虑、沮丧，情绪低落、沉默寡言、孤僻古怪，甚至发生自伤、自残或自杀行为。

9. 看学习情况是否有变化。如学习效率降低、作业拖堂、成绩下降，有厌学甚至弃学情绪。

10. 看人际交往是否有变化。如人际关系紧张，喜欢独处，缺乏自尊和自信，甚至处于恐慌不安之中。

有效处置孩子遭遇网络欺凌

11. 联系欺凌者要求其停止欺凌行为。

12. 向网络服务商进行投诉。要求及时对相关网络内容进行屏蔽、删除。

13. 报告学校及老师。发现欺凌者是学校学生的，应立即联系学校与老师，共同解决问题。

14. 寻求心理或法律援助。联系心理教师或专家，对孩子进行适当的心理辅导，必要时可联系警方或诉诸法律。

预防孩子欺凌别人

15. 告知孩子网络欺凌行为后果。教育孩子通过网络言论对他人进行侮辱、诽谤、攻击，是不道德的行为，应该受到谴责。如触犯法律，还要承担法律责任。

16. 及时发现孩子间的矛盾。若是网络欺凌，则应要求孩子立即停止，并陪同孩子主动向被害人赔礼道歉，妥善处理孩子间的矛盾和问题。

17. 适当禁用通讯工具。通过禁止孩子一段时间使用手机、电脑等，对孩子进行教育、惩戒。

18. 加强不良心理和行为疏导。对于孩子的不良心理和行为，家长与学校要形成合力，加强教育转化，必要时可以申请专门学校介入。

学校篇

19. 完善预防组织架构。成立校园欺凌预防和处置工作小组，组成人员包括校长、德育主任、班主任、心理老师等，关注学生动态，及时掌握学生异常情况，妥善处置学生矛盾。

20. 加强正面教育和安全提示。将网络欺凌防范纳入学校安全教育和心理健康教育课程，强化学生法律和道德意识，提高学生网络文化的自觉性和自律性。

21. 健全发现机制。班主任和任课老师要发挥密切联系学生的作用，了解每一个学生性格、品质、交往等情况，及时发现学生异常行为。鼓励学生向老师及时报告学生中的异常情况。

22. 有效化解学生矛盾。根据未成年学生年龄、认知情况和个性差异，灵活做好学生矛盾化解和处置工作，避免事态有所扩大。

23. 加强教师培训。提高教师预防、发现和处置网络欺凌的意识和能力。

24. 加强学生日常管理。深入细致地做好学生日常管理工作，关注学生成长过程中的细节和隐性问题，加强思想引导和行为示范，促进学生积极健康成长。

社会篇

25. 净化网络环境。网络信息服务提供者制作、发布、传播违法信息，或未履行审查义务，未对违法信息进行过滤、删除或屏蔽的，网信、文广、新闻出版等部门要依法及时予以处置。

26. 加强网吧管理。文化行政执法部门要继续保持高压态势，严厉查处网吧违规接纳未成年人。

27. 完善网络游戏规则。网信、文广等部门要督促网络游戏服务提供者，按照国家有关规定和标准，建立、完善预防未成年人沉迷网络游戏的游戏规则，对可能诱发未成年人沉迷网络游戏的游戏规则进行技术改造。

28. 及时有效处置网络欺凌行为。对未成年人实施网络欺凌，构成违反治安管理行为的，公安机关要依法及时处理；构成犯罪的，依法追究刑事责任。

29. 支持公益性上网场所建设。有条件的学校、图书馆、文化馆、青少年宫等公益性场所，可以为未成年人提供上网设施，教育、引导、监督未成年人正确使用网络。

30. 加强网络安全教育。网信、文广、共青团、妇联等部门，要协助有关部门开展未成年人网络安全教育、网络知识普及、防范未成年人沉迷网络等未成年人网络保护工作。

第三篇
多视角分析

第八章

校园欺凌的发生机理

为了更好地遏制校园欺凌事件的发生，有必要对校园欺凌的发生机理加以研究，挖掘出其中的影响因素，为预防和治理校园欺凌提供参考。本章将从生物学、犯罪学、社会学等多角度，从微观和宏观两个层面寻找校园欺凌的发生原因，并分析欺凌的不同发展阶段、对校园欺凌起促进或消极作用的因素，以期对校园欺凌研究有所裨益。

一、生物学角度分析

校园欺凌是人类暴力性的展现，为了更好地分析校园欺凌的发生原因，笔者试从生物学角度中的资源争夺以及基因遗传两方面加以阐释。

（一）资源争夺

有的学者将大多数暴力行为的发生原因归结为无法适应社会规范而导致的变态行径。而进化心理学家认为，暴力行为的目的是抢夺资源，而资源则是人类进化博弈中的主题之义。[1]人类的一切生存活动都离不开资源，而资源的有限性决定了抢夺的必然性，暴力的发生也就在所难免。动物们为了觅食而互相争斗，还会为了求偶而激烈厮打，暴力就是如此赤裸裸地上演着，人类社会也是动物世界的一部分，在现实中小至小霸王抢夺小伙伴手中的糖果，大至抢劫犯抢劫银行等都是抢夺资源的表现。生物的繁衍，为了获得求偶权必须在群体中树立起自己的地位，而暴力则是在社会性群体中博取名声、获得资源的利器。初高中男生为了博取女生的好感，往往用武力去打击潜在的对手，从而容易导致校园欺凌事件的发生。

众所周知，男性比女性更为暴力。虽然男性更为暴力，但不可忽视的是女性也是好斗的群体。与男性相比，女性的暴力行为更为隐蔽。男性使用暴力更多的是为了掠夺资源，为更好地繁衍后代创造尽可能好的条件，而女性则扮演着照料下一代的角色，因此使用暴力不仅是为了保护自己，更是为了保护自己的子女。女性在采取暴力前，往往会再三思索，除非是危及安全，否则很少采用。虽然不常使用暴力，但口舌攻讦、嘴上互斗时，女性会斗志昂扬，她们往往利用语言中伤或者羞辱他人，喜欢散布谣言、拉帮结派，或者刻意把某人隔离于集体之外。言语暴力不伤筋动骨，但也能造成有效

〔1〕［英］阿德里安·雷恩：《暴力解剖：犯罪的生物学根源》，钟鹰翔译，重庆出版社 2016 年版，第 13 页。

的攻击性后果。在校园欺凌中，女生之间的语言暴力往往呈多发状态。

（二）基因遗传

在一般情况下，每个人都有 23 对染色体，在每一条染色体内均含有很多的基因组。在 23 对染色体中，有一组 X 性和 Y 性染色体，这一对染色体由父母双方分别贡献。假如性染色体组合为 XX，那么夫妻双方将有一个女儿，假如性染色体组合为 XY，那么将有一个儿子。当基因排列组合发生差错时，会呈现 XYY 组合，或者 XXY 组合，前者虽然是男性，但比正常男性多了一条 Y。随着科学家的深入研究，人们纷纷将此 XYY 基因称为“邪恶基因”，因为性染色体呈 XYY 型的男子，确实比正常男性更加具有攻击性倾向。

在基因研究中，有种单胺氧化酶 A，它参与多种神经递质的代谢，帮助人们控制情绪，提高注意力，完成认知功能，而假如缺乏它的话，则会破坏神经递质的正常功能，造成广泛的身心机能失调，比如注意力不集中、酗酒、易怒以及其他不良行为，因此它也被称为“邪恶的一元胺”。

血清素作为人类的情绪稳定剂，对抑制大脑活跃具有重要作用，多巴胺则能影响一个人对事物的欢愉程度，所以当一个人体内血清素较少时，他就越容易冲动、冒失。迄今为止，研究者大多认为，较低的血清素水平加上较高的多巴胺水平可能会导致人们从事暴力行为。[1]

马克思主义认为，内因是事物的内部矛盾，外因是事物的变化条件，外因通过内因才起作用。基因非常重要，对一个人的内在有一定的影响，但必须在特定的环境下才发挥作用。XYY 染色体基因、缺乏单胺氧化酶 A 和低血清素，这些并非必然使青少年学生充满暴力因子，导致校园欺凌的发生，因为后天的许多因素都会对这些潜在的暴力因子产生或多或少的影响，比如教育。只有在特定的社会环境中，暴力因子才可能会展现出来。

二、犯罪学角度分析

犯罪学理论的主要目的是解释犯罪的原因，社会为何存在犯罪，人为何实施犯罪，而校园欺凌与犯罪在暴力性上有一定的共性，校园欺凌如若不能得到及时干预，那么就有可能由普通侵权案件上升为犯罪案件。没有任何一个理论可以解释所有的犯罪现象，也没有任何一个理论可以解释所有的校园欺凌发生原因。因此，笔者通过借鉴犯罪学中的标签理论、紧张理论、亚文化理论、社会学习理论找寻校园欺凌的发生原因。

（一）标签理论

标签理论认为人类的任何行为，原本没有什么所谓的越轨，一种行为是否属于越轨行为，完全是后天人为规定的，而不是与生俱来的。标签理论最关注标签带来的两种效果：污名的产生和污名对其自身的影响。被贴上某种标签之后，人一般会开始被

[1] ［英］阿德里安·雷恩：《暴力解剖：犯罪的生物学根源》，钟鹰翔译，重庆出版社 2016 年版，第 57 页。

标签定义，被贴上标签者会逐渐审视塑造自己，进行自我形象改造，直至和被贴标签高度一致。校园欺凌者在进入学校之初，和普通学生一样，但在后来的学习过程中，有的被贴上“坏学生”的标签，久而久之，自我重塑为真正意义上的坏学生。

（二）紧张理论

紧张理论认为，偏差行为是由于社会规范的混乱或解组所产生的，个人在面临社会环境的变化，或者在社会环境中遭受挫折后，很容易表现出反抗或者犯罪行为；当个体无法获得合法的地位或者适当的成就时，就会产生对挫折的反抗行为。接下来，学者又对紧张理论进一步扩充，发展为一般紧张理论，并提出了越轨行为的紧张来源：一是无法达到个人欲达的目标时形成的紧张，比如考试成绩失败；二是失去了个人积极向上的动力而形成的紧张，比如亲人遭遇不幸；三是遭遇负面刺激所形成的紧张，如虐待、指责等。由于青少年无法用合适的方式来应对随之而来的紧张情绪，因此用越轨行为来缓解紧张就可能成为青少年的选择。在校园欺凌中，一些霸凌者在遭遇了挫折失败以后，不能有效处理内心的负面情绪，很容易将情绪发泄到被霸凌者身上。

（三）亚文化理论

亚文化理论认为，很多人不认同或者不顺从集体的社会主流文化，并拥有自己的信仰、价值体系，这些信仰和价值体系因与社会整体道德规范相冲突而被视为越轨行为。一部分学生持有自己的价值体系，当其认为他们的价值体系不能为社会所容忍接受时，他们会在“物以类聚，人以群分”的思想驱使下聚集在一起，逐渐形成一套完整的亚文化价值体系。亚文化校园欺凌具有以下几个特征：其一，亚文化中具有越轨行为的学生较为短视，只求眼前的一时之快，没有长远的计划。比如，他们欺凌同学只是为短暂的快意，一时的豪爽。其二，亚文化霸凌团体对于自己的小团体讲究尽忠、团结，对其他团体则采取漠视或者敌对态度。其三，亚文化霸凌者的行为通常是非功利性的，有恶意性、负面性、多样性以及团体性等特点。

（四）社会学习理论

社会学习理论认为，越轨行为是与社会环境互动的一个社会化学习的结果，即个人通过相互学习，进而习得犯罪的行为方式。如果经常与越轨者接触，经常与越轨者发生冲突，那发生越轨的可能性就会大大增强。社会学习理论在校园欺凌中主要包括以下两点：其一，校园欺凌是学来的，而不是道听途说的结果；其二，校园欺凌行为是在与他人互动沟通的过程中主动学习来的。在社会生活中，霸凌者通过家长的不正确行为以及娱乐影视节目的误导，习得越轨行为模式，加以模仿。在学习模仿过程中因为受到一些激励而使得欺凌行为愈发扩大，比如欺凌过程中同伴的喝彩以及自我感觉在同学中地位上升。

三、社会学角度分析

校园欺凌是外界因素与个人因素相互作用的结果。一般来说，外界因素包括家庭因素、学校因素以及社会因素。家庭是未成年人的起点，学校是未成年人的主要学习活动场所，同时未成年人还无时无刻不受社会大环境的影响。因此，对各个因素进行详细分析，了解各个因素对校园欺凌的影响，对于防控校园欺凌具有十分重要的作用。

（一）家庭因素

家庭，是最基本的社会组织，作为社会的细胞其是一个人一生重要的场所，也是一个人社会化过程的起点。家庭环境对未成年人的成长和发展具有重要影响。就校园欺凌来说，了解家庭环境及其对欺凌者和被欺凌者的影响具有十分重要的价值。家庭因素包括家庭结构、家庭关系、家长行为以及家庭经济。

第一，家庭结构。目前，离婚后的单亲家庭、因找寻工作而流动的家庭以及父母外出打工而留守的家庭日益增多，父母的失位改变了传统、稳定的家庭结构，导致家庭对青少年约束力的降低。稳定的家庭结构能带给子女良好的教育，也能更好地发挥家庭的功能。相反，不稳定的家庭结构使得子女更容易产生心理以及行动上的障碍，比如懦弱、孤僻、敏感、多疑、自卑等。残缺的家庭结构使得家庭教育不足，对未成年子女产生不良的心理影响。我国学者认为，因离婚而导致的家庭结构的破裂对于未成年子女的影响不仅在于家庭结构的结果，更主要的是家庭破裂过程及其影响的延续。[1]离异父母对于子女要么是怀有愧疚心理而对之过度溺爱，要么是对之不闻不问，这些都会对子女心理造成不良的影响。在工作流动的家庭中，父母会因流动而花费过多的心思与精力在生计上，导致对子女的付出相对减少，留守儿童更是因长期远离父母而得不到应有的照顾与关爱，使得这些孩子要么因缺少保护而成为被欺负的对象，要么走上歪路，成为校园“小霸王”。

第二，家庭关系。家庭关系既包括家长之间的关系，也包括家长与子女之间的关系。父母是孩子的启蒙老师，父母的言行举止将在未成年子女的心灵打上深深的烙印。未成年子女如若从小就在和睦的家庭成长，那么他们会感觉生活美好，从而以积极的心态面对未来生活。如若家庭破裂、父母不和，则会给青少年心灵蒙上阴影；在校园中，也会遭受同学的言语欺凌，比如被称为“野狗”“没人养的种”等。不良的行为会对未成年子女产生示范作用，在处理同学之间关系时，未成年子女会将家长的一些行为方式应用到处理同学关系的行为模式之中，进而导致校园欺凌。在家长与子女关系上，有的父母把子女送到学校后就做起了“甩手掌柜”，对子女的生活学习不管不顾；有的则因为工作繁忙而疏于教育指导，使得子女在学校受到欺凌也无人可以倾诉；有的家庭内部矛盾不断，夫妻二人在子女面前大打出手也屡见不鲜，更有甚者，夫妻产生矛盾之后，一方或者双方会把怒气发泄在子女身上，通过打骂子女宣泄心中的情绪，这会给孩子造成严重的伤害，使得子女没有安全感，并产生较强的攻击性和破坏性。

第三，家长行为。家长行为包括未成年子女教育行为以及家长在日常生活中的行为举止。虽然现在已经放开了“二胎”政策，但我国独生子女依旧占很大比例，独生

[1] 张远煌主编：《中国未成年人犯罪的犯罪学研究》，北京师范大学出版社2012年版，第244页。

子女集万千宠爱于一身，父母对待孩子也是百依百顺，于是就造成了对孩子的溺爱。父母的偏袒、无时无刻的保护以及过分的宠爱不但不会对孩子有利，反而会造成不良影响。在子女出现越轨行为时不是去积极引导，而是纵容偏袒，使得越轨愈加扩大。在生活中，家长的榜样行为会在无形中引导孩子向好的方向发展，而家长表现的不良行为也会被模仿。比如，在家庭生活中，夫妻双方产生矛盾，用一种合理、温和的方式处理，则不会使得矛盾对孩子产生不利影响。而如若用暴力等激进措施去处理，矛盾必然会波及孩子，会对未成年子女产生消极示范作用，增加实施不良行为的倾向。

第四，家庭经济。家庭经济状况一般分为三等：贫穷、一般、富裕，不同的经济状况会对未成年子女的成长造成不一样的影响。家庭贫困会造成子女基本的生活、学习等需求难以满足，对子女成长造成不好的影响，既包括物质层面也包括精神层面。物质层面的影响是显而易见的，在精神方面，贫困会使未成年子女在与同学的学习生活中产生自卑感，进而变得孤僻、内向，而这往往使其成为校园欺凌中的被欺凌者。但也会存在另外的情况，有些家庭贫困者会为了发泄不满或者弥补自卑感，而侵犯其他学生的权益，成为霸凌者。而家庭富裕不仅能满足子女基本的物质生活，还能提供给子女额外的生活、教育投入，极大满足未成年子女的需求，但同时也容易滋生未成年子女的骄纵心理。在家养尊处优，在学校自己骄纵的心理不能予以释放的时候，则可能成为实施暴力者、欺凌者。

（二）学校因素

学校是青少年从家庭走向社会、从蒙昧走向智慧并实现社会化的重要环节。学校是传授文化知识、塑造学生美好心灵、传输价值观念的主要基地，但不得不正视的是，学校也是校园欺凌的主要发生地，因此在学校找寻影响发生校园欺凌的因素更显得务实和必要。

第一，学校管理。社会的飞速发展以及未成年人教育的日益专业化，一方面削弱了父母的能力，另一方面则增强了学校以及老师的作用。除了家庭管教之外，对未成年子女管理比较重要的一环就是学校管理。当家庭结构不稳定或父母无暇管教子女时，学校应很好地担当起补充的角色。学校管理秩序井然，老师对学生认真负责，学生团结友善，在这种理想状态下，校园欺凌也是很难发生的。而现实是一些学校管理不善、纪律松弛，没有一个良好的校风，学生惹是生非，从而增大了校园欺凌的发生概率。另外一方面，学校很难做到无死角监控，所以校园欺凌往往发生在一些难以看到的偏僻角落。再加上学校对校园欺凌问题防治的制度体系不健全，对于校园欺凌事件的预测能力还比较低，对于突发事件的控制很难做到及时、有效，从而导致欺凌事件不断发生。

第二，老师因素。随着社会教育环境的发展，家长无法满足子女生活上和学习上的所有需求，老师的重要性在此情形下日渐凸显。如果老师在教育过程中采取不科学的方法，比如在学生犯错时用体罚的方式惩戒学生，不仅不能起到教育的作用，反而会增加老师与学生的对立；有的老师对一些成绩稍差的同学采取不闻不问的态度，这种放任式教育会增大学生逃学的概率，成为坏孩子、欺凌者的角色可能性亦大大增加。如果未成年人在遇到烦心事时会向老师或同学倾诉，则表明在学校的人际关系较为紧密，反之，则表示校内人际距离较为疏远，人际互动不和谐。[1]老师过分重视学习成绩，对学习之外的事情关心很少，很难及时发现学生的异常状况。发生校园欺凌后，学生也不会选择将此事情于第一时间报告给老师，故而校园欺凌的严重化、扩大化很难避免。

第三，教育方式。教育的目的本应是通过科学合理的教学方法，挖掘受教育者的天赋、提高受教育者的综合素质。但在一些学校存在一些教育偏差现象，重文化学习而轻道德素质培养，重填鸭式教学而轻兴趣培养，同时教育也存在一些缺失，比如思想品德、法治教育以及心理健康教育的缺失。思想道德素质的不足容易使得未成年学子无法判断行为的适当性，容易模糊对正义的定义。法制教育的缺乏会使得学生法治意识淡薄，判断是非的能力较差，对于自己行为造成的后果不能准确估计。心理健康教育的缺失，会导致心理健康辅导过少，很难发现学生遇到的心理困惑与异常心理。

第四，家校失联。家长把子女送往学校接受教育，在发生校园欺凌后，一些学校仅对霸凌者一罚了之，并没有把欺凌的深层次原因挖掘出来，有时候虽然一时阻止了校园欺凌的发生，但因为没处理好症结根源，反而使得校园欺凌反复发生。学校是校园欺凌的主要发生地，在学校发生欺凌后，学校老师应积极和家长取得沟通，共同管理学生。有些学生在校园里“无法无天”，不把老师、校规放在眼里，对他的处罚无济于事，应与家长联系沟通，借助家长的权威让霸凌者回归正常状态。这是理想状态下的家校共管，但现实中有的家长被告知子女在学校欺凌其他同学时，不是教育引导训诫，而是包庇纵容，这也使得欺凌者不仅没有得到教育惩戒，反而得到了默许的奖励，从而导致校园欺凌的继续发生。

（三）社会因素

我国正处在社会转型期，呈现出“新旧矛盾相互交织、长期性和阶段性矛盾相互交织、可以预料和难以预料的矛盾相互交织”的局面，这也是导致校园欺凌发生的深层次原因。以下，笔者将从贫富差距、暴力资讯、网络发展、法律力量四个方面加以阐述：

第一，贫富差距。随着社会的发展，家庭贫富差距逐步增大，一些家庭条件优越的学生在家处于物质绝对充足的状态，在学校则是另外一个环境，为了维持其绝对充足的生活状态，有的家庭条件优越的孩子会仗着自身的优势，看不起他人，甚至拉帮结派、欺负他人，逐渐成为欺凌者。同时他们也可能通过“收保护费”的方式抽取班级成员的钱。而另外一小部分贫困生的家庭经济状况也会在某种程度上影响孩子的人际交往，导致家庭贫困的学生在同伴中容易自卑、内向、不善与人交流，容易成为被欺凌者。

[1] 张远煌主编：《中国未成年人犯罪的犯罪学研究》，北京师范大学出版社2012年版，第286页。

第二，暴力资讯。青少年的心理还不成熟，世界观和价值观处在逐渐形成的阶段，所以，不良文化容易对青少年产生不利的影响。在影视、图书、网络等大众传媒对暴力行为的大肆渲染下，没有形成正确价值观的未成年学生受其不良影响会增加攻击性，再加上他们本身可能没有意识到这样做的危害性，因而会对欺凌行为进行模仿和炫耀。

第三，网络发展。网络发展迅速，由一开始的逐渐了解网络，到而今网络已与我们已经息息相关、不可分割。未成年学生运用网络，在网上冲浪的年纪也越来越小，网络上一些暴力视频也随之悄悄地来到了他们面前。潜移默化的影响使得观看暴力视频的学生日趋具有攻击性，当攻击性被发泄在同学身上时，校园欺凌便产生了。所谓网络欺凌，简而言之就是利用电脑、手机等电子通信产品，通过网络或电子邮件以文字、图形等形式散布个人隐私、对他人进行诽谤、中伤的行为。[1]尽管高科技使得人与人之间的联系可以跨越时间和地点的阻碍，但欺凌的导火索依然来自学校。绝大多数进行网络欺凌的人在学校都实施过欺凌行为。[2]现实中的欺凌，只是小群体内传播扩散，网络虽比现实当面欺凌的伤害感稍微弱些，但因为网络扩散波及面广而使得网络欺凌的受害者心理受到更大的伤害。相比于现实欺凌，网络欺凌管控难度更大，这也使得网络欺凌日渐扩大。

第四，法律力量。当发生校园欺凌以后，学校、老师以及家长有时会束手无策，"同态复仇"无疑可能会使校园欺凌演变为社会犯罪行为。同时，安保力量比较缺乏，不能建立有效的巡逻机制，不能及时发现并制止校园欺凌。在国家层面，现有法律更多的是从宏观角度保护学生权益，对于一些侵犯学生权益的新问题，如当前存在的学生欺凌问题，并没有及时进行法律修订。

四、个体角度分析

校园欺凌不单单要从宏观找寻原因，更要从微观的个体着手寻求其发生原因，个体方面解释为以下几点：

（一）激素分泌

小学生之间大多是打闹嬉戏，很少发生比较恶劣的欺凌事件，这一方面是因为小学生破坏力有限，另外一方面是因为小学生心理普遍还是比较单纯、健康的。进入青春期后，学生的身体和心理都发生了较大的变化，男生一般是喉结凸出，胡须渐长，雄性特征日渐明显，而女生则是胸部发育，心理敏感，女性第二特征明显。身体发育的同时，冲动的特征也随之而来，行为处事有时与大人无异，但心理发育迟缓，做事往往不计后果。一份调查分析得出如下结论：无论是男生还是女生，在小学阶段被欺负

---

〔1〕帅艳荣："日本中小学网络欺凌问题分析"，载《青少年犯罪问题》2010年第2期。

〔2〕［美］贾斯汀·W. 帕钦、萨米尔·K. 辛社佳：《校园欺凌行为案例研究》，王怡然译，黑龙江教育出版社2017年版，第29页。

的现象都最严重，且男生和女生实施欺负最多的年级分别为初中二年级和小学五年级。〔1〕从中可以看出，在小学五年级至初中二年级这个阶段，身体处于发育期，使用暴力就具有一定的危害性，而具有一定的危害性是校园欺凌的基础。

（二）欺凌者

校园欺凌一般是从互动过程中发展起来的，羞辱往往只是第一阶段。某种意义上来说，这是一种测试，用来看对方如何反应。校园欺凌一般又是发生在熟识的同学之间，彼此都十分清楚和了解，欺凌者羞辱了某人的名誉，如果羞辱没有得到回应，无论是在仪式上的反击还是其他的反击行动，都会导致社交上的软弱，进而引来更多的持续性攻击。

根据马斯洛需要层次理论，人的需要从低到高可以被分为生理需要、安全需要、归属感需要、爱与尊重需要和自我实现需要。当人们的需求得不到满足时，会一直不断地从不同途径寻求满足。绝大部分校园欺凌者学业成绩较差、人际关系紧张，他们很难从学业上获得同伴的尊重，在班级活动中也缺乏归属感。因此，他们选择以暴力的手段获取他人的认可，获得心理上的归属感。同时，由于缺乏青少年应有的道德知识和法律知识，校园欺凌者很容易被人教唆或引诱实施欺凌行为。

（三）被欺凌者

许多证据都表明，无论是在学前班、小学、中学，还是在大学，霸凌的受害者都是那些不善交际、不受欢迎、害羞和缺乏自信的人。〔2〕他们往往在心理和身体上属于比较弱势的一方，在受到恶意霸凌时往往也是惨遭失败的一方。容易遭受霸凌，不仅仅是外表或体能不济的问题，除了个头矮小、体力较弱还包括性格和行为，例如沉默、胆怯或是焦虑。霸凌的受害者也可能翻身成为霸凌者，对特定人进行嘲讽、攻击。一项针对对学校层面的研究表明，这些从下往上和从上往下的流动性都很低，也说明受害者反成为霸凌者的这种可能性往往比较小，因为持续性、反复性的关系才是霸凌的核心。

（四）旁观者

校园欺凌的旁观者是指既不是欺凌者也不是被欺凌者的中立群体。在实际的情境中，旁观者对欺负行为起到了他们并不期望的推动作用，如参与或漠视欺负行为意味着对欺负行为的鼓励——至少是承认——而不是反对，这样的态度会促进欺负行为的发生。〔3〕如果旁观者注意力集中，就能影响霸凌者参与的意愿、时间和强度；如果周围只有少数漫不经心的旁观者，欺凌的意愿就会降低。另外，当发生欺凌时，如果旁观者积极上前阻止，那么干预成功的可能性会很大。

〔1〕 滕洪昌、姚建龙：“中小学校园欺凌的影响因素研究——基于对全国10万余名中小学生的调查”，载《教育科学研究》2018年第3期。

〔2〕 ［美］兰德尔·柯林斯：《暴力：一种微观社会学理论》，刘冉译，北京大学出版社2016年版，第166页。

〔3〕 王中杰、刘华山：“校园欺负中的欺负/受欺负者和旁观者群体研究综述”，载《心理发展与教育》2004年第1期。

第九章
被害人视角的校园欺凌分析

近年来，“校园欺凌”这四个字频频出现在新闻报道中，占据着各大媒体的版面头条。而正是这一则则触目惊心的真实案例让人们认识到了校园欺凌现象的普遍性和严重性。

校园欺凌对孩子造成的伤害不仅仅局限于身体，更严重的是对其心理的影响，被欺凌者往往会出现严重的心理问题，甚至出现自杀、自残等极端行为。怎样避免被欺凌以及如何帮助被欺凌者走出阴影、回归正常的学习生活无疑是校园欺凌研究的重点。

一、校园欺凌被害人的界定

从被害人的角度来研究校园欺凌，首先要对校园欺凌被害人的范围有一个明确的界定，这是进一步开展研究的前提所在。

（一）范围仅限于中小学学生

校园欺凌，顾名思义指的是同学之间欺负弱小的行为。这一概念也有广义和狭义之分，广义上的“同学之间”涵盖所有的教育阶段，而狭义上的则仅限于幼儿园、中小学，而不包括大学及以上的教育阶段。校园欺凌研究的重点在于预防被害，帮助被欺凌者回归正常的学习生活，而高校中的学生绝大多数都已成年，拥有较强的独立意识和自我保护意识，心理发育也趋于成熟。所以，就理论研究而言，宜采用狭义说，从而将那些在成年后遭受欺凌的高校学生排除出校园欺凌被害人研究的范畴。可以看到，无论是官方的政策性文件还是学界的理论性文章，研究的重点都在于中小学阶段的校园欺凌现象，这不仅仅是因为中小学是校园欺凌的高发区，同样也是出于未成年人保护的特殊需要。

（二）被欺凌的方式多样化

由于涉及心理学、社会学、犯罪学、伦理学和法学等学科内容，有关校园欺凌概念的界定一直是学界所争议的焦点，难有定论。[1]直到 2017 年 11 月，教育部等十一部门联合印发的《加强中小学生欺凌综合治理方案》出台后，校园欺凌的概念才首次被官方所确立。该治理方案指出，中小学生欺凌指的是“发生在校园（包括中小学和

---

〔1〕 李杰：“中小学‘校园欺凌’探究”，载《林区教学》2017 年第 9 期。

中等职业学校）内外，学生之间，一方（个体或群体）单次或多次蓄意或恶意通过肢体、语言及网络等手段实施欺负、侮辱，造成另一方（个体或群体）身体伤害、财产损失或精神损害等的事件”。〔1〕在提到校园欺凌时，多数人脑海中首先想到的就是暴力行为，但从上述校园欺凌概念的界定来看，校园欺凌的手段多种多样，暴力手段只是其中的一种。有学者研究发现，目前校园欺凌的形式主要表现为暴力、言语及强索三种形式，而且教师和学生普遍认为言语欺凌为目前主要的欺凌形式。〔2〕

对校园欺凌被害人而言，因欺凌而遭受的心理上的创伤比身体上受到的暴力伤害要严重得多，身体上的伤害花一段时间就可治愈，但留在其心理的阴影却很难被彻底治愈，甚至成为其一生不可触碰的内心伤口。故在界定校园欺凌被害人时，要将心理是否遭受创伤作为一个重要的标准来进行衡量，言语上的攻击、恶意的孤立等凡是会对被害者造成心理伤害的行为都应被纳入校园欺凌研究的范畴。还应当注意的是，随着信息网络的普及，这种言语上的攻击不再局限于当面进行，通过网络等电子媒介散播侮辱他人的言论也同样属于欺凌行为。

（三）与“校园暴力”被害人有差异

在早期的校园欺凌研究中，将“校园暴力”与“校园欺凌”这两个概念混为一谈的现象比较突出，随着研究的进一步深入，这两者之间的界限便渐渐清晰起来。与“校园欺凌”定义的争议相似，关于“校园暴力”这一概念的界定在我国学界也多有争论。通说认为，校园暴力指的是发生在校园内的暴力行为，包括学生之间、师生之间以及外来人员对学生、老师及校园所造成的侵害。从定义中我们可以看出，在行为主体上，“校园暴力”所涵盖的对象比“校园欺凌”要宽泛得多，师生之间以及校外人员对学生、老师、校园的侵害都被纳入了其研究范畴，而校园欺凌的研究对象仅限于学生之间的侵害行为。在行为方式上，前者仅限于狭义上的暴力行为，不包括冷暴力等广义上的暴力行为，而后者却将身体上、心理上及财产上的损失都纳入了其研究范围，两者之间的分野日渐清晰。“校园暴力”的被害人范围要远大于“校园欺凌”被害人的范围，故在研究“校园欺凌”的被害人时，要将其与“校园暴力”的被害人区别开来，避免混淆。

二、校园欺凌被害人的特征

在校园欺凌研究中，作为弱势一方的被欺凌者无疑是研究的重点。在对这些被害者进行研究时，笔者发现虽然他们遭受欺凌的原因多种多样，但仔细观察研究，在他们身上还是存在一些共同点，而正是这些特征使他们或多或少地具有被害特质。

（一）生理特征

生理特征是校园欺凌被害者最直观、最重要的特征。校园欺凌的大多数受害人之

〔1〕“加强中小学生欺凌综合整治方案”，载 https://www.xueanquan.com.

〔2〕苏春景等：“家庭教育视角下中小学校园欺凌成因及对策分析”，载《中国教育学刊》2016年第11期。

所以会成为被侵害的对象，正是由于其具有独特的生理特征，故研究和总结被害人的生理特征，无论是对校园欺凌的治理还是对预防而言都有重大意义。研究校园欺凌被害者的生理特征，主要从其生理发育状况、外貌体征等方面入手。

1. 存在生理上的缺陷

（1）身体有障碍。“人以群分，物以类聚”，人们总是喜欢与自己相同或类似的人相处，并有意或无意地排斥那些与自己不同的人，而对于心智尚不成熟的中小学生而言，最直观的区别标准就是外貌，那些身体上有残疾的孩子自然而然地被他们视为“另类”。与正常人相比，那些由于先天或后天原因导致身体上有残疾的孩子更易成为被欺凌的对象，这些孩子自卫能力本来就弱，身体上的缺陷使这些孩子变得异常敏感，不善与人交际，加之自身又比较自卑，负面想法较多，久而久之容易被其他同学孤立。身边没有朋友、自身又缺乏保护自己的能力，使这些孩子在面对高年级同学甚至是同龄人的欺凌时处于绝对的弱势地位，是校园欺凌的长期受害者。

（2）智力有障碍。在校园欺凌被害者中，智力有障碍者所占的比重也相对较大。这些智力有障碍的孩子在外形上与其他孩子并没有任何明显的差别，但其智力水平却远远低于同龄人，他们往往不能正确辨认自己的行为，极易被哄骗，而且在遭受欺凌之后，他们可能也不会及时地向家长、老师反映相关情况，寻求帮助。反抗能力和自我保护意识的缺乏使得那些施暴者更加肆无忌惮，调查研究表明，几乎每一个智力有障碍者都或多或少地遭受过校园欺凌。智力有障碍的未成年人本应是社会所重点关注并予以保护的对象，但如今这一群体却成了校园欺凌的主要受害群体，这是难以被容忍的，也是不应当的。故如何让这些智力有障碍的儿童远离校园欺凌也是我们研究的重点所在。

2. 外貌体征异于常人

（1）其貌不扬与外貌姣好型。未成年人对一个人的判断往往停留在外表层面，爱美之心人皆有之，小孩子也不例外，大多数小孩子都喜欢与自认为长得“顺眼”的人交往，而不愿与他们觉得长得不好看的人成为朋友，甚至会产生排斥心理。他们不仅会给其起一些明显带有侮辱性质的绰号、鼓动周围的同学进行言语上的攻击，甚至会施之以暴力，演变成严重的校园欺凌事件。在不断遭受周围同学对自己的非议之后，这些被欺凌者会陷入深深的自卑当中，甚至会将这种怒气撒到父母身上或自伤自残，造成严重的后果。然而，现实中还有一类被欺凌者是因为面容姣好而遭受同学的冷眼与孤立，以女生居多。面容姣好者在人群中很容易引起别人的关注，也容易招致其他同学的妒忌，妒忌者不仅在平时的学习生活中对其讽刺挖苦、千般刁难，而且还会拉拢周围的同学形成孤立，使这类同学承受巨大的精神压力，久而久之容易产生各类心理问题。其实，无论是其貌不扬还是面容姣好，外貌都不应成为他们遭受校园欺凌的理由，小孩子本性纯真，对他们的这种恶意攻击行为虽不能予以过多苛责，但也应予以适当引导。

（2）患有肥胖症或侏儒症。一项来自美国的研究表明，超体重的人经常面对歧视和嘲笑，使他们失去一些重要的经济、社会和教育机会，无论是在学校还是在工作场所，他们都更容易受到歧视。这种现象在中小学表现得更加明显，在大多数孩子眼中，体型肥胖的人邋遢、好吃懒做、笨拙，正是这些偏见，使这些拥有肥胖体型的少年遭受了许多谩骂和白眼，成了校园欺凌的被害者。

侏儒症患者是另一类因为体型原因而遭受校园欺凌的人群，与同龄人相比，这些孩子身材瘦小，生长发育过于迟缓，在人群中往往比较显眼，容易成为那些恃强凌弱的孩子侵害的目标。

（二）人格与行为特征

除了生理特征外，人格与行为特征是导致被欺凌的又一个重要因素。在校园欺凌被害者中，有一类人在生理发育方面并没有任何特别之处，但人格方面的缺陷和行为方面的一些习惯仍然使他们成了被侵害的对象。

1. 人格方面的特征

通过对校园欺凌被害者人格特征的研究，发现两个极端：一方面性格内向、不善交往的孩子容易成为被欺负的对象；另一方面，那些好动、性格暴躁的孩子也往往会成为被欺凌和打压的对象。

（1）沉默、害羞、敏感、缺乏自信。性格内向、敏感的人往往不善交际、不善于表达自己，这样的性格使他们很难交到知心的朋友，也不容易融入集体生活，经常独来独往。长期的自我封闭使他们变得胆小懦弱，缺乏自信，在遭受欺凌之后，不敢向家长和老师告发，一旦遭受逼迫，便会乖乖就范。在那些施暴者看来，这种性格类型的人是较为理想的欺凌对象，没有朋友的协助，在施暴之后也不用担心被追究责任。在中小学中，这种性格类型的孩子并不少见，几乎在每个班级里都会见到，长期的自我封闭会使他们产生诸多的心理问题。所以，在平时的学习生活中，无论是家长还是老师，都有责任给予他们及时的心理疏导，让他们慢慢地走出这种封闭的空间，学会与他人相处，从源头上杜绝被欺凌的可能性。

（2）冲动易怒。与性格内向者不同，性格暴躁、冲动易怒者遭受校园欺凌往往是由于其表现得过于活跃，从而招致了忌恨。进入青春期，个体处于继婴儿期后的另一个生长发育高峰，身体各方面的机能都比较活跃，这一阶段的孩子常常精力过剩，再加上自身冲动易怒的个性，在与同龄人的日常交往中难免会有矛盾冲突产生，而他们的这种性格特质也使其易成为校园欺凌的被害者。这类人在平常的学习生活中，对什么事都会表现出浓厚的兴趣，管理和控制欲比较强，甚至争强好胜，比如爱向老师打小报告、喜欢替其他同学“出头”等。俗话说“枪打出头鸟”，他们的这种行为或多或少都会招致一部分人的不满，甚至会招致打击报复，进而成为被欺凌的对象。

2. 行为方面的特征

（1）独来独往。在中小学校园中，大多数孩子无论是学习还是课外活动，总是以三三两两的形式出现，彼此形影不离，但每个班级总会有那么一两个“特例”，他们总是喜欢独来独往。在有些家长看来，这类孩子可能显得非常独立，将心思全部都用在学习上，并没有觉得有什么不妥。但事实却相反，这些孩子不与其他人相处，很可能不是不想与别人交流，而是不知道该如何与他人相处。这种交际能力的缺乏不仅不利于他们的身心成长，而且很可能会对其以后的发展造成严重的阻碍。在人群中，这种人也是比较显眼的，他们成为校园欺凌的被害人也就不足为奇了。

（2）有不良行为习惯。除了以上的这些被欺凌特征外，研究发现那些拥有不良习惯的人也容易成为校园欺凌的被害人。最明显的就是那些不注意个人卫生的人，他们一般都表现得比较邋遢，渐渐地，周围的同学也可能会排斥他们，不愿意和他们来往，甚至可能会对他们进行言语上的攻击，对他们施以暴力。那些小小年纪就学会抽烟、赌博等恶习的人也属于“异类”，在同龄人看来，他们的行为往往比较出格。而且，这一类人中的大多数同时也是校园欺凌的加害人，他们在实施校园欺凌的同时，往往也在遭受别人的欺凌，角色在加害者与受害者之间相互转化。除此之外，早恋者也可能因为所谓的“感情纠纷”而成为被欺凌的对象。

（3）行为出挑，易引关注。这类被欺凌者自身条件往往比较优渥，无论是在生活还是学习方面，都处理得井井有条，经常被外界视为榜样。但过多的关注反而使他们更易成为欺凌者的目标，欺负、打压这些同学眼中的“明星”会为他们博得更多的关注，使他们更有成就感。另一类被欺凌者虽然自身能力并不是特别突出，但外在条件尤其是家庭经济条件比较好，这使他们觉得高人一等，经常炫耀，有时为了获取更多的关注和优越感，甚至会夸大或严重脱离事实。但这种炫富行为恰恰也是其遭受敲诈勒索等校园欺凌行为的根源。

三、校园欺凌对被害人的影响

校园欺凌行为严重损害了学生的权益，甚至直接威胁学生的生命安全，给学生、学校、家庭和社会都带来了较大的危害。[1]被欺凌者作为校园欺凌行为的直接侵害对象，其受到的伤害无疑是最为严重的，突出表现在心理方面。校园欺凌往往具有重复性，故这种心理上的创伤很难一次性治愈，其所产生的消极影响是长期存在的。2014年，《美国精神学杂志》刊登的一项研究发现，校园欺凌的负面影响可以一直持续到中年以后，经常受到欺凌的孩子在步入中年以后会具有更大的抑郁、焦虑、自杀的风险，在50岁时，认知功能也会很差。而根据英国学者做过的一组调查，那些在14岁时欺凌别人的学生，到了32岁时仍有18%的人会欺凌他人，有超过六成的人具有高度侵略性，显得暴躁、易怒、喜欢争论、具有暴力倾向；20%的人走上了暴力犯罪的道路。[2]由此可见，校园欺凌不仅会对受害者造成重大影响，对于加害方而言，这种影响也是持续性的。

（一）心理方面

心理伤害对人的影响远大于生理伤害，校园欺凌危害的严重性集中体现在其对受

---

〔1〕 李汉学：“校园欺凌问题检视”，载《当代教育论坛》2016年第5期。

〔2〕 “校园欺凌对孩子有哪些长远影响？”，载 http://www.weixinyidu.com.

害者的心理影响。有学者对被欺凌者做过一项专门的研究，发现有32.95%的受害者在校园欺凌事件发生后被确诊患有心理疾病，但这个还只是保守数据，因为在被欺凌后去进行过心理咨询的人不超过四成，一半以上的受害者并没有得到过及时的科学治疗，甚至可能对疾病毫不知情。[1]对于性格尚未成熟的学生而言，在遭受欺凌后，一时之间往往难以调节，长此以往，会造成其心理阴影、心理扭曲，乃至使性格变态的概率大大增加，而且这种影响往往伴随其一生。有一些被欺凌者在短时间内看起来比较正常，但是仇恨的种子在其内心早已生根发芽，一旦遭遇挫折或与他人发生矛盾，就会采取极端的手段来解决问题。

研究发现，在遭受欺凌后，多数被欺凌者会出现以下心理问题：

1. 焦虑、抑郁

几乎每一个人都有过焦虑的感觉，尤其是在高度紧张时，这种感觉尤为强烈，甚至会坐立不安。偶尔焦虑的感觉是人身体的正常反应，但若长期处于焦虑状态下，则会影响正常的生活，甚至会危及身体健康。然而，对于校园欺凌的被害者而言，这种焦虑的感觉如影随形，他们时刻处于这种紧张的情绪中，过度的焦虑使他们无法专心地做任何一件事，有时甚至会自言自语，进而偏离正常的生活轨道，干扰其正常的学习和生活。与正常的孩子相比，校园欺凌受害者的抑郁水平明显偏高，这并不难解释。从易成为被欺凌对象的人群类型上看，那些长期自我封闭的孩子在被欺凌前可能就存在一定的抑郁倾向，一旦遭受欺凌，这种抑郁倾向会更加明显。他们对生活失去了基本的信心，将自我封闭起来，这种情绪如果得不到及时的疏导，一直持续下去，有可能因此而患上抑郁症。事实证明，多数被欺凌者都有过服用抗抑郁药物的经历。

2. 悲观、缺乏自信

抑郁与悲观经常被联系在一起，一旦有了抑郁的倾向，这种悲观的情绪就会随之而来。小孩子眼中的世界本来就很简单，应当是色彩斑斓的，但是对被欺凌者而言，他们眼中的世界永远是灰色的，长期遭受欺凌使他们变得胆战心惊，对任何事物都提不起来兴趣，内心没有目标，也没有追求，看不到希望。除此之外，被欺凌者普遍表现出来的一个特点就是缺乏自信，在遭受欺凌之后，他们会变得越来越怯懦，越来越不喜欢与人交流，同学的冷漠使他们觉得自己不受欢迎，一无是处，在人群中找不到存在感，不敢参加集体活动，有些被害者甚至都不敢用正常的声音与别人交流，这些都是他们极度缺乏自信的表现。

3. 恐惧、敏感

校园欺凌往往会给被欺凌者留下巨大的心理阴影，大多数的被欺凌者均会出现不同程度的恐惧心理。在遭受欺凌后，当再次处于被欺凌环境中时，被害人会不自觉地产生强烈的害怕情绪，严重时甚至还伴有烦躁不安、呼吸急促、头晕、恶习、呕吐、

---

〔1〕 鲁瑶、徐子涵："走不出的青春梦魇：校园欺凌受害者调查报告"，载 https://news.china.com/domesticgd/10000159/20170521/30548884_all.html.

休克等生理症状。有时即使他们明确地知道危险的情境已经消失，这种恐惧是不合理的、不必要的，也仍然无法控制自己。这也是为什么在遭受欺凌后多数被害人逃学甚至不愿去上学的主要原因。这种恐惧心理如果过于持久，就会破坏情绪的信号功能和调节功能，引起心理活动和行为方式的混乱，影响日常生活。校园欺凌会使被害人的心理渐渐变得敏感脆弱，某些很平常的行为或言语可能会被他们赋予特殊的含义，觉得自己被欺凌的事似乎人尽皆知，周围人都在针对自己、嘲笑自己，不断地给自己的心理加压。巨大的精神负担使他们长时间失眠、做噩梦，从而变得精神恍惚。长期处于逆境中会使人的情感反应系统长期处于激活状态，这会对个体的心理健康产生很大的危害，尤其是对于身心正处于发展期的儿童来说，大脑的可塑性比较强，这种慢性压力甚至会永久地损伤大脑神经元，影响其正常发育。

（二）行为方面

人的行为是受心理支配的，在焦虑、悲观等情绪的影响下，这些被欺凌者的行为也会发生一定的变化。而这些行为大多是一些消极方面的，如逃避现实、自我麻醉，甚至自伤自残，这一系列的行为不仅不利于其健康成长，而且可能会彻底改变其人生轨迹。

1. 逃避与自我麻醉

那些多次被欺凌者中的大部分人都有逃学的行为，校园欺凌行为多发生于中小学校园中，对那些长期遭受校园欺凌的孩子来说，只有逃离学校、尽量躲避那些施暴者，才能得到安宁。对这些被害者而言，逃避是解决问题的唯一途径，他们很少选择向家长、老师反映遭受欺凌的情况，或是怕会遭到欺凌者的打击报复，或是基于其他的顾虑，不能及时地得到外界的帮助。由于内心极度胆怯，有些被欺凌者即使被家长逼迫也不会选择去上学，但是却不向家长说明原因，而有些孩子虽然口头上答应家长去上学，但实际上并没有去，而是在校外“鬼混”。此外，这种逃避还会导致被欺凌者的人际交往能力陷入恶性循环，出现社会化障碍。很多被欺凌者因为长期受到欺凌，会变得异常敏感、脆弱和自卑，极度缺乏信心，久而久之就会产生社交恐惧，不愿意主动跟人交往，对校园、同学产生排斥心理。

逃避的方式有两种，一种是远离挫折源式的逃避，如逃课，而另一种是心理上的逃避，通过自我麻醉来忘却烦恼。校园欺凌所引发的心理创伤具有持续性，他们的精神状态长期处于崩溃的边缘，于是选择酗酒或是服用麻醉药品等方式来自我麻醉。长此以往，不仅无心学业，而且自甘堕落，沾染各种恶习，有些人甚至走上犯罪的道路。

2. 行为极具攻击性，由受害者向加害者转化

有些受害者在遭受欺凌后，变得暴躁、易怒，报复心理明显，无论是对身边的亲人还是周围的同学，只要一言不合，就大发脾气，甚至拳脚相加，与遭受欺凌之前判若两人。研究表明，在遭受欺凌之后，几乎每一个受害者心中都曾产生过以暴制暴的想法，只不过有些人表现出来了，有些人并未付诸行动，而真正以暴力还击的人约占25%。遭受过校园欺凌的孩子心中大多会有诸多的怨气，当这些怨气积累到一定的程度

时，终会以暴力的形式爆发出来，而且此时的他们往往无所顾忌，报复心理已经代替了他们的理智。而在实施暴力行为之后，这些曾经被欺凌的人事实上也成了校园欺凌的加害方，而且为了显示出自己的“能力”，这些人往往会比那些原来伤害他们的人更狠毒。在这样不良模式的互动下，校园欺凌陷入了恶性循环。

3. 自杀、自残现象频发

在遭受欺凌后，被害者遭受着身体上与心理上的双重折磨，再加上他们不主动寻求家长和老师的帮助，不能得到及时的心理疏导，悲观、抑郁的思想整日充斥着他们的大脑，而他们一时又难以逃脱被欺凌的状态就会选择用自杀、自残这种极端的手段来寻求身体与心理上的解脱。多数选择自杀、自残的孩子在被欺凌后都曾找父母、老师寻求过帮助，但事情却并未得到解决，大人们或是未引起重视，置之不理，或是没有彻底解决，之后又恢复原状。在这种状况下，这些遭受欺凌的孩子不再相信任何人，也没有安全感，感觉没有依靠、没有希望，自己根本无法摆脱被欺凌的现状，所以才会选择以终结自己生命的方式来寻求解脱。

校园欺凌给孩子带来的消极影响其实远比我们想象得更严重，这种消极影响并不是一朝一夕形成的，而是被欺凌者在反复受到欺凌后的累积反应。对校园欺凌的受害者及时进行心理辅导和情绪安抚非常重要，这样可以使他们从惊恐和悲愤中尽快地抽离出来，转移其注意力，尽可能使校园欺凌对其的负面影响降到最低。有许多校园欺凌的被害者正是因为在被害后没有及时受到良好的心理恢复训练，才使得自己终日笼罩在阴霾中，最终导致悲剧的发生。

四、校园欺凌被害预防

预防是研究校园欺凌现象的出发点和落脚点。如上所述，校园欺凌对被害者造成的伤痛在短时间内难以治愈，尤其是对其心理的影响长达一生，事后的治愈之路困难重重，那么事前的预防便自然而然地成了研究的重中之重。

（一）提高孩子的自卫意识

校园欺凌预防需要从多方面展开，家庭、学校、社会都有责任为未成年人的健康成长保驾护航，但最直接、最有效的预防措施还在于提高被欺凌者预防被害的能力。其实，自卫意识是每一个孩子必须具备的基础知识，但遗憾的是在应试教育的体制下，不少家长和老师只是一味地强调书本上的知识，看重知识教育，却忽略了最基本的常识教育。当面对恐吓或威胁时，大多数孩子都不知道如何来保护自己，即使在遭受侵害后，也不懂得及时寻求外界的帮助，而是默默忍受，从而造成严重的心理疾病，甚至患上抑郁症。

当孩子受欺负时，无论是教其出手还击、以暴制暴还是让其隐忍退让、忍气吞声都有失妥当。前者容易导致孩子崇尚暴力、盲目冲动，而后者则会使其胆小怯弱，遇到问题只知道一味回避，也达不到自卫的目的。无论是家长还是老师，在日常的生活和学习中，要不断给孩子教授正确的自卫方式，如在面对威胁时，及时向老师报告或者向家长反映；在与对方对峙的过程中，要学会随机应变，与对方据理力争，或是找机会逃脱以寻求外界的帮助，或是暂时妥协，避免更大程度的伤害。这一点在应对侵财类的校园欺凌中尤为重要，当加害者的目标是财物而不是人身，自己的力量又相对较弱时，面对加害者的威胁，可以选择暂时妥协，以财物来换取自身的安全，随后再进一步寻求外界的帮助。同时要提醒孩子上下学尽量结伴而行，不去偏僻区域，不带贵重物品到学校，不向外人炫耀财物，避免被敲诈勒索。

除此之外，法治教育也非常重要，现在在全国的中小学，基本都有法治教育进课堂或者其他形式的法治宣传活动，让更多的孩子懂得在遇到危险时，及时拨打报警电话求助，学会用法律的武器来保护自己的合法权益是培养其自卫意识的重要内容之一。而且，法治教育的普及一方面可以提高潜在受害者的自卫意识，另一方面对那些已经实施或是打算实施校园欺凌的人而言也有一定的警醒作用，使其了解校园欺凌性质的严重性，从思想意识层面杜绝校园欺凌事件的发生。

（二）增强孩子的自信心，提升其人际交往能力

在校园欺凌的预防措施上，学生的人格教育至关重要，开朗的性格、积极的心态能大大降低被侵害率。人是社会的人，学会与他人相处是每一个人所必须具备的技能，而有些孩子因为自卑、胆怯等原因，在与他人的接触过程中存在明显的交流障碍，也很难交到朋友。增强孩子的自信心、提升其人际交往能力不仅能降低其被欺凌的风险，而且有助于其以后的发展。

俗话说，“尺有所短，寸有所长”，每一个人都有其长处和短处，消除孩子的自卑心理，首先要善于发现其身上的优点，并放大其优点而淡化其缺点，为他们发挥长处提供机会和条件，引导孩子发挥其长处，运用其优势，这也是帮助孩子克服其心理障碍的关键。其次，在孩子遇到困难时，要告诫他们首先必须具备一个良好的心态，积极地帮助其战胜困难。如此，当其完成某一件任务时，其自信心必然会暴涨。拥有良好的心态，即使在遭遇恶意攻击时，也能淡然处之，不会因此一蹶不振。

提升孩子的人际交往能力的关键在于要打开其封闭的心扉，让别人能够走进他的内心世界，一个非常重要的方式就是多与他人接触，如有意识地让孩子多参与集体活动，增加与其他同学交流合作的机会，让其尽快融入集体，感受到来自他人的爱与温暖。在平时与同学的相处过程中，亲和友善，多结交几个品行端正的密友。一个性格开朗、交友广泛的孩子遭受校园欺凌的可能性要远低于一个自卑、怯懦的孩子。

家庭是未成年人性格、人格培养和发展的第一场所，而学校是其社会化的重要场所，培养孩子活泼开朗的性格和积极健康的心态的关键在于家长和老师的正确引导。家长要主动与孩子沟通，学校应重视心理健康教育，加强心理健康教育基础设施建设，应加强对班主任及相关教师的心理辅导培训，建立多层次的心理健康教育网络体系。[1]因而对那些性格有缺陷、悲观怯懦的孩子，家长和老师需要倾注更多的爱和耐心，亲人

〔1〕 施长君、纪艳婷：“校园欺凌的心理成因及干预策略”，载《当代教师教育》2018 年第 2 期。

的关爱和老师的关心能让他们逐渐打开封闭的心扉，渐渐去接纳别人，融入集体。

（三）遭受欺凌后及时寻求外界帮助，避免再次被害

校园欺凌具有反复性，施暴者对同一个欺凌对象常常会多次施以暴力、恐吓等行为，如果在初次被害后，不能得到及时的救助，随着被欺凌次数的增多，被害者的心理就会慢慢产生变化，紧张、焦虑甚至抑郁，其心理上的创伤也就越难以平复。

一般而言，在遭受欺凌之后，大多数孩子还是会选择向家长或老师报告，但关键就在于有时家长和老师只是在表面上解决了问题，却并没有从源头上遏制校园欺凌现象的产生，一段时间过后，原来那些被欺凌的人又会重新遭受到欺凌。或是老师、家长在得知情况后，没有引起足够的重视，置之不理，甚至还会反过来责备这些被欺凌者。这种做法不仅会使那些被欺凌者受到二次伤害，而且还会助长那些施暴者，使他们在实施暴行时更加肆无忌惮。家长、老师作为未成年人最信赖的人，当发现或得知有校园欺凌事件发生时，无论事态严重程度，都应该及时予以处理，对加害者，根据其行为的恶劣程度或是批评教育，或是追究其相关的民事和刑事责任，使他们切身感受到其行为所带来的恶果。对被害者而言，要给予其充分的关怀和帮助，及时聘请专业的心理咨询师进行针对性的心理疏导，帮助其尽快走出校园欺凌的阴影，回归正常的学习、生活。

然而，还有一部分被害者在初次被害后并不会主动地向家长或老师反映其被害的情况，而是选择沉默。他们之所以这样做，大致有两方面的原因：一是有些孩子在遭受欺凌之后，并没有认识到事情的严重性，认为只是同学之间的小打小闹而已，幻想着以自己最终的妥协来息事宁人；二是一些人过于胆小怯懦，怕告发后会引来打击报复，同时他们认为遭受欺凌是一件很丢人的事情，不愿意让其他人知道，尤其是周围的同学，因而也选择沉默。然而正是因为他们的沉默，导致其遭到了持续不断的欺凌。无论是基于何种原因，一旦遭受欺凌，首要的事情就是向家长或老师反映情况，同时，也要让这些被欺凌者认识到校园欺凌的严重性，学会保护自己的合法权益，使之不受侵犯。对于这类孩子，家长和老师应密切关注其生理和心理等方面的变化，以便及时发现端倪，避免其再次被害。

在校园欺凌相关研究中，被欺凌者始终是研究的重点，无论是被害预防还是被害后的帮扶都是围绕被害人所展开的。关注校园欺凌的被害人，从被害人身上找寻原因、探索预防对策，对校园欺凌的研究而言意义重大。校园欺凌的防治工作任重而道远，彻底清除校园欺凌不是一朝一夕就能完成的，需要学校、家庭、政府及社会各界的共同努力。[1]

---

〔1〕 李爱："解析当前初中生校园欺凌行为"，载《边疆经济与文化》2016年第8期。

第十章
加害人视角的校园欺凌分析

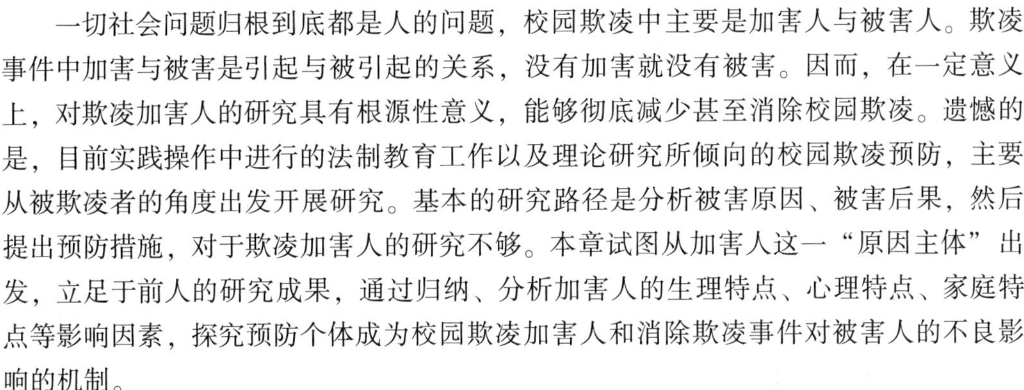

一切社会问题归根到底都是人的问题，校园欺凌中主要是加害人与被害人。欺凌事件中加害与被害是引起与被引起的关系，没有加害就没有被害。因而，在一定意义上，对欺凌加害人的研究具有根源性意义，能够彻底减少甚至消除校园欺凌。遗憾的是，目前实践操作中进行的法制教育工作以及理论研究所倾向的校园欺凌预防，主要从被欺凌者的角度出发开展研究。基本的研究路径是分析被害原因、被害后果，然后提出预防措施，对于欺凌加害人的研究不够。本章试图从加害人这一“原因主体”出发，立足于前人的研究成果，通过归纳、分析加害人的生理特点、心理特点、家庭特点等影响因素，探究预防个体成为校园欺凌加害人和消除欺凌事件对被害人的不良影响的机制。

一、校园欺凌加害人的界定

概念界定是问题研究的出发点和着眼点，明确的概念界定有助于集中研究和深入研究的开展。通过对相关文献分析发现，学界目前缺乏对“校园欺凌加害人”的确切定义。这种情况的发生，一方面是学者倾向于从广义的角度开展研究，另一方面是校园欺凌概念不明确，增加了校园欺凌加害人概念的不确定性。

2016 年 4 月，国务院教育督导委员会办公室印发的《关于开展校园欺凌专项治理的通知》中谈到“校园欺凌”，这是我国第一次在国家层面明确指出校园欺凌。随后李克强总理在批示中使用了“校园暴力”的说法，引发了对校园暴力与校园欺凌关系的进一步探讨。

校园暴力是指发生在中小学、幼儿园及其合理辐射地域，学生、教师或校外侵入人员故意攻击师生人身以及学校和师生财产，破坏学校教学管理秩序的行为。[1]从校园暴力的概念出发，姚建龙教授将校园暴力分为四种类型：外侵型、师源型、伤师型以及校园欺凌。“四种类型校园暴力的主要区别在于加害人与被害人的差异性：外侵型校园暴力的加害人为校外人员，被害人为学生或教师；师源型校园暴力的加害人为教职员工，被害人为学生；伤师型校园暴力的加害人主要为学生，被害人为教师；而校

〔1〕 姚建龙：“校园暴力：一个概念的界定”，载《中国青年政治学院学报》2008 年第 4 期。

园欺凌的加害人为学生，被害人也为学生。”[1]

上述通知中将校园欺凌界定为：“发生在学生之间蓄意或者恶意通过肢体、语言及网络等手段，实施欺负、侮辱造成伤害的行为。”其与第四种校园暴力的界定基本相同。本章亦采取上述定义，从而将校园欺凌的加害人界定为，蓄意或者恶意通过肢体、语言及网络等手段，实施欺负、侮辱行为，造成他人伤害的主体，并且该主体限定为学生，被害人也为学生。

基于校园欺凌与校园暴力的相似性，作为主体的加害人也有必要加以区别。首先，根据校园欺凌与校园暴力的概念界定，校园欺凌属于校园暴力的一种类型，范围相对较小。其次，校园暴力主要是以主体的不同来界定的，因而从主体出发进行分析能够把握事物的本质区别。校园欺凌的加害人为学生，被欺凌对象为同校学生；校园欺凌与外侵型和师源型校园暴力加害人不同，外侵型校园暴力的加害人为校外人员，师源型校园暴力的加害人为教职员工。校园欺凌与伤师型校园暴力的被害人不同，伤师型校园暴力的被害人为教师。最后，将校园欺凌加害人与被害人之间进行力量上的比较，校园欺凌的加害人与被害者都是学生，力量相对均衡；伤师型、师源型校园暴力的加害人与被害人力量对比一般不均衡。

二、校园欺凌加害人的特征

校园欺凌加害人的特征可以从生理特征、心理特征、行为特征、生长环境特征四个维度进行分析。生理特征主要包括加害人外在的身高、体重、面相、力量等。心理特征主要是指受生理特征影响下行为人形成的稳定特点，例如谦逊、傲慢、成熟稳重等。行为特征表现形式多样，通常有不良嗜好。生长环境包括家庭环境不健康、校园环境不和谐。

（一）生理特征

1. 年龄主要集中在6岁至15岁

实证调查研究发现，校园欺凌加害人主要集中在6岁至15岁，尤其是13岁至15周岁。有研究者选取了34例校园欺凌事件，其中共涉及44名参与客体（被欺凌者）和168名参与主体（实施欺凌者）。在对被欺凌者年龄区间的统计中，6岁至12岁年龄区间为43人，13岁至15岁年龄区间为79人，分别占据了25.6%和47.0%的比重。[2]也有研究者选取了宁夏固原四中、六中6个自然班级作为研究对象，共对324人进行了问卷调查。调研数据显示：初一有10人报告实施过欺凌，占9.35%；初二有6人报告实施过欺凌，占5.71%；初三有4人实施过欺凌行为，占4.08%。[3]

---

[1] 姚建龙：“防治学生欺凌的中国路径：对近期治理校园欺凌政策之评析”，载《中国青年社会科学》2017年第1期。

[2] 王祈然、陈曦、王帅：“我国校园欺凌事件主要特征与治理对策——基于媒体文本的实证研究”，载《教育学术月刊》2017年第3期。

[3] 李芳霞：“校园欺凌行为状况调查及干预策略研究”，载《宁夏社会科学》2017年第3期。

2. 男生多于女生

实证研究表明，我国校园欺凌事件的主要实施者为男性青少年。有研究者选取了34例校园欺凌事件，其中共涉及44名参与客体（被欺凌者）和168名参与主体（实施欺凌者）。在欺凌者中，共有121名男性和47名女性，男性占比达72.1%。[1]青春期对于男性和女性而言都是身体迅速发育成熟的阶段，但身体结构和社会意识上的差别造成男生与女生会采取不同的排解压力的方式。女性比男性更加具有忍耐力，相反，男性爆发力相对较强，这使得女性排解压力的方式较为缓和，男性排解压力的方式则相对急促激烈。除此之外，女性在处理冲突时，倾向于内部消化，而男性则更容易向外排解，因而，男性更有攻击力。还有一点，男性身体较为强壮，女性相对较为柔弱，这使得男性更容易使用暴力手段，而女性大多不会使用暴力方式。

3. 身高、体重占优势

身高、体重等具有力量上的优势，校园欺凌通常具有以大欺小、以强欺弱、以多欺少的特征，身体上的优势是欺凌加害人的显著特征。

（二）心理特征

1. 逆反心强

身体的迅速变化通常会引起儿童的心理变化，主要表现为自我意识的觉醒。[2]与之前的全盘接受不同，青春期个体开始逐渐形成自己对社会的认识，对老师和家长的教育有一定反思，表现为逆反心理，开始思考以自己的方式解决问题，增加了暴力行为的可能性。[3]思想的不成熟，导致在解决问题时选择的方案不适当，遇事缺乏冷静思考，容易冲动，最终倾向于采取暴力方式解决问题。总体而言，青少年思想仍旧幼稚、单纯，容易受不良影视节目的影响，例如认为“老大”很威风，可以获得同学的崇拜，基于这种虚荣心，采取暴力行为来获得存在感。[4]

2. 以自我为中心、控制力差

以自我为中心、好面子、辨别能力差。欺凌加害人最显著的特点是自私，以自我为中心，缺乏对他人的考虑。身体功能的快速健全，与心理成熟度不相匹配，该时期的青少年过分关注生理方面的成长，并开始注意自己与他人的不同，片面强调自己的独特，希望得到别人的关注。如果在正常情况下无法获得别人的关注，欺凌加害人通常会采取不同于一般人的做法，例如谩骂、暴力行为，以此获得别人的注意。欺凌加害人希望获得他人关注的心理需求也表现为好面子，在受到外界否定性评价时，为了维持自己的正确性、权威性，通常持逆反心理和采取抵抗行为。青少年由于自控能力和调节能力较差，容易受情绪影响，从反对他人的观点发展到对他人的全面抵触。

---

〔1〕王祈然、陈曦、王帅：“我国校园欺凌事件主要特征与治理对策——基于媒体文本的实证研究”，载《教育学术月刊》2017年第3期。

〔2〕李汉学：“校园欺凌问题检视”，载《当代教育论坛》2016年第5期。

〔3〕李汉学：“校园欺凌问题检视”，载《当代教育论坛》2016年第5期。

〔4〕汪宇峰：“校园暴力成因分析及教育对策”，载《当代青年研究》1999年第4期。

欺凌加害人通常欺负智力障碍、学习成绩差的学生，实质上是通过贬低与自己有不同点的个体，从而肯定自己的优势地位。并且，由于心智的不成熟、辨别能力差，欺凌加害人所依据的价值标准往往不正确，导致与他人价值观的普遍对立，在该标准之下，很多同学都可能成为他欺凌的对象，因此，欺凌加害人也经常受到他人的孤立。

（三）行为特征

1. 欺凌方式多样

校园欺凌的类型即欺凌加害人的行为类型有多种分类。根据欺凌的严重程度，分为轻度欺凌、较重欺凌、严重欺凌和犯罪欺凌。[1]根据欺凌行为的方式，分为关系欺凌、言语欺凌、肢体欺凌、性别欺凌、反击型欺凌、网络欺凌等。[2]按照实施欺凌的方式可以分为直接欺凌和间接欺凌，直接欺凌包括身体欺凌和言语欺凌，间接欺凌包括背后说人坏话、散布他人谣言等。[3]本章将以欺凌方式为标准展开分析。

关系欺凌主要表现为拉帮结派，孤立、排挤他人。欺凌者借助他人力量，将受害人置于孤立无援的处境，达到侮辱、打击受害者的目的。言语欺凌是通过建立不正确的价值观，利用语言讽刺、挖苦、贬低受害者的性取向、宗教信仰、收入水平，对受害者进行精神上的中伤。肢体欺凌表现为两种方式：一种是对被害人的身体进行伤害，例如拳打脚踢、拉扯头发等；另一种是损害被害人的财物，例如学习用具、衣服等。性别欺凌是基于性别这一生理特征进行的侮辱和歧视，一般表现为男性对女性的欺凌。反击型欺凌主要是指受欺凌者因长期受到欺凌而给予反击。[4]网络欺凌是指利用网络实施的欺凌行为，该种形式在当下这一网络社会比较常见，危害范围大、持续时间久，对被害人的伤害更大。

2. 通常有不良嗜好

研究发现，实施欺凌行为的个体往往具有不良嗜好，例如吸烟、饮酒。应予明确的是，该类行为成年人可以做，青少年不能做，但欺凌加害人往往不遵循告诫，这是欺凌加害人逆反心理的体现。研究表明，吸烟、饮酒等行为与暴力行为之间具有交互作用。尹逊强研究发现，饮酒儿童精神暴力行为与躯体暴力行为的检出率分别为81.0%和71.4%，均高于非饮酒儿童的54.1%和43.3%。[5]

（四）生长环境特征

1. 家庭环境不健康

父母是儿童的第一任老师，家庭是儿童生长最重要的场所，家庭环境会对儿童的性格发展起到重要影响。首先，民主的家庭会培养出积极、乐观、有同情心的孩子，

---

〔1〕 邱霈恩："校园欺凌治理存在的问题及机制探讨"，载《行政管理改革》2017年第8期。

〔2〕 林进材："校园欺凌行为的类型与形成及因应策略之探析"，载《湖南师范大学教育科学学报》2017年第1期。

〔3〕 刘於清："国内校园欺凌研究：十年回溯与展望"，载《教育探索》2018年第2期。

〔4〕 林进材："校园欺凌行为的类型与形成及因应策略之探析"，载《湖南师范大学教育科学学报》2017年第1期。

〔5〕 马雷军："让每个学生都安全：校园欺凌相关问题及对策研究"，载《中小学管理》2016年第8期。

专制的家庭会导致孩子身心发育不健全。[1]欺凌加害人生活的环境通常缺乏家庭安全感、家长性格有缺陷、父母管教方式不当，喜欢采用暴力方式解决问题。[2]因为缺乏与他人沟通交流的能力，欺凌加害人倾向于采用简单粗暴的方式解决问题。其次，家庭结构也会影响欺凌发生率，单亲家庭的孩子、留守家庭的孩子容易变为欺凌加害人。儿童需要被关注，期待被重视，而生活在这些家庭中的孩子，缺乏父母的关注或者得到的关注不足，会一味地寻求存在感，暴力往往会成为他们展示优越性的方式。最后，一般校园欺凌的加害人小时候打人没有受到应有的惩罚，父母溺爱、父母之间吵架或经常采取暴力方式解决问题。[3]

2. 校园环境不和谐

首先，发生校园欺凌的学校有一定的特点，通常为学生之间相处不融洽，老师没能营造良好的学习氛围。根据“破窗理论”，环境的恶劣会加剧加害人内心的不安性，一旦超过临界点，加害人便会实施欺凌行为。其次，学校或者老师处置加害人的措施不当。在加害人实施欺凌行为之后，或者置之不理，无形中强化加害人实施校园欺凌的内心确信；或者采取简单粗暴的暴力惩罚措施，由于学校的惩戒权有一定的限度，采取的惩戒措施对加害人的威慑力很小，加害人承受实施欺凌后果后，反而会变本加厉地实施欺凌行为。

三、校园欺凌对加害人的影响

一般认为，校园欺凌的危害仅限于被欺凌者，而实际上，欺凌对加害人本人的学业、心理、成长等也会造成不可忽视的负面影响。研究发现，校园欺凌会导致加害人出现更多的焦虑和抑郁症状、社会退缩行为、较差的学业成绩，进而在成年后形成反社会型人格。[4]

（一）形成畸形人格

1. 遭受道德谴责

校园欺凌往往是以大欺小、以强凌弱，通常被认为是不道德、可耻或者可谴责的。研究发现，小时候经常性欺负他人的欺凌加害人，在成年后很有可能会产生抑郁和自杀倾向。[5]中小学时期实施欺凌行为的加害人一般缺乏语言沟通能力，习惯于采取暴力方式进行交流。采取暴力方式相对简单、快捷，加害人容易产生依赖，选择持续实施暴力行为。但随着年龄的增长，成年人社会讲究正常语言沟通，不能容纳暴力方式，行为人实施暴力会被压制，在生活中会处处碰壁，遭遇挫折。一方面，沟通困难会让

---

〔1〕 李芳霞：“校园欺凌行为状况调查及干预策略研究”，载《宁夏社会科学》2017年第3期。

〔2〕 王祈然、陈曦、王帅：“我国校园欺凌事件主要特征与治理对策——基于媒体文本的实证研究”，载《教育学术月刊》2017年第3期。

〔3〕 冯帮、李璇：“我国近十年校园欺凌问题研究述评”，载《上海教育科研》2017年第4期。

〔4〕 教育部青少年法治教育协同创新中心（华东师范大学）：“校园欺凌治理的跨学科对话”，载《华东师范大学学报（教育科学版）》2017年第2期。

〔5〕 李俊杰：“校园欺凌基本问题探析”，载《上海教育科研》2017年第4期。

行为主体的正常生活遇到障碍；另一方面，中小学时期欺凌别人的经历导致行为主体会产生愧疚感。在两种因素共同作用下，欺凌加害人会出现更多的焦虑和抑郁、社会退缩心理。

2. 加害人形成不良人格

校园欺凌事件中的加害人往往是人格存在缺陷需要被矫治的，这些人格特点包括固执、易怒、狭隘等。如果加害人在欺凌别人之后没有得到及时的教育矫治，这种行为就会理所当然地被加害人认为是正确的，这种认知和习惯一旦被加害人所坚信，往往会被其视为一种正确的解决问题的方法，在处理与他人的矛盾时会更加倾向于选择用暴力的手段，容易与人发生冲突，形成不良的人格。

3. 加害人形成攻击性倾向

加害人在经历过前面两个阶段以后，会认为社会上的其他人不愿意接纳他，将他视为异类，会增加对这个社会的憎恶，从而更加巩固自己的暴力倾向。该种不良人格会伴随行为人很长一段时期，甚至使其终身都受到这种习惯的影响，随着年龄的增长，行为人有很大可能会走上犯罪道路。奥维斯的研究表明："经常欺凌他人的儿童成年后的犯罪率是正常人的4倍。"[1]校园欺凌加害人在成年之前可能只是受到家庭、学校、社区以及社会的道德谴责，这种谴责会加剧个人与他人的距离。成年之后很可能面对的是牢狱之灾。校园欺凌对于加害人的伤害早期表现在精神方面，所以不易被人所察觉，容易被人们忽视进而错误地认为其对加害人没有侵害，实际上，这种精神伤害很多最终都造成了身心的双重伤害，应该引起社会的关注。

（二）无法正常完成学业

欺凌加害人会表现出较高的负面情绪，不愿接受教育或者提早辍学；欺凌者往往会对老师产生敌意，不愿听取老师的教导，增加了老师教育矫治加害人的难度。与此同时，欺凌加害人在学业上的不良表现，可能会使自己失去老师的关注，进而失去存在感。欺凌加害人为获取存在感，很可能会再次欺凌同学，或者沦为被欺凌的对象。[2]欺凌加害人实施欺凌行为之后会面临被欺凌者的憎恶和内心的愧疚，很难重新投入学习。欺凌行为加害人普遍缺乏同理心，理解能力也存在局限，不能有效地获取教师在课堂上讲授的知识，容易落下学业，最终"破罐子破摔"，抵制老师、家长和同学的正面鼓励、引导。

（三）出现违法犯罪倾向

欺凌者在成年以后相较于其他人而言有更高的违法犯罪以及实施暴力、反社会行为的可能性。有学者指出，欺凌加害人的欺凌行为不会随着欺凌者年龄的增长而自然消失，只是形式发生了变化，表现为采取更高危险性的犯罪行为。[3]加害人实施犯罪行为，最终不仅会伤害其他人，连自己也会遭受严厉的惩罚。暴力行为成为行为人的

---

〔1〕王丽萍："简论学校欺负/受欺负对中小学生的影响"，载《青少年犯罪问题》2011年第6期。

〔2〕李俊杰："校园欺凌基本问题探析"，载《上海教育科研》2017年第4期。

〔3〕李俊杰："校园欺凌基本问题探析"，载《上海教育科研》2017年第4期。

主要行为方式后，会伴随加害人很长一段时间，如果中途没有阻断，则能够一直延续下去。而成人社会不容许暴力行为，暴力行为与主流文化相抵触，会被排挤和打压。欺凌者的攻击和破坏性、好斗、不宜合作的特点，容易使自身被同伴拒绝和孤立。[1]加害人最终会形成与整个社会的对立局势，进而实施反社会行为。

（四）导致交往障碍

加害人在生活实践中会逐渐形成通过暴力解决问题的倾向，加害人的这种不良人格在与他人的交往过程中会逐渐显现出来，加害人所秉持的这种价值观与社会中其他人的理念相左，阻碍了加害人融入集体。加害人所主张的用暴力解决问题的逻辑使得其他的人都害怕与他交往，从而使得加害人处于孤立无援的境地。社会交往是生活中的重要一环，语言和暴力旨在表达自己的内心需求或者倾向。欺凌加害人欺凌他人的根本目的在于表达自己的不满或者特定的思想感情，在一定意义上是由于加害人无法处理自身问题而将精神寄托于外界。青少年时期力量上的悬殊以及欺凌惩处手段的相对缓和，使得通过欺凌他人来获得存在感或者表达不满具有现实可行性。但在成年以后，一般个体之间力量不再悬殊，即使仍然具有力量上的优势，但采取暴力行为往往会受到被害人的激烈反抗或者国家机器的制裁，因而试图采取暴力行为表达不满的途径行不通。此外，采取暴力行为的个人，往往心智不健全，遇事不能冷静思考，容易冲动，不能为大众所接纳，容易被孤立，惧怕与他人交往。

（五）受到人身伤害

校园欺凌受害者一部分是因为力量上的劣势受到欺凌，一部分是由于性格比较内向而遭受欺凌，但不管因何种原因遭受欺凌，都可能进行反击。被欺凌者经受欺凌后在反击的过程中可能会使用更为严重的手段，很容易造成原欺凌者受到伤害乃至死亡。

四、校园欺凌加害防治

加害防治是治理校园欺凌的核心和关键。就校园欺凌内部而言，加害人与被害人一样都是校园欺凌的受害者。加害人的被害体现在两个方面：一方面，成为加害人之前受不良环境影响形成的不健全人格；另一方面，加害之后所可能造成的生理、心理等方面的伤害。将欺凌加害人同样作为被害人着重研究，防止中小学生个体向加害人转化和消除欺凌遗留给加害人的伤害，是彻底消除校园欺凌的关键。

（一）欺凌事件发生后的积极介入，获取加害原因

欺凌事件发生后，欺凌被害人能够获得普遍的关怀、同情，受害家长维权、校方提供保护、社会声援，多元整体的被害关怀有助于欺凌被害人尽快恢复正常生活、学习状态。反之，欺凌加害人作为众矢之的，不但要承受对方家长的斥责，原本作为中立方的学校也会站在被害人一方，甚至连自己的父母也“倒戈”向对方。可以想象，

[1] 李汉学：“校园欺凌问题检视”，载《当代教育论坛》2016年第5期。

欺凌事件发生后，加害人基本上处于孤立无援的地位。几乎很少有人会将加害人作为被害人去看待，更不会想要去探求加害人实施欺凌行为的原因。

值得注意的是，纯粹的外界施压和暴力惩罚可能暂时压制加害人再次实施欺凌行为，却无法从根本上避免校园欺凌再次发生。应予肯定的是，个体沦为欺凌加害人有其内在的根源，主要是成长过程中正常的人格形成遭到破坏，进而形成了障碍型人格。因而，找到欺凌加害人的加害原因，才能根除欺凌行为。欺凌事件发生后，父母、学校、社会应当树立正确的观念，将欺凌加害人作为教育、矫治的对象，而非单纯的惩罚对象，积极参与加害人的恢复过程。应予明确的是，欺凌加害人之所以会发展成欺凌者，家庭、学校、社会都负有一定的责任。

家庭、学校、社会组织介入之后，要怀着真诚的态度，与加害人交朋友，给予加害人应有的尊重，帮助加害人打开心灵，一起探求个体的加害原因。对于父母或者老师没有能力与欺凌者沟通以及不愿意沟通的，可以邀请具有专业资质的心理咨询师介入，问询过程和问题的设定应专业、友好。父母、老师、专业心理咨询师要积极帮助欺凌加害人回忆欺凌他人的原因、过程，以及欺凌过程中欺凌者的心理和生理变化。对问询过程及问题答案要进行必要的记录，写成专门的问询报告，交付专业机构进行分析。

（二）分析加害成因，制定矫治方案

问询报告完成后应交由专业的咨询机构进行成因分析，划分出不同的责任主体，并制定专业的教育、矫治方案。欺凌加害成因中，属于父母、学校责任的，父母、学校要配合自查和制定完善方案，与加害人一同改正。其中，属于家庭环境因素，父母难以改变的，父母应当参加必要的亲子教育培训，不参加或者参加没有效果的，父母可以委托专业的机构对加害人进行专业的心理辅导。属于学校责任的，要及时进行整改，营造健康、和谐的校园环境。

（三）做好后期的回访和继续教育工作

未成年人发展成欺凌者是不正确因素长久积累的结果，因此，矫治也往往不能一蹴而就。欺凌者、家庭、社会在执行一段时间的欺凌防治措施后应进行必要的效果评价和经验总结。对于效果好的措施应当继续贯彻实施，效果不明显的应当进行适当的调整和完善。“十年树木，百年树人”，孩子的教育是一个长期的工程，不能单靠孩子自身的努力，家庭、社会都应当承担起自己应尽和能尽的责任。

坚持孩子是教育、矫治的对象，在实施矫治的过程中，应尽可能保证欺凌者的正常学习。欺凌事件后，欺凌者往往是同学隔离的对象，在保障被欺凌者权益的同时，也要防止欺凌者遭受同学的伤害。老师要积极给予欺凌者正面的引导，给其他同学树立正确的榜样，帮助欺凌者更快地恢复正常的学习状态。孩子的精力是有限的，让孩子专心致志学习，在一定程度上可以防止欺凌者再次实施欺凌行为。

学界对于欺凌加害人的研究颇多，各种措施也主要是针对受害者保护。但应当明确，校园欺凌的加害人在一定程度上也是受害者，也应当对其给予一定程度的关

照。并且对于欺凌加害人的矫治能从根本上避免校园欺凌事件的再次发生。本章从校园欺凌加害人的视角出发，通过分析校园欺凌成因以及可能带给加害人的伤害，提出了教育矫治的基本态度和一些具体建议，希望有助于校园欺凌事件的减少和消除。

第十一章

学校视角的校园欺凌分析

校园欺凌问题引起了各界的关注，校园欺凌似乎成了与学校相伴而生的问题。在认识到校园欺凌危害的前提下，我们应理性看待我国目前的校园欺凌行为，应当充分发挥学校在校园欺凌的综合预防和治理中的作用，完善校园欺凌行为的立法规制，提高学校治理校园欺凌的能力，完善学校综合治理机制体系建设；改变落后的教育理念，加强学校对学生优秀品格和健全人格的培育与引导，重视学生的认知能力和行为规则教育；加强学校与家庭、社会的沟通和协调，形成保护青少年成长的合力。

一、影响校园欺凌的学校因素

学校教育偏重于应试教育忽视德育在一定程度上影响了我国青少年心理健康的成长。学校教育理念和教育体制上的缺失以及对于部分学生的出格行为缺乏必要的惩戒手段等，在一定程度上造成了目前我国校园欺凌现象的频发。

（一）教育理念与学生的发展目标不相适应

学生大部分的时间都集中在学校里学习、生活。学习知识的同时，学生的很多价值观、人际交往能力等都在学校里慢慢养成。学校因为地区经济和文化教育理念的不同，对于学生的教育也存在很大的不同，但是就目前我国的大部分学校教育来说，应试教育的方向还是占据着主导地位，这种以应试教育为主导的教育理念对于学生健康品格和人格的培养造成了不利的影响。

1. 重视应试教育，忽视品格的培养

学校重视应试教育，片面追求高的升学率，这在一定程度上就会忽视学生品德教育、人格教育、自主创新教育的培养。大部分的学校还是推行大班级的教育方式，因为中国教育的实际情况决定了中国的学校教育很难进行差异性的教育方式，这样就在一定程度上导致教育理念不适应现代学生的发展，不利于因材施教的教育方针的贯彻落实。因此，在长期的学校教育制度中形成了以分数为一切衡量标准的学生教育氛围，过分强调学生的学习成绩，对于学生爱好和兴趣的培养未给予应有的重视，阻碍了学生的创新思维和创新能力的发展。

2. 学校忽视对学生健全人格的教养

学校的教育理念和方式与学生的发展不能相互适应，教学内容较为单一和枯燥，

再加上管理体制的不健全，造成了部分学生对于学习的兴趣不高，厌学的情绪较为明显。特别是处于青春期的孩子，其对于学校应试教育的厌学情绪更为明显和突出。有的学校为了维护校园的管理秩序，对于厌学的学生没有给予必要的心理疏导和教育，往往采取打压的手段，抑制孩子的不良行为，这在一定程度上维持了学校的教学秩序，但同时也泯灭了部分学生的个性特征。但是，厌学的情绪依然存在，又找不到合理的发泄口和疏通渠道，进而造成一些学生采取极端的方式和行为来对抗学校和老师的管教，如果任其发展下去，就有可能导致学生不健全人格的产生，而学校对于这个方面重视不足，成了学校极端事件屡有发生的重要原因。

3. 学校缺乏对学生心理健康、人际交往等方面的教育机制

在对于学生的人际交往方面学校更是乏力，老师疲于应付课程、学校忙于提高升学率，因此对于学生的社会技能、人际交往方面的教育、培养机制存在缺失。而对于学生心理健康的关注而言，一些较为发达的省市学校内配置了相关的心理咨询室，来帮助学生解决一些学习、生活中的问题，但是依然有部分地区还没有建立起在校学生心理咨询的相关工作机制。

（二）教育体制与学生的发展要求不相适应

我国的学校教育在本质上还是应试教育，虽然素质教育开展了很多年，但受我国人口因素和经济发展水平的影响，学校教育的本质并没有改变，还是一切以升学为目标，一切以分数为标准。

1. 学校以应试教育为主，缺乏文化教育和法制教育的内容

文化教育的缺失在很大程度上会对学生健全的人格和健康的心理产生影响。在片面追求升学率的情况下，学校往往会忽视对学生文化教育的培养，学生会缺乏必要的文化教育的引导。文化对于人类的发展是潜移默化的，而文化教育对于青少年更是不可缺少的智慧源泉。目前我国的学校教育仍以应试教育为主，考试需要的“文化”才是学生需要掌握的文化，而对于其他的文化方面的教育往往得不到学校应有的重视。学生易受外界不良文化的影响，特别是随着网络的发展，得到信息的手段日益多元化，影视作品、文学作品良莠不齐，学生对不健康的文化产品缺乏一定的抵抗力和判断力，这些都会对学生的健康成长产生不利的影响。同时，学校普遍缺乏法制教育的理念，这也是当前学生不良行为和校园欺凌行为频发的一个重要原因。学生在思想上并没有意识到自己行为的严重程度是一些学生实施欺凌行为肆无忌惮的一个很重要的原因。

2. 学校考核、升学标准单一，加重学生的心理压力

一切以成绩为衡量标准的教育方式在一定程度上抹杀了学生的天性。很多学校限制了与考试无关的教学科目和课外活动，有的学校甚至直接取消了与升学无关的课程和课外活动，就连周末也用来补课，占用了学生的一切时间和精力。[1]这样长时间的、

〔1〕于珍：“中小学校园暴力的预防与应对”，载《现代教育论丛》2008年第3期。

集中的学习容易使学生产生心理上的疲惫感，有的学生甚至会产生厌学情绪，一旦产生厌学的情绪，就会严重地影响之后的课程学习，会慢慢地形成学不进去、考试不好、怀疑自己的学习能力的连锁反应，从而自暴自弃，产生自卑或者失望的心理，不愿意再学习或者弃学。这样的学生很容易成为欺凌者和被欺凌者。

3. 校内外不良因素影响着和谐校园的建设

和谐校园一般是指在校园中老师能够关心学生，学生尊重老师，学习课程之余能够开展多样性的校园活动的校园。学校处于一定的社会关系中，不可避免地要受到社会上一些不良因素的影响。不良因素对于校园的影响主要集中在被学校开除的学生和学校周围的社会"闲散"人员对在校学生的不良影响。这些人员有很多在校期间曾经因为不遵守校规校纪被处罚过，或者因为行为不端被批评过，他们心中集聚了一些对于学校的不满和怨恨。因此，他们有时会利用一些极端的言行影响在校学生的思想和行为，成为校园的一个不稳定因素，这些行为往往与校园欺凌有着千丝万缕的联系。

（三）学校的管理手段与学生的发展需要不相适应

"完整的教育不能没有惩戒。"马卡连柯曾经说过："对学生合理的惩戒制度不仅是合法的而且也是必要的。"惩戒对教育有一定的辅助作用，惩戒对于具有不良行为的学生可以起到矫正言行的作用，并使其认识到不良行为的严重性，对其具有警惕作用。但是，家长和社会对于学校对学生的惩罚非常敏感。由于各地的教育水平不相同，老师的素质也有高低之分，因此对于赋予学校必要的惩戒权，以及惩戒权的内容、程度的把握也很难统一。国家相关法规、政策也没有明确赋予学校、老师采取何种措施惩罚具有不良行为的学生。因此，目前学校对于部分学生的不良行为还处于"敢怒不敢言"的情况。

二、校园欺凌的危害

从媒体的持续关注，以及相关数据和研究的结论来看，很多人认为校园欺凌已经成为影响学生正常学习、生活，诱发未成年人犯罪的重要因素。"校园欺凌"现象的危害对于被欺凌者造成的伤害是显而易见的。但是，从相关研究来看，校园欺凌对于欺凌者而言也存在较大的危害，如人格更加扭曲，甚至走上犯罪的道路。因此，我们应当充分认识到校园欺凌的危害，从而更好地预防和处置校园欺凌行为。

（一）校园欺凌行为对被欺凌者的危害

校园欺凌最直接的受害对象应该是被欺凌者，被欺凌者往往会受到身体上和心理上的双重伤害，身体上的伤害也许可以愈合，但是心理上的伤害却可能是长久的，甚至是很难治愈的。很多事实和案例表明，被欺凌者因为受到嘲笑、殴打等欺凌行为而变得内向、自卑，更有甚者会厌学、辍学，进而影响一生。

校园欺凌对被欺凌者的影响具体表现为以下几种形式：被欺凌者可能会形成不良的人格；人际交往能力陷入恶性循环，也会出现社会化障碍；厌学、逃学；身体损伤，造成残疾甚至死亡；给家庭带来痛苦；受害者转为施暴者。在遭受欺凌后，很多被欺凌者往往会更加内向、自卑、孤僻，严重的可能产生自杀和报复社会的倾向；有的被欺凌者会出现恐惧、紧张、焦虑，进而形成胆怯畏缩的性格，极度缺乏信心，产生社交恐惧，不愿意主动跟人交往，对校园、同学产生排斥心理，厌学甚至逃学。在一些地方更是出现了因欺凌行为导致学生身体受到伤害，甚至残疾和死亡的案例。因为一些极端事件的发生，被欺凌者会因不堪忍受而做出一些过激的行为，甚至会转换成施暴者。

（二）校园欺凌行为对欺凌者的危害

很多人会以为校园欺凌行为只是对被欺凌者带来了生理和心理上的伤害。其实，在实际的生活中，校园欺凌行为对施暴者本人也带来了较大的影响，甚至是伤害。

1. 欺凌者会遭受道德上的谴责，任其发展易形成攻击性人格

校园欺凌，从通俗意义上讲就是以大欺小、以多欺少、以强凌弱，不管是在现实生活中，还是在动漫和影视剧中，以大欺小、恃强凌弱的行为都被看作是不道德的，甚至是可耻的行为，会遭受到道德上的谴责。同时，施暴者往往倾向于以暴力解决问题，容易走上犯罪的道路，或者被别有用心的人利用从而实施违法犯罪的行为。

2. 欺凌者会受到校规校纪的处罚

根据教育部等九部门印发的《关于防治中小学生欺凌和暴力的指导意见》的相关规定，对屡教不改、多次实施欺凌和暴力的学生，应登记在案并将其表现记入学生综合素质评价，必要时转入专门学校就读。因此，实施校园欺凌除了会受到道德的谴责，同时也会受到校规校纪，甚至法律的处罚。其中包括开除学籍或被留校察看等处罚，这种处罚属于校规校纪的范畴，因为一般的欺凌行为在没有触犯法律的情况下由学校根据学生的具体行为来进行处罚，如果再严重的话，就要进入到法律的层面。

3. 欺凌者可能承担相应的法律责任

前面我们讲解了校园欺凌对于施暴者人格上的危害，也提到了实施校园欺凌行为会受到道德的谴责以及校规校纪的处罚，那么如果欺凌行为的严重程度触犯到了法律的层面，就不能仅仅用道德和校规校纪处罚，还需要对其进行法律处罚，也就是需要承担法律上的责任。

4. 欺凌者可能遭受反击、报复带来人身伤害

被欺凌者在遭受欺凌之后很可能产生反击和报复的心理，这也是校园欺凌的一大隐患，一旦被欺凌者产生了这种念头，就有可能转变为施暴者，对曾经向其实施欺凌的人进行身体和心理上的伤害。

（三）校园欺凌对校园教育环境的危害

校园欺凌行为对校园教育环境的影响是显而易见的，它打破了校园安静、和谐的学习、生活氛围，破坏了同学之间团结友爱的感情。因此，校园欺凌行为对于校园教育环境的影响是消极的。同时，校园欺凌行为受到了各界的关注，加之媒体的过分渲染，使校园欺凌成了最近一个时期学校和教育界的一个敏感词汇。外界的关注加重了校园管理层的压力，这对促进我国教育环境的改善具有积极的意义，但从一定程度上

束缚了学校对学生进行管理的主动性和积极性。

三、学校应对校园欺凌的策略

我国目前校园欺凌事件频发，相关政府部门非常重视，国务院教育督导委员会办公室于2016年11月印发《中小学（幼儿园）安全工作专项督导暂行办法》，该办法对治理、检查校园欺凌等行为给予了充分的重视，并强调要加强校园欺凌和暴力行为的预防和应对机制。结合我国校园环境的实际状况和目前校园欺凌行为的表现形式，笔者认为应当从以下四个方面采取应对措施。

（一）对校园欺凌行为应保持理性的认识

近来，有关于校园欺凌与暴力视频在网络上疯传，社会各界对于校园欺凌给予了密切的关注，很多学者认为校园欺凌达到了严重化的程度，应通过加大惩罚力度来治理未成年人校园欺凌行为，其中呼声最高的应该是降低刑事责任年龄。暂且不论一味地强调惩罚是否可以从根本上解决校园欺凌行为，仅仅是媒体的报道是否在一定程度上过分渲染了校园欺凌行为便值得反思和警惕。

1. 学校和家长应对校园欺凌行为保持理性

家长出于爱护孩子的本能，对于校园欺凌行为是不能容忍的，这是可以理解的。但是，作为家长也应该对学校和老师保持理性，从维护校园正常的教学秩序出发，信任并通过合理、合法的渠道解决问题。从学校方面来看，不应迫于家长和社会舆论的压力对校园欺凌行为的实施者一味地予以开除或者更加严厉的惩罚，应该理性解决，让孩子能够以一种健康的心态处理与他人的一般纠纷和矛盾，培养学生化解和解决一般性矛盾的能力以及自我保护能力。

2. 社会应对校园欺凌保持理性

在青少年的成长过程中，由于好奇心的促使，他们有时会希望通过一些越轨行为去表现自己的不满和存在感，又或者仅仅基于一种青春“荷尔蒙”的冲动，去寻求未知的成人世界和刺激感。在这个过程中，他们由于心智不成熟等原因往往会出现一些偏激的行为，这也是校园欺凌最初的形态。但是，从另一个方面来说，这也可以被看成是青少年成长过程中的一种常有现象。有人甚至认为，那些在青少年时期不曾有过越轨行为的人在某种程度上存在着生活上或者是心理上的缺陷。例如，缺乏社交技巧、个性孤僻、不善交际。[1]同时也应注意到，在度过青春期后，大部分青少年不会将偏激、越轨的行为带入成年期，有人称之为青少年不良行为的“自愈”。应该可以确定，绝大多数校园欺凌行为都具有这种自愈的特征。[2]因此，社会应对发生在校园内的部分欺凌行为保持理性的认识。

---

〔1〕 曹立群、任昕主编：《犯罪学》，中国人民大学出版社2008年版，第53页。

〔2〕 姚建龙：“防治学术欺凌的中国路径：对近期治理校园欺凌政策之评析”，载《中国青年社会科学》2017年第1期。

3. 媒体等相关机构应对校园欺凌行为保持理性

媒体是现代社会一个重要的信息传播渠道，理智报道、如实描述应是媒体人的行为准则，特别是对于社会敏感度高的热点问题更应当保持理性，避免采取过分渲染的不实报道。同时，作为媒体人，更有责任让社会公众了解校园欺凌行为的真实情况，不能为了博取眼球而夸大事实本身，这样的报道应得到相关部门的警惕和反思。

随着网络自媒体时代的到来，有关校园欺凌的视频在网络上过度传播，加大了家长对学生在校可能会遭受欺凌的焦虑，对校园的教育秩序和学习氛围造成了很大的负面影响。因此，在报道校园欺凌和校园暴力事件时，媒体应注意避免过分渲染事件的细节，保护学生及其家人的个人隐私，避免涉事的学生再次受到伤害。要谨防媒体过度报道和网络传播所造成的事态蔓延和恶劣的社会影响演变成网络暴力，[1]媒体应当承担起自己应负的社会责任，努力为青少年的成长创造一个健康的网络信息环境。

（二）完善关于校园欺凌行为的相关立法

我国目前没有颁布专门针对校园欺凌行为的相关法律。对于未成年人的保护，以及针对未成年人犯罪的惩罚和预防的相关规定散见于《未成年人保护法》《预防未成年人犯罪法》等法律中，或者是适用《治安管理处罚法》《刑法》的相关规定。而从国外的经验来看，通过以国家强制力为后盾的法律来对校园欺凌行为进行规制效果明显，因此，以立法的形式对我国的校园欺凌进行预防和治理显得非常必要和急迫。[2]

1. 明确校园欺凌行为的责任主体

通过明确责任主体的方式来确立各个责任部门的相关权力和职责，可以加强各个职能部门的责任心和使命感，使其在行使相关的权力时有法可依。明确学校、父母及其监护人的责任，实现校园欺凌防治和预防责任的明细化和具体化，有利于将校园欺凌防治的具体措施落至实处，真正地起到保护和惩戒的作用。

2. 赋予学校和老师必要的管教权和惩戒权

惩戒也是教育的一种手段，如果教育仅限于口头上的说教，对于一些学生来说他未必会意识到自己行为的严重性和危害性，要对学生因材施教，也应对学生不同的错误采取不同的教育方式。目前，我国校园欺凌事件频发，很多学校除了将学生记过、开除此外，几乎没有其他必要的惩戒手段，这样做既没有给学生改正的机会，也没有让犯错学生充分意识到惩戒的意义，对他今后的人生也不能带来有意义的帮助。因此，针对目前学校的现状，教育部等九部门于2016年联合印发了《关于防治中小学生欺凌和暴力的指导意见》。其中指出要对实施欺凌和暴力的学生依据法规“采取适当的矫治措施予以教育惩戒”，要“充分发挥教育惩戒措施的威慑作用”。除了将学校和教师的

---

〔1〕姚建龙：“防治学术欺凌的中国路径：对近期治理校园欺凌政策之评析”，载《中国青年社会科学》2017年第1期。

〔2〕吴会会、姚荣：“校园欺凌的道德引导与法律规制”，载《中国德育》2017年第14期。

惩戒权上升到国家立法层面外，也对惩戒权的内容进行规范和细化，防止惩戒权的滥用。[1]

3. 以立法的形式确立以学校为核心的综合治理模式

治理校园欺凌、提高预防校园欺凌的水平，不仅需要立法明确责任主体的义务和赋予学校必要的惩戒权，还需要各部门在综合治理中形成合力，共同协作，有效防治校园欺凌行为。孩子是一个国家的未来和希望，教育是一个国家最重要的“国防”，因此，各个部门都应当充分发挥自己的职能优势，帮助学校在校园欺凌行为的治理和预防。各个部门职能的发挥都需要有法可依，因此，以法律的形式明确各部门在组织、协调上的职责，会加快治理和预防的步伐和效果。

（三）学校加快转变教育理念和教育方式

1. 优化教育方式，构建和谐的校园环境

首先，学校要为学生创造一个轻松、健康的学习环境，适度减轻学习上的压力，开展丰富多彩的课外活动，加强身体锻炼和心理健康教育活动，让学生除了学习之外有多种渠道和方式排遣内心的压抑情绪。其次，学校要制定相关措施，加强预防和治理校园欺凌行为。将反欺凌行为的规定写进校规校纪，组织专门的部门和人员对校园环境进行排查，将欺凌行为消灭在萌芽状态，对已经发生的欺凌行为予以坚决纠正，必要时应给予必要的惩罚。[2]最后，学校应加强教师的职业道德建设和学生的道德品德教育。加强教师职业道德建设有利于提高老师的教育素养和教育水平，使其真心地关心和关怀学生，无差别地对待学生。学校应加强学生的道德品德教育，提倡同学间的互助友爱、礼貌对待他人、善于帮助有困难的同学等文明礼节，切实提高学生的道德修养和文化素养。

2. 加强校园法制文化建设

为了加强未成年人犯罪预防的力度，学校除了加强学生的道德素养教育外，还应积极承担起对学生法制文化教育的责任，努力在学生中树立法律意识、提升法律素养，积极开展学法、懂法、守法的法治校园环境，组织学生开展普法教育宣传，利用学校的广播、黑板报等形式开展法制宣传活动，让更多的学生意识到校园欺凌的不道德性、违法性，起到有效的预防和警示作用。

3. 建立预防和治理校园欺凌的工作机制，依法处置校园欺凌事件

“宽容而不纵容”是目前我国在处理校园欺凌事件的基本原则，在基本原则的指导下，各相关部门要尽快建立合作配套机制，依据相关法律法规处理校园欺凌行为和暴力事件，让校园欺凌行为得到有效的预防和治理。对已经实施了欺凌和暴力的学生，学校和相关部门应积极配合，采取相应的措施处理。不管是批评教育还是收容教养，又或者是行政、刑事处罚，都需要各个职能部门的相互配合，秉持着“教育与惩罚”

---

〔1〕 史奉楚：“遏制校园欺凌应赋予学校适当惩戒权”，载《人民法治》2017年第3期。

〔2〕 戴静月：“中学生中的欺侮行为及其预防”，载《吉林教育》2009年第Z1期。

并重的心态处理、处罚。[1]

（四）学校与家庭、社会形成合力，共同预防、治理校园欺凌行为

校园欺凌问题是世界各国普遍面临的一个重要难题，各国在预防和治理中形成了一些成功的做法和经验，值得借鉴和学习。而我国在长期的实践中也总结出了一些成熟、可行的经验做法，比较有代表性的就是综合治理。综合治理强调跨部门协作及治理手段多样性等特点，对预防和治理校园欺凌以及未成年人犯罪等问题发挥了积极的作用。

1. 加强与家长的沟通与协调，进一步明确家长在子女成长过程中的责任

家长作为监护人，在预防和治理校园欺凌中有着不可推卸的责任。学生生活的家庭环境不一样，所形成的性格和价值观自然存在一定的差异。如果要从根本上预防和治理校园欺凌行为，学校除了加强自身的建设外，还应与家长建立沟通和协调的机制。同时，应积极推进家庭教育立法的进程，针对家长对学生忽视家风道德教育，甚至放任不管的行为，明确家长作为未成年人监护人的法律责任，若不能依法履行监护人的职责，可能会受到法律的追责。

2. 公安等相关部门加强校园及其周边的警务巡防工作

公安机关因其专业性和权威性，在治理社会治安和违法犯罪活动中有着不可替代的作用。因此，学校应加强与当地公安机关的配合和协调，积极配合学校发现校园欺凌隐患和行为，及时处置，加强预防。在学校周边设置治安岗位，特别是上学、放学时段，加强重要路段的巡查和盘查，若发现可疑行为应及时与学校和家长取得联系，共同开展有效的预防和处理，并建立长效的沟通机制。

3. 各级综治部门加强与校园的沟通与协调，完善校园的综合治理机制

目前，我国校园欺凌事件的发生有很大一部分与学校周边环境密切相关，各级综治组织应加强与学校的沟通与协调，关注学校周边治安综合治理情况。结合综治部门的部门优势，积极动员社会各方面的力量，加强校园周边地区安全防范工作，有效防范和处置校园欺凌行为的发生。[2]

校园欺凌行为已经成为我国学校管理的一个难题，但是，公众和社会各界还是应对目前我国发生的校园欺凌行为保持理性的认识，不可因网络、媒体肆意传播，就对校园欺凌产生恐慌心理。无论是国家和社会，还是学校都正在积极地采取措施，希望能够采取合法、有效的方式帮助学生健康成长。相关部门也正在采取积极的措施预防和治理校园欺凌行为，并取得了一定的成果。但是，我们也应清醒地认识到，校园欺凌问题的发生绝非学校"一家之因"，其预防和治理也绝非学校"一家之责"，而应是全社会的共同责任，只有大家共同努力、通力协作，才能更加有效地预防和治理校园欺凌。

---

〔1〕姚建龙："防治学术欺凌的中国路径：对近期治理校园欺凌政策之评析"，载《中国青年社会科学》2017年第1期。

〔2〕姚建龙："防治学术欺凌的中国路径：对近期治理校园欺凌政策之评析"，载《中国青年社会科学》2017年第1期。

第四篇 域外比较

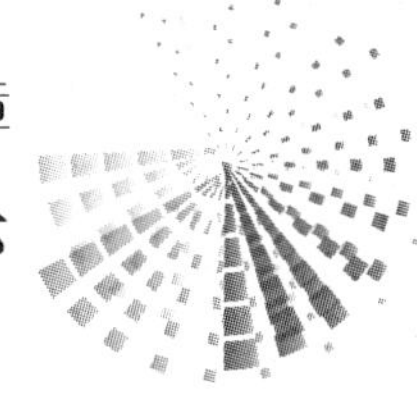

第十二章 美国、英国、日本防治校园欺凌的经验与启示

校园欺凌在国外得到普遍关注是在20世纪70年代，之后其迅速发展成为一个国际性的热点问题。为防治校园欺凌，许多国家都进行了大量探索，出台了一些相关规定。例如，美国通过风险评估来预测学生的欺凌行为，并建立欺凌防治小组，对学生间的欺凌行为加以规制。此外，还授权学校开设反欺凌课程，培训全体教职工，并向执法部门报告潜在的带有犯罪性质的欺凌行为；[1]对于严重的欺凌犯罪，交由少年法庭进行审判。英国政府从2005年开始在每年的11月份举办全国性的反欺凌周活动，集中开展各种宣传活动。[2]日本大阪市教育委员会设计出了"同伴支持"和"预防学生攻击"两大计划来防治校园欺凌，对有欺凌倾向的学生进行辅导，并培训教师识别学生的危险反应。[3]澳大利亚建立了相应的组织和网站来帮助学校了解欺凌现状，为学校制定相关政策提供帮助。[4]瑞典的《学校法》规定教师和校长对欺凌行为有报告义务及法律责任，明确了国家学校监督团在预防校园欺凌方面的作用，并要求教育机构制订预防校园欺凌相关计划，定期对计划的实施效果进行检查和评估。[5]

本章重点分析美国、英国及日本在防治校园欺凌方面的典型做法，以期为我国出台相关的规定提供借鉴。

一、美国的主要做法

美国对于校园欺凌的关注从20世纪60年代开始。当时，美国处于第二次世界大战后的经济繁荣期，在这一时期，随着经济发展和社会进步，社会的不安定因素淤积，各种不同文化在碰撞的同时也带来了偏见以及不平等，校园欺凌的问题在这样的背景下出现。与此同时，美国家庭对于孩子的体格健硕十分推崇，甚至有相关的专家认为对于孩子通过打架而形成的攻击性值得去鼓励。[6]受到这样思想的影响，校园欺凌相

〔1〕 张琼："小学校园欺凌行为及其对策研究"，重庆师范大学2014年硕士学位论文。

〔2〕 许明："英国中小学校园欺凌现象及其解决对策"，载《青年研究》2008年第1期。

〔3〕 邱关军、刘佳："国别视野下中小学校园暴力的防治策略研究"，载《基础教育》2010年第5期。

〔4〕 "'校园霸凌'已成为世界性难题，看看国外学校怎么处理"，载 https://m. huanqiu. com/r/mv8wxzk4mtexoddfmtm0xze0ode3eta1otc.

〔5〕 陶建国："瑞典校园欺凌立法及其启示"，载《江苏教育研究》2015年第34期。

〔6〕 廖婧茜、靳玉乐："美国校园欺凌问题治理的发展、经验及启示"，载《教育科学》2017年第5期。

关理论研究在当时并没有引起广泛关注。

之后由于欺凌问题变得更为严重，甚至发生了危及学生安全和社会稳定的校园欺凌事件，该问题的规制和解决才被慢慢地提上日程。在20世纪90年代之前，美国对于校园安全的关注在很大程度上都集中在校园暴力上，由此美国也制定了有关禁止携带枪支、刀具等危险物品进入学校的规定和政策。1999年，美国科伦拜高中发生了一起震惊全美的枪击事件：该校两名高中生携带枪支进入校园扫射，造成了13死24伤的严重后果，最终，两名高中生自杀身亡。在枪击事件发生后，调查结果显示，两名施害高中生在校园生活中长期遭受其他学生施加的欺凌及孤立，枪击事件的发生与两名高中生所受到的校园欺凌不无关系。他们内心积压的愤怒和怨恨使他们最终走向了犯罪的道路。在这件事情中人们逐渐认识到校园欺凌的严重性以及危害性，且对于校园欺凌的遏制不仅仅在于简单的控制枪支、刀具等危险物品进入校园。心理上以及身体上的校园欺凌如果没有得到有效的解决，最终往往会发展为校园暴力。这件惨案让人们知道不能简单地将校园欺凌看作孩子成长中必经的过程而直接忽视，应当将其置于政治和法律的层面之下予以约束。美国对于校园欺凌的关注也经历了一个由浅入深的过程，从最初的萌芽状态到最后社会呼吁引起重视，国家层面也从政治干预到实现提供法律援助。在经历了一个极为漫长的阶段后，美国对于校园欺凌的应对已经形成了相对较为完备和成熟的社会支持体系。

（一）坚持审慎的立法理念

在针对校园欺凌立法的过程中，美国一直坚持人身权利神圣不可侵犯，这是美国校园欺凌的立法理念之一，《反欺凌法案》的制定和出台就是为了营造良好的校园环境、保障学校学生的安全，尤其是保障学生人身权不受到不法侵害。另外，美国在立法过程中也秉持着谨慎立法的理念，在立法之前，各州政府会委托相关的科研机构对本州甚至是全国有关校园欺凌的情况进行深入的调查，厘清该地区的校园欺凌现状，组织法律工作者、学生、教育工作者以及家长等多方人员一起商讨关于校园欺凌法律制定的内容条款。在立法过程中，对于要制定的法律条款进行反复的推敲，即使是已经出台的相关政策也是处于不断完善和修正的过程中的。

美国在联邦层面对于校园欺凌中涉及对公民权利、宗教信仰等问题适用《公民权利法》《教育修正案》等相关法律进行规制。如在《公民权利法》中的第201条第一款（a）规定，所有的人都是平等的，不受任何基于种族、肤色、宗教或者民族的歧视或隔离。[1]《教育修正案》第9条规定：“任何人不得因其性别而被排除在联邦资助的教育项目或活动之外。”该条对于有关性别歧视的校园欺凌有约束作用。[2]

（二）形成三维的规制体系

美国对于校园欺凌的立法形成了具有自身特色的三维体系，以国家立法、州政策

---

〔1〕 详见 http://www.wsic.ac.cn/policyandregulation/71444.htm.

〔2〕 孟凡壮、俞伟：“美国校园欺凌法律规制体系的建构探析”，载《比较教育研究》2017年第6期。

和指导文件以及学区政策为其组件，共同规制校园欺凌问题。国家层面的立法处于上位，相对而言较为抽象和概括；在国家立法的指导下，各州结合自身实际情况制定了更为全面和具体的政策；而在此之下形成的学区政策更富有操作性且具有更强的实践意义。三者之间形成了一个补充和促进的关系，形成了较为严谨的反校园欺凌法律体系。[1]

在国家立法层面，2011 年，美国教育部发布《国家校园欺凌法律和政策的分析》，其中对于在此之前的几年中美国校园欺凌事件的发生率进行了分析，对于校园欺凌的定义、学区政策发展和审查、学区政策的组件以及额外组件有所涉及，对于校园欺凌的具体行为范围、反校园欺凌的目的及意义和欺凌政策针对的群体都进行了阐述；并凸显对于学生的民事权利的重视，认为学校应当为学生创造一个安全稳定的学习环境，营造良好健康的学习氛围，对于适用的范围更是扩大到了“只要与学校有关”。

在经历了“科伦拜高中校园枪击案”后，美国各州将校园欺凌立法提上日程，对于校园欺凌这一现象的逐渐重视也直接推动了各州反校园欺凌工作的进行。截至 2015 年，美国的 50 个州都制定了《反校园欺凌法》。各州通过立法对于相关概念予以明确，并建构了治理欺凌的综合体系。如早在 2002 年，美国新泽西州就制定了《反校园欺凌法》，但是随着社会的发展和网络环境的复杂，新泽西州的《反校园欺凌法》明显不能完全适应现状。于是，2010 年，新泽西州修正并颁布了新的《反校园欺凌法》，其中对于校园欺凌的定义进行了扩充，将网络欺凌容纳其中。该法要求美国学区都要结合自身状况制定属于学区的反对校园欺凌方案，学校提供专项资金，同时任命专门的人员应对校园中发生的欺凌事件，对于实施欺凌行为的相关人员追究法律方面的责任，另外也兼顾对于受害同学的事后救助。再如，新罕布夏州在 2010 年修订的《学校安全与暴力防止法案》中规定，对于影响到学校秩序或者学生教育环境及教育机会的行为，无论是发生在校内还是发生在校外，都应当采取相应的措施，进行司法程序上的审查工作。[2]

为应对该类情况，美国也对法律进行了相应的完善，各学区政策对于校园欺凌的定义、发现及报告义务、调查报告的完成、事件的后续跟进以及校园欺凌应当承担的法律责任等均有所涉及。比如，要求在发生校园欺凌事件时注重学生、学校以及学生家庭的三方沟通；对于校园欺凌事件及时调查和跟进并形成相应的书面记录材料；注重对于受害人、加害人以及其他相关人员的心理辅导；对于学校的相关工作人员进行防治校园欺凌的相关培训等。[3]

（三）建立预防与报告机制

美国对于校园欺凌采取的是“零容忍”的态度，除了各州的积极立法，美国联邦政府和教育部还联合出台了一系列的校园安全指南，如 1988 年《预警及时反应：学校

〔1〕 马倩、徐洁、陶夏：“美国规制校园欺凌的三维体系及其组件”，载《教育学术月刊》2016 年第 10 期。
〔2〕 马倩、徐洁、陶夏：“美国规制校园欺凌的三维体系及其组件”，载《教育学术月刊》2016 年第 10 期。
〔3〕 马倩、徐洁、陶夏：“美国规制校园欺凌的三维体系及其组件”，载《教育学术月刊》2016 年第 10 期。

安全指南》、2000年《保护儿童：行动指南》、2003年《学校与社区制定危机管理计划的实用指南》。《学校与社区制定危机管理计划的实用指南》将学校的危机管理分为预防、准备、应急以及危机管理后的恢复四个阶段。在预防阶段，注重校园安全环境的保障，对于有相关问题的学生进行心理干预等；在准备阶段，要求学校对于可能出现的危机制定预案并加以演练；在应急阶段，相关的预案及措施应立即启动；在恢复阶段，学校要制定相应的恢复计划，对相关人员进行适当的心理干预。[1]

美国各州对于校园欺凌报告机制的建立都有所规定，且大多通过立法的方式进行规制，但是存在着强制模式和鼓励模式两种不同的立法模式。强制模式下对于教职工发现校园欺凌事件强制要求其负有向相关负责人报告的义务。采取鼓励模式的则并未强制报告，但是，对于报告的人员可以免除后续赔偿责任。[2]

二、英国的主要做法

20世纪90年代，英国的校园暴力事件数量不断攀升，由此引发的问题也吸引了社会各界的关注。英国教育与技能部于1997年曾经进行过一次小样本的调查，结果显示大概有4.3%的学生每个月都会受到两到三次的欺凌；伦敦大学金匠学院的彼得·史密斯教授于1999年在英格兰地区采取跨国视角进行过为期6个月的调查，结果显示大约有10%到20%的学生表示自己被欺凌过，其中约有65%的学生表示被欺凌的时间持续在一周，连续被欺凌一个学期的学生占比13%，持续一年的占比9%，时间长达几年的占比13%；英国教育标准局（Office for Standards in Education，OFSTED）的报告显示，校园中的推搡、碰撞或者蓄意推挤等躯体伤害行为较为常见。[3]

（一）国家层面出台一系列法律法规

早在1986年，英国在《地方政府法案》中就开始关注到校园欺凌的问题，该法案从法律上明确指出地方政府应当鼓励和支持学校阻止校园欺凌行为的发生。[4]1991至1994年间，教育与就业部资助开展了“谢菲尔德反欺凌计划”，并发布了《别在沉默中容忍》的应对指南。之后，英国又通过了《学校标准与框架法》，其中第61款提出要制定促进学生良好行为养成、尊重他人，防止出现学生间欺凌行为的政策。

2002年，英国颁布了《教育法》，同年为防止虐待儿童协会与儿童局联合成立了反校园欺凌联盟。2003年颁布《2003年教育（独立学校标准）法规》，规定学校必须制定并有效实施“防止校园欺凌政策”；同年11月英国教育与技能部推出《反欺凌行动宪章》，号召学生参与反校园欺凌行动。2005年3月，英国政府任命一位独立专员负责青少年事务，其中包括与校园欺凌有关的事务。2010年，英国制定了《2010年教育（独立学校标准）法规》，规定学校必须遵照法律，重视校园欺凌的防治工作，从而保

---

〔1〕孙华：“美国大学校园危机管理模式及其启示”，载《高等工程教育研究》2007年第3期。
〔2〕孟凡壮、俞伟：“美国校园欺凌法律规制体系的建构探析”，载《比较教育研究》2017年第6期。
〔3〕张宝书：“英国中小学反校园欺凌政策探析”，载《比较教育研究》2016年第11期。
〔4〕张宝书：“英国中小学反校园欺凌政策探析”，载《比较教育研究》2016年第11期。

证学生的安全。2012年，英国又发布《2012年教育（独立学校标准）法规（修订）》，并于2014年发布《2014年教育（独立学校标准）法规》。2015年，英国政府发布《保持儿童在教育中的安全》以及《共同努力安全保护儿童》的法规指导。

对于校园欺凌的治理，英国教育部除了出台法规命令之外，还发布了一系列的指导性文件。例如2009年发布《远离欺凌：给地方政府和其他战略领导者减少社区欺凌的指导方针》，2014年10月发布《预防和处理欺凌：给校长、教职员工及管理机构的建议》、2016年1月发布《学校行为和纪律：给校长和教职员工的建议》。[1]

（二）地方政府层面承担多种职责

在英国，地方政府的教育部门承担了教育资源分配、教育公平、儿童福利、监督学校落实国家政策等多个方面的职责，而且地方政府已经把反校园欺凌作为法定职责，进入21世纪后更是将治理校园欺凌作为需要优先解决的问题之一。除此之外，许多地方政府还下拨专门的经费用于对教师进行职前和职后培训，让教师了解反校园欺凌的相关政策，以进行早期干预和行为矫正。[2]

（三）学校、家庭和社会共同参与

英国的反校园欺凌政策对于政策执行的主体以及其责任等作出了明确的规定，以确保学生在校期间、上学和放学路上的欺凌行为都能得到有效的干预，大部分的反校园欺凌政策的最高责任人为学校的校长，其他教职工以及学校的管理人员有协助校长管理校园欺凌事务的责任与义务。其中以英国莫尔文学校为代表，莫尔文学校把责任细化到了学校、家长与学生以及管理者三方身上。[3]同时，家长要与学校及时沟通、紧密合作，善于发现欺凌或被欺凌的苗头或线索，如果对学校的处理不满意，可以向教育部门申诉。当然，一些社会机构也积极参与对校园欺凌的防治，包括建立网站，开通热线，进行及时、专业的干预等。

三、日本的主要做法

校园欺凌对于日本而言是一个由来已久的问题。2006年，日本文部科学省对校园欺凌的定义包含下面三个要素，第一，某一行为是否为欺凌应该以被欺凌对象是否感受到了精神上的痛苦为判断标准；第二，发生的场所可能在校园内，也可能在校园外；第三，来自网络和手机的辱骂、诽谤和中伤等也属于欺凌。为应对校园欺凌，日本采取了一系列措施，形成了相对比较完善的法律法规体系。

（一）建立比较完备的法律法规体系

日本在治理校园欺凌的过程中形成了一套自上而下的法律体系，以特别刑事法为前提，以综合性专门立法体系为保障。在日本，校园欺凌行为不仅仅是学生之间的玩

[1] 孔令帅、陈铭霞："构建中小学校园欺凌综合治理机制——来自英国的启示"，载《教育发展研究》2017年第5期。

[2] 许明："英国中小学校园欺凌现象及其解决对策"，载《青年研究》2008年第1期。

[3] 张宝书："英国中小学反校园欺凌政策探析"，载《比较教育研究》2016年第11期。

笑和打闹行为，更有可能构成刑事犯罪行为，受到刑法的制裁，这就加大了对于行为人的威慑力和制约作用。除了《刑法》，日本还专门制定了《少年法》《少年审判规则》，形成了比较完备的刑事立法体系和司法追诉体系。[1]除了刑事法之外，日本还制定了一套处理和应对校园欺凌的法律，其中包括《儿童福利法》《教育基本法》《学校教育法》等。

为了全面遏制中小学存在的校园欺凌现象，日本于 2013 年通过《欺凌防止对策推进法》，明确规定了在校园欺凌事件中，日本各级政府以及学校需要承担的责任以及义务，并且对于如何防范校园欺凌的发生提出了具体的建议和策略。该法一共有六章规定和一个附则，六章规定中包含了 35 条，分别为总则、校园欺凌防止基本方针、基本实施对策、防止校园欺凌的相关措施、重大事态的应对以及杂则，附则中有 2 个条文。

（二）加强道德教育

日本的《防止校园欺凌推进法》明确规定学校应当设立欺凌事件咨询室，并加强对于学生的道德教育。2015 年，日本正式宣布在中小学实行“道德学科化”，把德育上升到和日语、数学等学科同等重要的高度。[2]2016 年，日本文部科学大臣松野博一面向中小学和教师发布了积极应对校园欺凌的“道德与教育相关的大臣建言”，要求教师们在道德课堂中通过列举校园欺凌的具体事件，指导学生们自主思考并讨论。[3]此外，日本于 2018 年在中小学全面开展特别学科——“道德”，对防治校园欺凌产生了重要影响。

（三）构建校园欺凌咨询机制

日本文部科学省于 2017 年 8 月 28 日发布了《运用社交网络服务构建商谈机制的当前考虑中期报告书》，计划在 2018 年建立学生运用 SNS 来进行咨询的相关机制。[4]随着网络的普及，日本学生大多用 SNS 进行交流，SNS 商谈机制引入了专业的心理医师以及教师，同时可以吸纳众多善于交流的年轻人；在机制运行过程当中注重对于机制成员的培训，提高其专业性。SNS 商谈机制对于商谈的内容应当遵循保密原则，但是在发生危及学生的生命安全等严重情况时也应当采取相应的紧急措施，与其学校及相关机构共享信息。

（四）注重数据统计工作

从 1985 年开始，日本政府每年都会发布上一年度关于校园欺凌主题的官方统计调查数据分析报告。这一调查数据是根据地方各级教育委员会等地方公共团体、学校等自行统计、上报整理、归类而来的，数据的内容具有权威性、全面性、细致性、连续性等特点。为了防止学校及地方公共团体上报虚假的数据，日本文部科学省会自行组织相关的问卷调查进行验证和估测，同时对数据造假和虚假上报等情况还会进行相应

---

[1] 蔡晓宇：“日本中小学校园欺凌法制研究及对我国的启示”，载《教育参考》2017 年第 6 期。

[2] 高晓霞：“日本校园欺凌的社会化问题：成因、治理及其启示”，载《南京师大学报》2017 年第 4 期。

[3] 李冬梅：“日本将通过道德课堂防止校园欺凌”，载《世界教育信息》2017 年第 2 期。

[4] 李冬梅：“日本将通过道德课堂防止校园欺凌”，载《世界教育信息》2017 年第 2 期。

的行政追责。

此外，日本政府和文部科学省还会针对校园欺凌中的突出问题进行有针对性的搜集统计，如针对校园欺凌行为类型，对校园欺凌实施者的处罚类型等主题进行调查，且相关的调查结果在各个大学和地方公共团体的图书馆和公民馆都是可供查阅和使用的。这些数据对校园欺凌防治工作的开展极为重要，是反校园欺凌工作有序开展和积极实施的基础和前提。日本数据统计工作由中央和最高教育行政部门共同推进，数据内容具有权威性，经费充足，对于虚报者的严惩和社会的监督可以在更大程度上保证数据的真实性。此外，日本的数据统计坚持了三十几年，具有连续和全面等特性，在统计过程中也在不断地完善工作方式。

四、对我国的启示

（一）明晰各方责任

防治校园欺凌不仅仅是学校的责任，社会以及家庭在反校园欺凌工作中的作用也不能被忽视。在对校园欺凌的规制过程中应重视多部门的协作，对社会力量、政府力量、学校力量以及家庭力量进行整合，在具体的实践中以学校为中心，共同治理校园欺凌。

学校可以与社会上的专业组织合作，提升反校园欺凌工作过程中的专业性，如学生的心理辅导、校园欺凌相关专业概念和法律信息的宣传等都不是单单依靠学校的力量就可以完善的。需要联合社会上的专业机构，对教师进行相关培训，或者直接以购买的方式雇佣社会组织服务于校园。同时，在平时的校园活动中可以联合社会上的专业力量开展防校园欺凌讲座，邀请专家等以学生可以接受的方式，将专业与实际相结合，推进校园欺凌相关信息的宣传。家庭要给予孩子足够的关注，当发现存在校园欺凌的现象时应当及时联络学校，家庭、学校应及时沟通，对学生在学校以及家庭中是否存在异常表现进行交流。同时，注意孩子的言行，必要时进行心理疏导。在平时的相处过程中，不仅要教导孩子如何避免受到校园欺凌以及正确面对校园欺凌，也要向孩子传递不能欺凌他人的正确思想。

（二）加强师资培训

由于我国的校园欺凌近几年才被曝光，无论是学校还是教师对这一问题的关注都有待提高。且在日常的校园活动中，教师关注的大多是学生的学习状态，对其情感上的波动较为忽视。学校也缺乏相应的预防和干预机制，对于校园欺凌是否发生的敏感性不足，对于已经发生的校园欺凌如何处理也并不能够很好地拿捏，事后的学生心理辅导等也不够专业。我国应当在考核教师资格时加入有关校园欺凌的知识，在学校注重对教师的专业培训，提高其处理校园欺凌事件的专业性。此外，在学校中也可增设“校园欺凌安全周”等类似活动，在固定的时间集体学习校园欺凌知识，增强学生的安全意识和责任感。

（三）做好惩罚与救济工作

在我国，实施欺凌的学生大多为未成年人，即使在刑事上符合相关罪名，最终也会因为年龄小而不承担刑事责任，学校也可能仅会对其进行批评教育。[1]这一系列的反应都会对受欺凌者的身心造成巨大的伤害，同时也会使实施欺凌者更加嚣张。对此，我国应当明确校园欺凌的处罚力度和范围，可在相关法律法规中加以规定，使校园欺凌的处罚工作有法可依。此外，对于受欺凌者的心理安抚工作一定要放在重中之重的位置，学校应当设立专门的心理咨询室，配备专业人员，同时也要注重对教师的相关培训，帮助受欺凌者走出内心的阴影。

〔1〕 蔡晓宇："日本中小学校园欺凌法制研究及对我国的启示"，载《教育参考》2017 年第 6 期。

第五篇
对策建议

第十三章

近期防治校园欺凌的政策文件分析*

——从《关于开展校园欺凌专项治理的通知》到《关于防治中小学生欺凌和暴力的指导意见》

2016年4月，国务院教育督导委员会办公室向各地印发《关于开展校园欺凌专项治理的通知》（以下简称《通知》）。《通知》一改之前对校园暴力的避讳态度，而是直面校园欺凌的治理问题，这反映出了国家对校园欺凌严重性的认识。仅仅过去数个月，教育部又联合中央综治办、最高人民法院、最高人民检察院、公安部、民政部、司法部、共青团中央、全国妇联等中央部门于11月再次出手，以“豪华阵容”联合发布了《关于防治中小学生欺凌和暴力的指导意见》（以下简称《指导意见》）。校园暴力问题甚至惊动了总理，国务院总理李克强多次关注校园欺凌，2016年6月份批示要求坚决遏制校园暴力，2016年11月又在第六次妇女儿童工作会议上要求严厉打击校园欺凌等违法犯罪行为。

某种程度上可以说，学生欺凌已经成为当前威胁校园与学生安全最为突出的问题，也成了一个受到广泛关注的社会问题。《指导意见》体现了国家对其治理的基本思路与要求，并具有典型的中国式治理特色。

一、相关概念的分歧与界定

值得注意的是，李克强总理在2016年6月份的批示中所使用的是“校园暴力”一词，2016年4月份发布的《通知》所使用的是“校园欺凌”一词，而2016年11月份发布的《指导意见》则用的是“学生欺凌”一词，这三个概念既有联系又有区别。

从字面上来看，校园暴力也即发生在校园内的暴力行为，但理论界与实务部门对校园暴力的理解远非此字面含义，也形成了关于校园暴力概念界定的诸多分歧。笔者在考察国内关于校园暴力代表性概念的基础上曾经提出校园暴力的如下定义：“发生在中小学幼儿园及其合理辐射地域，学生、教师或校外侵入人员故意侵害师生人身以及学校和师生财产，破坏学校教学管理秩序的行为。”[1]

在国外，对于“校园暴力”的研究十分丰富，对校园暴力的界定也存在差异，但总的来看其研究重心是学生之间的暴力，也即“校园欺凌”（school bullying，又译“校

---

* 本章内容发表在《中国青年社会科学》2017年第1期，被人大复印报刊资料《精神文明导刊》2017年第6期全文转载。

〔1〕 姚建龙：“校园暴力：一个概念的界定”，载《中国青年政治学院学报》2008年第4期。

园霸凌”）。然而，与国外校园暴力通常即指校园欺凌不同的是，我国的校园暴力更具有本土特点，内涵也更丰富，常见和多发的类型主要有四种：外侵型校园暴力、师源型校园暴力、伤师型校园暴力以及校园欺凌，校园欺凌只属于校园暴力的一种类型。

四种校园暴力类型的主要区别在于加害人与被害人的差异性。外侵型校园暴力的加害人是校外人员，被害人主要是学生也可能是教师；师源型校园暴力的加害人是教职员工，被害人为学生；伤师型校园暴力的加害人主要为学生，被害人为教师；而校园欺凌的加害人是学生，被害人也是学生。

从近些年来我国对校园暴力关注类型重心的变化历程来看，大体经历了从重点关注外侵型校园暴力，到重点关注师源型校园暴力、伤师型校园暴力，再到重点关注校园欺凌的发展过程。外侵型校园暴力以“福建南平屠童案”为代表，师源型校园暴力以“海南万宁校长性侵案”及“贵州毕节校长性侵案”为代表，伤师型校园暴力以“湖南邵东留守儿童虐杀教师案”为代表，校园欺凌则以“上海熊姐事件”及“重庆彭水围殴同学致死案”等为代表。

有意思的是，随着近几年对校园暴力类型中校园欺凌的重点关注，校园暴力的内涵也出现了与国外通常即指校园欺凌的趋同性特点。《通知》将校园欺凌界定为“发生在学生之间蓄意或恶意通过肢体、语言及网络等手段，实施欺负、侮辱造成伤害的”行为。这一界定大体反映了理论界、实务部门及一般公众对校园欺凌的通常理解，指出了校园欺凌具有发生于学生之间的特点，也指出了欺凌的方式不只限于身体暴力，还包括语言暴力、网络暴力等具有欺负、侮辱性质的伤害行为。这一定义与国外一般将校园欺凌界定为“年龄更大或者更强的学生欺负、骚扰或强迫较弱学生实施违背其意愿的行为”[1]大体一致。

而《指导意见》则使用了“学生之间欺凌和暴力问题”的提法。由教育部主导制定和发布的这一指导意见之所以使用这一新提法，可能主要是基于以下考虑：一是认为学生之间的欺凌行为大多数并非发生在校园内，使用“学生”欺凌而非“校园”欺凌的提法，一方面更准确，另一方面也是对学校责任的“合理规避”；二是将“欺凌”与“暴力”并列，突出了对学生之间身体暴力治理的重点关注。有鉴于此，本章的论述也使用“学生欺凌”这一概念。

二、激愤与理性：关于学生欺凌的反应与争议

（一）网传视频中的学生欺凌特点及公众的感性反应

国家对校园暴力现象中学生欺凌问题的高度关注，在很大程度上受到了网络上肆意传播的学生欺凌与暴力视频引起公众愤怒的影响。曾有央视记者对100部校园暴力视频进行了分析，并总结出了学生欺凌的如下特点：

---

〔1〕 Jack E. Bynum, William E. Thompson, *Juvenile Delinquency: a Sociological Approach*（7th ed.）, Person Allyn and Bacon, 2007, p. 282.

（1）施暴者主要采用的暴力方式是：辱骂、推搡、扇耳光、脚踢等。这其中出现最多的暴力行为是扇耳光，占比为80%，其次是脚踢，占比为78%，在所有施暴视频中，有74%的施暴过程中伴有语言辱骂。除了徒手施暴，有14%的施暴者使用了棍棒、砖头、板凳等工具击打受害者，其中使用棍棒的最多，占比为50%。

（2）暴力不仅仅是殴打和辱骂，受害者通常还会在逼迫之下遭受道歉、下跪、自扇耳光、扒光衣服等人格侮辱。校园欺凌行为集中表现为多人对一人施暴，打人者达到3人及以上的占全部视频的70%左右，有近10%的打人者有吸烟等不良行为。

（3）面对这样的欺凌与侮辱，92%的受害者选择不反抗，当个别受害者进行言语或肢体反抗时，往往会遭受施暴者更加凶狠的群殴。

（4）暴力欺凌发生最多的地方是在人员稀疏的空旷地带，占比近42%，其次是发生在教室里，占比为29%。

（5）校园欺凌行为大都是在围观下发生的，从视频中可以看到，有87%的施暴现场都有围观者，并且没有人出面阻止。网上流传的绝大多数校园欺凌视频都是由围观者拍摄的，有些现场还伴有嬉笑、调侃甚至恶俗的解说。

（6）当事人主要是女性，在遭遇暴力伤害的受害者中，男学生占15%，女学生占85%。而在施暴者当中，女性施暴者占82%左右，男性施暴者占18%。

（7）在青海、贵州和内蒙古等地，相继出现过受害者因遭遇校园暴力致死事件。例如，青海省海东市互助县初中学生陶某某，因为不堪忍受欺凌而在儿童节这一天自杀，结束了自己年仅15岁的生命。

从上述分析可见，网传视频中的学生欺凌现象具有典型的以强凌弱、以众欺少并伴有人格羞辱等特征，如此形象而细致呈现出的学生欺凌行为，的确容易令人愤慨。与欺凌视频中施暴者恶行形成鲜明对比的是，由于施暴者多未达到刑事责任年龄或者实际危害后果尚未达到刑事犯罪标准，因而绝大多数施暴者并未受到刑事追究而多为教育释放，这种强烈的反差更容易引起社会公众的普遍不满。

一种经由网络放大的观点是应当严厉打击学生欺凌，包括呼吁降低刑事责任年龄以严罚施暴者。尽管降低刑事责任年龄的呼吁几乎受到了学术界的普遍反对，[1]但这种主张严厉打击学生欺凌的观点已在一定程度上影响了我国现行未成年人犯罪刑事政策。在司法实践中，出现了高调宣传严罚学生欺凌的判例。例如，2016年11月23日，北京市海淀区人民法院以寻衅滋事罪对曾经在网上传播的“女生遭同学围堵轮扇耳光视频”中的三名施暴女生，分别判处6个月至8个月不等的有期徒刑。当然，这类判例仍然是以施暴者达到刑事责任年龄，已经构成刑事犯罪为前提的。一个必须正视的事实是，在《刑法》规定的刑事责任年龄未降低、刑事追诉标准未降低的情况下，绝大多数学生欺凌事件实际仍然无法予以刑事处罚，试图单纯地通过严罚特别是刑事处罚以遏制学生欺凌，恐难以如愿。

---

〔1〕宋英辉：“理性看待刑事责任年龄制度”，载《检察日报》2016年10月24日。

（二）保持对学生欺凌的理性认识

欺凌与暴力视频在网上能够肆意传播本身值得反思，通过这些视频形成对学生欺凌现状的判断并进而采取“感性化”的应对措施，甚至要求降低刑事责任年龄，更应警惕和反思。

最为理性的一种判断是，学生欺凌被广泛关注具有较为明显的“孕妇效应”色彩，其成为公共议题在某种程度上具有建构的色彩。“孕妇效应”是指因为关注度的集中而会夸大某种现象的心理反应。在网络自媒体时代，校园欺凌视频在网络上的广泛传播在一定程度上扩大了成人社会对校园欺凌的焦虑。

事实上，学生欺凌并非舆论所认为的那样严重。从各地法院审理的未成年人犯罪案件来看，属于校园暴力类型的通常不到1%。〔1〕比较而言，我国的校园欺凌发生率与发达国家相比并不算高。根据全球儿童安全组织提供的数据，西方国家85%的女孩和80%的男孩在学校受到过至少一次欺凌，10%到15%的学生曾经欺凌过他人。中国青少年研究中心针对10个省市的5864名中小学生的调查显示：32.5%的人偶尔被欺负，6.1%的人经常被高年级同学欺负。〔2〕笔者受教育部政策法规司委托承担的“学校安全风险防控研究”项目课题组在2016年4月至6月对全国29个县104 825名中小学生进行了抽样调查，结果发现：校园欺凌发生率为33.36%，其中经常被欺凌的比例为4.7%，偶尔被欺凌的比例为28.66%。当然，比较国内外调查数据并非为我国学生欺凌现状辩护，超过30%的学生欺凌发生率仍然应当引起高度重视与反思。〔3〕

试图通过严罚甚至降低刑事责任年龄来遏制校园暴力，总体上是非理性的，也是值得反思的。在我国，以14周岁为刑事责任最低年龄不是“拍脑袋”想出来的，而是刑法发展与进步的结果。提高而不是降低刑事责任年龄，是从我国近代第一部刑法典至今百余年来刑法改革的重要内容。新中国成立后，1979年第一部《刑法》便将刑事责任年龄确定为14周岁，1997年《刑法》则进一步将已满14周岁不满16周岁之人负刑事责任的犯罪范围限定为故意杀人等八类。如果以今天生活条件好、青少年发育早作为降低刑事责任年龄的理论基础，并主张降低刑事责任年龄，在逻辑上是站不住的。尤其需要注意的是，一个人是否成熟，除了生理的标准，还有心理和社会的标准。现在的孩子尽管生理发育提前了，但心理发育却并未能同步提前。〔4〕在当代社会，青少年进入成人社会的年龄因为受教育年限的延长、结婚年龄的推迟、经济独立的推迟而推迟，也即社会意义上的成年年龄实际也在推迟而非提前。

在成长过程中，青少年往往需要通过越轨行为去探寻行为的边界，需要通过互相之间的欺凌寻求存在感与成人意识。发生率较高的学生欺凌，在某种程度上可以说是青少年的一种“正常”成长现象，这在犯罪学理论中已成为一种共识。犯罪学家的研

〔1〕 当然，这也与绝大多数的学生欺凌行为并未达到刑事犯罪的程度或者施暴者未达到刑事责任年龄有关。
〔2〕 陈晓英：“校园欺凌谁来解围”，载《法制日报》2015年7月13日。
〔3〕 姚建龙：“应对校园欺凌，不宜只靠刑罚”，载《人民日报》2016年6月14日。
〔4〕 姚建龙：“应对校园欺凌，不宜只靠刑罚”，载《人民日报》2016年6月14日。

究发现："青少年越轨和犯罪行为的比例是如此之高，以至于青少年犯罪行为成为正常行为，而那些从不犯罪和越轨的青少年成为异数。"莫菲特甚至认为："那些在青少年时从未参与过任何犯罪或越轨行为的人存在某些生活或心理缺陷。比如说，缺乏社会交往技巧、个性孤僻、不善于交友。"值得注意的是，大部分青少年在度过青春期后并不会把罪错行为带入成年人期，这被称为青少年不良行为的"自愈"，而绝大多数校园欺凌行为也具有自愈的特征。

针对青少年罪错行为的上述特点，以埃德温·舒尔为代表的学者主张：减少少年犯罪和以后的成人犯罪行为的最好办法，就是在发现少年犯罪行为时不采取任何行动。[1]犯罪学经典理论——标签理论亦持同样的立场，并主张对少年罪错行为的干预，尤其是轻微罪错行为的正式干预应当尽量避免。上述犯罪学理论的不干预及尽量避免正式干预（尤其是刑罚干预）主张，非常具有启发性，也是未成年人违法犯罪刑事政策的重要理论基础。

呼吁完善顶层设计、修改法律严罚学生欺凌是一个需要慎重对待且操作上漫长的过程，基于已有的法律、政策与制度需求探索学生欺凌的防治之道才是一种理性和现实的做法。值得肯定的是，国家对学生欺凌的治理并未纠缠于"严罚"还是"教育"的争议，也并未陷入刑事责任年龄是否应当降低的争论，而是基于理性和现实的角度采取了防治的举措，并在2016年连续发布了《关于开展校园欺凌专项治理的通知》及《关于防治中小学生欺凌和暴力的指导意见》。

三、通过学校的治理：《通知》的内容与要求

近些年来，校园安全问题一直是社会各界广泛关注、党和国家重点关切的问题。针对校园安全，国家先后出台了《中小学公共安全教育指导纲要》《关于进一步加强学校幼儿园安全防范工作建立健全长效工作机制的意见》《中小学幼儿园安全防范工作规范（试行）》《中小学幼儿园安全管理办法》《关于深化学校治安综合治理工作意见的通知》《关于切实落实中小学安全工作的通知》《关于进一步做好中小学幼儿园安全工作六条措施》等一系列规定和文件，但学生欺凌始终未作为一个校园安全及学生违法犯罪预防的独立议题来对待。

2016年4月发布的《通知》是针对学生欺凌进行治理的第一个文件，也是在国家层面首次将学生欺凌治理作为一个专门的问题来对待。《通知》以国务院教育督导委员会办公室名义向地方教育部门下发，其治理目的是"通过专项治理，加强法制教育，严肃校规校纪，规范学生行为，促进学生身心健康，建设平安校园、和谐校园"，治理范围则是"全国中小学校（含中等职业学校）"。

《通知》所要求的专项治理分为两个实施阶段，第一个阶段的治理提出了六个方面的要求：

---

〔1〕 吴宗宪：《西方犯罪学史》，警官教育出版社1997年版，第728页。

第一，开展教育。各校要集中对学生开展以校园欺凌治理为主题的专题教育，开展品德、心理健康和安全教育，邀请公安、司法等相关部门到校开展法制教育。组织教职工集中学习对校园欺凌事件预防和处理的相关政策、措施和方法等。

第二，完善制度。各校要制定完善校园欺凌的预防和处理制度、措施，建立校园欺凌事件应急处置预案，明确相关岗位教职工预防和处理校园欺凌的职责。

第三，加强预防。各校要加强校园欺凌治理的人防、物防和技防建设，充分利用心理咨询室开展学生心理健康咨询和疏导，公布学生救助或校园欺凌治理的电话号码并明确负责人。

第四，及时处理。各校要及时发现、调查处置校园欺凌事件，严肃处理实施欺凌的学生。涉嫌违法犯罪的，要及时向公安部门报案并配合立案查处。

第五，监督指导。各地教育督导部门要加强对学校开展校园欺凌专项治理的指导和检查。责任督学要对责任区内学校的专项治理全程监督，发现问题及时与校方沟通，做好记录并及时向当地教育督导部门报告。

第六，组织部署。各地接到本通知后要高度重视，制定本省（区、市）开展校园欺凌专项治理的具体实施方案，抓紧部署，组织市、县两级教育督导部门和学校认真实施。

专项治理第二个阶段的重心则是要求各地各校对第一阶段的专题教育情况、规章制度完善情况、加强预防工作情况、校园欺凌事件发生和处理情况等进行全面自查、督查和总结，形成报告并逐级上报，同时要求开展学校自查、县级普查、市级复查、省级抽查以巩固治理效果。

以“通知”形式针对校园安全中的某一突出问题作出要求，是我国维护校园安全的一种常见做法，也是一种“应激性”反应措施。国家及教育部针对校园安全中的诸多突出问题与社会关注的热点问题经常性采取类似发布“通知”进行提醒和要求专门治理的做法，例如校车安全、溺水防范、校舍安全、冬季安全、雨季安全、防洪、防雷安全、学校食堂食品安全、学校周边安全等。笔者在进行校园安全风险防控实证研究中发现，许多中小学校长均反映每年收到的类似通知和文件数以百计，并抱怨已让学校处于疲劳应付状态。从《通知》的治理要求来看，主要体现的是以学校为治理主体的思路，强调的是学校在学生欺凌治理中的责任。然而，学生欺凌的发生原因却是综合性的，单纯要求学校承担治理主体责任并采取专项治理的方式是否合理及有效，值得深思。

四、走向综合防治：《指导意见》的特点与主要内容

与2016年4月所发布的《通知》不同的是，2016年11月发布的《指导意见》从“积极有效预防学生欺凌和暴力”“依法依规处置学生欺凌和暴力事件”“切实形成防治学生欺凌和暴力的工作合力”三个方面对于防治中小学生欺凌和暴力提出了更加专业、细致、具有针对性和可操作性的要求。《指导意见》直面学生欺凌现象，明确指出

"由于在落实主体责任、健全制度措施、实施教育惩戒、形成工作合力等方面还存在薄弱环节，少数地方学生之间欺凌和暴力问题仍时有发生，损害了学生身心健康，造成了不良社会影响"，为了全面贯彻党的教育方针，落实立德树人根本任务，各有关部门要切实防止学生欺凌和暴力事件的发生。

学生欺凌和暴力问题是各国所普遍面临的共同难题，各国也均有其防治的做法和经验。在预防青少年违法犯罪与社会治安管理的长期实践中，我国形成了综合治理的经验，这一经验具有强调跨部门协作及治理手段多样性等特点，有"东方智慧"的美誉。综观《指导意见》的内容，其体现了从现行法律、政策与实际出发，明确各方职责，综合防治的基本思路。因循这一思路，我们可以将《指导意见》的核心内容概括为以下几个方面：

第一，建立政府统一领导、相关部门齐抓共管、学校家庭社会三位一体的防治工作机制。《指导意见》指出，教育、综治、人民法院、人民检察院、公安、民政、司法、共青团、妇联等部门组织，应成立防治学生欺凌和暴力工作领导小组，明确任务分工，强化工作职责，完善防治办法，加强考核检查，健全工作机制。为了确保三位一体防治机制的有效运作，《指导意见》还要求建立学校、家庭、社区（村）、公安、司法、媒体等各方面沟通协作机制，畅通信息共享渠道。

第二，学生不是防治的对象而是主体，应当增强学生对欺凌与暴力的免疫力。《指导意见》提出要切实加强中小学生思想道德教育、法治教育和心理健康教育，通过教育等方式提高学生对欺凌和暴力行为严重危害性的认识，增强自我保护意识和能力，自觉遵守校规校纪，做到不实施欺凌和暴力行为。同时还要求依托各地 12355 青少年服务台，开设自护教育热线，组织专业社会工作者、公益律师、志愿者开展有针对性的自护教育、心理辅导和法律咨询。

第三，家长在防治学生欺凌与暴力中具有不可推卸的责任。学生欺凌和暴力的发生根源通常在于家庭，为此，《指导意见》明确指出，管教孩子是家长的法定监护职责，应当依法落实监护责任，避免放任不管、缺教少护、教而不当；家长要注重家风建设，加强对孩子的管教，注重孩子思想品德教育和良好行为习惯培养，从源头上预防学生欺凌和暴力行为发生。为了帮助与督促监护人履职，《指导意见》一方面要求密切家校沟通，通过家访、家长会、家长学校等途径，帮助家长了解防治学生欺凌和暴力知识，增强监护责任意识，提高防治能力；另一方面则强调要落实监护人责任追究制度，包括依法追究监护人的法律责任。

第四，中小学校要建立防治学生欺凌和暴力工作制度，将其纳入学校安全工作统筹考虑，作为加强平安文明校园建设的重要内容。《指导意见》对于中小学校在防治学生欺凌和暴力中的责任作出了较为具体的要求，其要点有七：①明确了责任主体——校长是学校防治学生欺凌和暴力的第一责任人，分管法治教育副校长和班主任是直接责任人。②要求健全应急处置预案，建立早期预警、事中处理及事后干预等机制。③要求积极有效预防学生欺凌和暴力，认真开展预防欺凌和暴力专题教育。④要求研制学校防治学生欺凌和暴力的指导手册，全面加强教职工特别是班主任专题培训，提高教职工有效防治学生欺凌和暴力的责任意识和能力水平，充分调动全体教职工的积极性，明确相关岗位职责，将学校防治学生欺凌和暴力的各项工作落实到每个管理环节、每位教职工。⑤建立中小学生欺凌和暴力事件及时报告制度。一旦发现学生遭受欺凌和暴力，学校和家长要及时相互通知，对严重的欺凌和暴力事件，要向上级教育主管部门报告，并迅速联络公安机关介入处置。⑥依法依规处置学生欺凌和暴力事件，对实施欺凌和暴力学生及时采取批评教育、警示谈话、将表现记入学生综合素质评价，直至转入专门学校等措施。⑦要求对当事学生实施科学有效的追踪辅导，在欺凌和暴力事件妥善处置后，要持续对当事人（包括对实施欺凌和暴力的学生、遭受欺凌和暴力的学生及其家人）追踪观察和辅导教育。

第五，各级综治组织要强化学校周边综合治理。学校周边治安综合治理是各级综治组织的重要职能，中央综治委为此还专设了校园及周边治安治理专项组负责此项工作。针对学生欺凌和暴力与学校周边环境的密切关系，《指导意见》要求加大新形势下群防群治工作力度，实现人防、物防、技防在基层综治中心的深度融合，动员社会各方面力量做好校园周边地区安全防范工作，把学校周边作为社会治安重点地区排查整治工作的重点，加强组织部署和检查考核。值得注意的是，《指导意见》还特别指出要对中小学生欺凌和暴力问题突出的地区和单位，根据《中共中央办公厅　国务院办公厅关于印发〈健全落实社会治安综合治理领导责任制规定〉的通知》要求，通过通报、约谈、挂牌督办、实施一票否决权制等方式进行综治领导责任督导和追究。

第六，公安机关要加强校园警务工作。公安机关因其权威性和专业性，在防治学生欺凌和暴力中具有独特和不可替代的作用。《指导意见》要求公安机关在治安情况复杂、问题较多的学校周边设置警务室或治安岗亭，密切与学校的沟通协作，积极配合学校排查发现学生欺凌和暴力隐患苗头，并及时预防处置；加强学生上下学重要时段、学生途经重点路段的巡逻防控和治安盘查，对发现的苗头性、倾向性欺凌和暴力问题，要采取相应防范措施并通知学校和家长，及时干预，震慑犯罪。

第七，各相关部门要建立配套衔接机制，依法依规处置学生欺凌和暴力事件。针对法律纵容学生欺凌和暴力的误解，《指导意见》体现了“宽容而不纵容”原则，强调“对实施欺凌和暴力的中小学生必须依法依规采取适当的矫治措施予以教育惩戒，既做到真情关爱、真诚帮助，力促学生内心感化、行为转化，又充分发挥教育惩戒措施的威慑作用”。对实施欺凌和暴力的学生，学校、公安机关、检察机关、人民法院等要配套衔接采取包括及时报告、批评教育、警示谈话、警示教育、将表现记入学生综合素质评价、转入专门学校、责令监护人严加管教、收容教养，直至追究刑事责任等措施。《指导意见》特别强调，对犯罪性质和情节恶劣、手段残忍、后果严重的欺凌和暴力事件，必须坚决依法惩处；对校外成年人教唆、胁迫、诱骗、利用在校中小学生违法犯罪行为，必须依法从重惩处。

第八，媒体要避免过度渲染报道学生欺凌和暴力事件细节。针对目前客观存在的过度报道和传播学生欺凌和暴力事件现象，《指导意见》强调要认真做好学生欺凌和暴力典型事件通报工作，既要充分发挥警示教育作用，又要注意不过分渲染事件细节；要防止泄露有关学生个人及其家庭的信息，特别要防止网络传播等因素导致事态蔓延，造成恶劣社会影响，使受害学生再次受到伤害；要避免学生欺凌和暴力通过网络新媒体扩散演变为网络欺凌，消除暴力文化的负面影响。

如果说《通知》是专项治理学生欺凌的“活动”，《指导意见》则意在建立防治学生欺凌的“长效机制”。《指导意见》是在总结我国防治学生欺凌问题经验基础上，基于理性和现实的考虑所出台的重要政策性文件，也为我国未来进一步从顶层设计角度完善法律，建立更加完善的学生欺凌机制作出了重要的探索。

第十四章 《加强中小学生欺凌综合治理方案》评析

校园欺凌恶性事件在网络上肆意传播，在一定程度上反映了校园欺凌现象已在国内成为严重的社会问题。2016 年教育部的一份调研表明，我国校园欺凌发生率为 33.36%，高达 1/3 的学生遭受了校园欺凌；[1]另一份由中国青少年研究中心发起的对 10 省 5864 名中学生的调查显示，32.5%的人偶尔被欺负，6.1%的人经常受高年级同学欺负。[2]两份调研的结论基本相同，表明我国校园欺凌问题已经比较严重。

一、预防校园欺凌政策的演变

社会公众的关切、人大代表的呼吁、国家领导人的重视，促使政府部门出台专项规定对校园欺凌现象进行治理。当然，国家对预防校园欺凌的政策出台也经历了一个认识和发展的阶段。截至目前，国家出台的治理校园欺凌重要文件有三个，分别是：《关于开展校园欺凌专项治理的通知》（以下简称《通知》）、《关于防治中小学生欺凌和暴力的指导意见》（以下简称《指导意见》）、《加强中小学生欺凌综合治理方案》（以下简称《方案》），三个文件逐渐具体、明确，体现出国家层面对“校园欺凌”认识的不断深化。

（1）2016 年 4 月出台的《通知》是国家层面第一次颁布治理“校园欺凌”的政策性文件，表达了国家治理校园欺凌的决心，具有标志性意义，但由于原则性强、时间短（2016 年 4 月至 12 月）、实践性不强，未能形成长效机制。

（2）2016 年 11 月出台的《指导意见》提高了《通知》的可操作性，由教育部联合中央综治办、最高人民法院、最高人民检察院、公安部、民政部、司法部、共青团中央、全国妇联等九部门制定发布，“但是与校园欺凌的严重性相比，这些治理措施还是显得十分滞后与乏力，并且普遍呈现出治理机构缺失、管理人员职责混乱、责任主体惩处不当、受害者救济缺位等方面的消极态势”。[3]这些问题让《指导意见》在实

---

〔1〕 在教育部政策法规司委托的“学校安全风险防控研究”项目中，课题组在 2016 年 4 月至 6 月对全国 29 个县市 104 825 名中学生的抽样调查发现，校园欺凌发生率为 33.36，其中经常被欺凌的比例为 4.7%，偶尔被欺凌的比例是 28.66%。

〔2〕 陈晓英：“校园欺凌谁来解围”，载《法制日报》2015 年 7 月 13 日。

〔3〕 许锋华、徐洁、黄道主：“论校园欺凌的法制化治理”，载《教育研究与实验》2016 年第 6 期。

施过程中遭遇了很多困局。

(3) 2017年11月出台的《方案》由教育部等十一部门印发,《方案》是理论界与实务界经验的结晶,代表了当前我国治理校园欺凌的水平,《方案》除指导思想、基本原则外,分别从治理内容及措施、职责分工、工作要求等方面对《指导意见》进行具体和明确,增强了可行性,有望形成治理校园欺凌的长效机制。

二、对《方案》内容与特点的解读

《方案》对《通知》和《指导意见》进行了深化,如果说《通知》和《指导意见》是总的设计蓝图,《方案》就是具体的步骤。《方案》是官方文件第一次明确“学生欺凌”概念,明确了欺凌事件处理流程,将校园欺凌惩治措施和预防措施具体化,尝试建立治理校园欺凌的长效机制,与之前的政策性文件相比,有很大进步,具体体现在:

首先,《方案》明确提出学生欺凌的概念,[1]针对性强。与《通知》《指导意见》相比具有以下特点:①采取“学生欺凌”的提法,与“校园欺凌”[2]作了区分,更具针对性;②欺凌场所包括校内外,并明确了中小学校和中等职业学校的范围;③主体限定在学生之间,不同于校园暴力[3]的主体范围;④明确单次欺凌也可以构成校园欺凌;⑤增加财产损失作为欺凌损害的表现。《方案》“解决了以往处理校园欺凌事件的‘语焉不详’问题,消灭了‘灰色地带’,避免可能存在的对欺凌者的纵容”,[4]具有进步意义。

其次,《方案》明确欺凌事件处理流程,提高了解决效率。《方案》规定,教职工发现、学生或者家长向学校举报的,要按照学校学生欺凌事件应急处置预案和处置流程进行调查,学校欺凌治理委员会原则上在启动程序10日内认定是否属于欺凌行为;对认定结果有异议的,可以向县级防治学生欺凌工作部门申诉复查,确实需要复查的,由县级防治学生欺凌工作部门组织学校代表、家长代表和校外专家等组成调查小组启动复查,复查需在15日内完成,结果备案并通知学校、学生、家长;案件不宜由防治学生欺凌工作部门受理的,应当告知当事人,引导其及时纳入法律程序。程序性设置改变了以往欺凌事件发生之后无人负责、无从下手的困局,提高了解决欺凌事件的效率。

再次,《方案》规定欺凌惩罚措施,提高了政策威慑力。惩罚措施是制度实现的保障,《通知》与《指导意见》对欺凌惩治措施规定得过于原则,对制度的实现保证力

---

[1] 《方案》指出,中小学生欺凌是发生在校园(包括中小学校和中等职业学校)内外、学生之间,一方(个体或群体)单次或多次蓄意或恶意通过肢体、语言及网络等手段实施欺负、侮辱、造成另一方(个体或群体)身体伤害、财产损失或精神损害等的事件。

[2] 国务院教育督导委员会办公室发布的《通知》将校园欺凌界定为“发生在学生之间蓄意或恶意通过肢体、语言及网络等手段,实施欺负、侮辱造成伤害的”行为。

[3] 校园暴力是指:发生在中小学幼儿园及其合理辐射地域,学生、教师或校外侵入人员故意侵害师生人身以及学校和师生财产,破坏学校教学管理秩序的行为。根据加害人与被害人的差异性,常见和多发的校园欺凌主要包含四种类型:外侵型校园暴力、师源型校园暴力、伤师型校园暴力以及校园欺凌。参见姚建龙:“校园暴力:一个概念的界定”,载《中国青年政治学院学报》2008年第4期。

[4] 董景娅:“联合惩戒:对校园欺凌说‘不’”,载《河南法制报》2018年1月2日。

不足。《方案》根据欺凌行为的严重程度，划分了四种不同的惩治措施。[1]《通知》与《指导意见》中惩治措施的缺乏一直饱受社会各界诟病，《方案》对此加以明确规定，促进了政策落地实现。

最后，《方案》还在其他方面进行了积极探索。①明确了预防校园欺凌的措施，例如学校加强教育、开展家长培训、强化学校管理和定期开展排查；②尝试建立长效机制，例如完善培训机制、建立考评机制、建立问责处理机制、健全依法治理机制；③每个部门进行明确分工，形成了多部门有效沟通、齐抓共管的局面。《方案》总体上吸收了理论和实践中的成果，对之前的政策进行了很大的修改完善，社会各界期待《方案》能够发挥巨大作用。

三、对《方案》的理性反思

在肯定《方案》对预防和治理欺凌的进步意义的同时，我们也要看到《方案》在某些方面还需要进一步完善，还有可以提升和完善的空间。

首先，欺凌导致的违法犯罪案件仍无法可依。《方案》规定，将涉及违反治安管理或者涉嫌犯罪的学生欺凌事件，以公安机关、人民法院、人民检察院处置为主；此项制度设计与前面形成衔接，看似逻辑严密，实际上忽视了现有《治安管理处罚法》以及《刑法》在惩处未成年人时的无力。[2]中小学生年龄一般都未达到16周岁，即使欺凌行为特别严重，已经违法犯罪，也基本不需要承担违法或者刑事责任，最终都由其监护人领回家教育，“责令父母管教存在悖论且并无实际约束力”。[3]因此，面对违法犯罪欺凌行为，《方案》仍然无计可施，在无法修改责任年龄的情况下，修改相应法律、引进多元惩治措施是有益尝试。

其次，责任主体单一，学校不堪重负。《方案》由十一个部门联合印发，也具体规定了每个部门的职责，但实际上最后的工作都是围绕教育部门（学校）开展的。①从惩治机构主体看，情节轻微的由学校教育；情节比较恶劣的由学校教育并要求公安参与；情节严重恶劣的送入工读学校；涉及违法犯罪的最终也多由学校解决。②从建立的长效机制来看，培训机制、考评机制、问责机制、治理机制的最终落脚点都在学校；

---

〔1〕 四种不同的惩治措施包括：①情节轻微的一般欺凌事件，由学校对实施欺凌学生开展批评、教育。实施欺凌学生应向被欺凌学生当面或者书面道歉，取得谅解。对于反复发生的一般欺凌事件，学校在对实施欺凌学生开展批评、教育的同时，可视具体情节和危害程度给予纪律处分。②情节比较恶劣、对被欺凌学生身体和心理造成明显伤害的严重欺凌事件，学校开展教育的同时，可邀请公安机关介入处理；③屡教不改或者情节恶劣的严重欺凌事件，必要时可将欺凌者送入工读学校进行教育、学习；④涉及违反治安管理或者涉嫌犯罪的，及时移送司法机关处理。

〔2〕《治安管理处罚法》第12条规定：“已满十四周岁不满十八周岁的人违反治安管理的，从轻或者减轻处罚；不满十四周岁的人违反治安管理的，不予处罚，但是应当责令其监护人严加管教。”《刑法》规定，不满14周岁的人不负刑事责任，已满14周岁不满16周岁的人仅对故意杀人等八类犯罪承担刑事责任，已满16周岁的人对一切犯罪承担刑事责任，但不满16周岁的人犯罪应当从轻或者减轻处罚。

〔3〕 颜湘颖、姚建龙：“‘宽容而不纵容’的校园欺凌治理机制研究——中小学校园欺凌现象的法学思考”，载《中国教育学刊》2017年第1期。

③过分地依赖学校，增加学校负担，在升学制导向的价值理念下，《方案》很难落实到位。在孩子成长过程中，家庭教育具有重要作用，应当发挥家长的权威优势、距离优势，设计方案督促父母承担监护责任。

再次，《方案》整体规定原则性强，落实需要规定更加细化。限于篇幅原因，《方案》无法详尽治理内容，进而影响《方案》实施。例如，《方案》规定要区分学生欺凌与嬉戏打闹的界定，但并未明示该如何区分，具体到各地可能依靠不同方式，难以保证处理结果统一，有损公平和正义，如果《方案》能够统一规定则能避免各地差异，可以借鉴日本将“受欺凌者感受放在第一位”〔1〕的判定标准。对于送专门（工读）学校的规定，《方案》只规定“应当按照《预防未成年人犯罪法》”有关规定，该法规定的申请主体包括未成年家长、监护人以及学校，未成年家长与监护人如果拒绝送工读学校，将导致该条规定无法执行。《方案》宜作更加具体的规定，例如设置强制专门（工读）学校制度。除此之外，《方案》还有许多地方需要作出更加具体的规定，以便方案能够“落地生根”。

最后，缺乏对受欺凌学生身心保护措施。受欺凌学生与欺凌者是一对对立主体，在校园欺凌过程中，受欺凌者遭受身心伤害〔2〕，对受欺凌者的保护至少应当放在与惩治欺凌者相当的位置，甚至更重要的位置。《方案》只在基本原则部分强调要保护被欺凌者身心健康，缺乏可操作性的制度设计。〔3〕相较于外界对受欺凌学生保护而言，增强学生自身抵抗欺凌伤害能力同样重要，一方面是身体素质建设，另一方面是精神建设，帮助受欺凌者建立勇敢、自信的性格。面对校园欺凌时能够从容面对，能反抗就反抗，如果反抗无效，教授处理方式和提供支持，促进受欺凌者尽快走出被欺凌的伤痛，开始正常的学习生活。

《方案》吸收《通知》与《指导意见》的经验，并进行了适当创新，在应对校园欺凌方面将发挥重要作用，但也不能忽视上述问题存在的客观情况。对以上问题的解决，有助于校园欺凌防治措施更好地落地实施。

四、对《方案》的完善建议：促进政策“落地生根”

《方案》总体原则性规定多，需要进一步加以完善；对欺凌者的惩治制定了一套规范的体系，使得欺凌治理规范化、提高了效率。不足之处是缺乏对被欺凌者的关注，欠缺适当的保护机制。完善《方案》可以从以下四个方面着手：

---

〔1〕 丁英顺：“日本是如何应对校园欺凌的”，载《世界知识》2017年第2期。

〔2〕 中国人民公安大学犯罪学学院犯罪心理学博士孙锦露介绍，美国有学者研究指出，中小学阶段的校园欺凌事件会对受害者身心产生极大的负面影响。在这样的氛围下成长学习，会危害学生正常社会关系的建立，影响学业。在具体影响上，受害者可能会产生旷课、逃学等行为，以及焦虑、沮丧等心理问题，严重的还会引起抑郁、自杀等。参见杜园春、王涵：“防治校园欺凌：68.3%受访者希望学校或社区定期与家长沟通——63.9%受访者认为当前对防治学生欺凌事件重视程度不够”，载《中国青年报》2018年1月18日。

〔3〕《方案》规定：“……二、基本原则……（三）坚持保护为要。切实保障学生的合法权益，严格保护学生隐私，尊重学生的人格尊严。切实保护被欺凌学生的身心健康，防止二次伤害发生，帮助被欺凌学生尽早恢复正常的学习生活……”

第一，欺凌惩治措施多元化。由于缺乏明确的惩治措施，《通知》与《指导意见》饱受批判，《方案》则明确规定了学校教育、公安机关说教、送专门（工读）学校的惩治措施。但送专门（工读）学校实际上执行力不强，导致惩治措施说教多，处罚少。我国没有成型的少年司法制度，但不妨碍借鉴少年司法保护制度。例如，我国可以增加“社会服务令”，对符合不起诉条件的未成年犯罪嫌疑人，推荐至公益性机构从事无薪工作并给予感化教育。[1]除此以外，还可以改革专门（工读）学校规定，将申请改为符合条件强制送专门（工读）学校，促进专门（工读）教育落实。

第二，家庭教育责任司法化，督促家庭履行监护责任。家庭是防治校园欺凌的重要场所，首先，应完善责令父母严加管教的具体手段，应该重视父母履行监护责任在预防欺凌过程中的关键作用。目前，未成年人违法犯罪的责任主要由父母来承担，但法律对父母不履行监护责任的规定过于笼统，需要进一步细化，“如责令父母管教并缴纳保证金、设定一至三年的管教期限等。”[2]同时，完善强制亲职教育措施。近年来，强制亲职教育的需求逐渐显现，尽管该制度目前处于理论探索阶段，但并不妨碍采取亲职教育措施，通过实践积累经验，从而更好地服务于治理校园欺凌。

第三，将治理校园欺凌的主体责任上升至法律层面。《方案》规定涉及多方主体，根据各个主体的具体职责，可以分为两类责任：一类是相关法律中已经规定的责任，如欺凌者家长送欺凌者进专门（工读）学校责任；另一类是还未规定在法律中的责任，如校园欺凌治理委员会责任。前者已经被规定在相应法律规范中，执行只需要参照规定即可。后者未被规定在法律中，可能导致各地执行不统一，不利于相互经验借鉴；另外，碍于《方案》的规范性比法律弱，缺乏监督和惩治措施，在实践中可能削弱主体承担责任积极性。《方案》在实施过程中，责任适中，效果显著的方式方法适宜规定在相应法律规范中。例如，学生、教师、教育行政机关等责任可以分别规定在《预防未成年人犯罪法》《教师法》《教育法》中。

第四，为“反校园欺凌法”专项立法蓄积力量。国外针对校园欺凌进行专门立法是常态，例如英国的《远离欺凌：给地方政府和其他战略领导者减少社区欺凌的指导方针》、北爱尔兰的《学校法中的校园欺凌处理》、日本的《防止欺凌对策推进法》、美国康涅狄格州的《校园欺凌法》等。近年来，我国逐渐重视校园欺凌问题的法治化解决，虽然出台了很多行之有效的政策措施，理论界也出现了很多富有启发意义的论述，更有人大代表在提案中进行了具体立法结构的设想，[3]但校园欺凌作为全球性的

---

〔1〕 周福智：“民革中央：呼吁防治‘校园欺凌’专项立法”，载《法制日报》2018年3月9日。

〔2〕 吕巍：“用专项立法向‘校园欺凌’说不——高小枚委员呼吁尽快制定《反校园欺凌法》”，载《人民政协报》2018年3月7日。

〔3〕 校园欺凌专项立法结构设想：第一章总则，具体阐述立法目的、范围和立法的基本原则等；第二章学校安全管理制度，明确学校内部机构的职责和相关制度；第三章家庭保护责任与义务；第四章政府与社会的保护责任与义务；第五章司法保护的责任与义务；第六章法律责任，规定学校、政府和社会机构、家庭不履行监护职责应当承担的责任；第七章附则，明确相关定义及法律实施时间。参见周福智：“民革中央：呼吁防治‘校园欺凌’专项立法”，载《法制日报》2018年3月9日。

社会问题，具有长期性的特点，治理校园欺凌的专项立法也应当建立长效机制，《方案》较之前政策而言更具现实性、可行性，实施过程中将积累很多宝贵经验。待时机成熟，政策规范有了一定“质和量”，再进行防治校园欺凌立法将是很好的选择。

第十五章
初中师生课堂对抗性冲突的预防*

课堂是教学的主阵地，也是师生接触最多的地方，发生冲突的概率要相对大一些，有研究表明，在中小学师生冲突事件中发生在教室的占到总数的 59.62%。[1]课堂中的师生冲突可以分为一般性冲突和对抗性冲突。一般性冲突一般不影响课堂教学，面对一般性冲突大部分教师也可以通过自己的权威控制住局面；[2]对抗性冲突包括老师骂学生、老师打学生、学生骂老师、学生打老师以及师生互相打骂，一旦遭遇对抗性冲突，教师很难控制局面。课堂中师生的对抗性冲突不仅会对课堂教学造成影响，也会对师生关系造成比较大的破坏，如果不能妥善解决，很容易演变成校园恶性暴力事件。相对于其他学段而言，初中阶段的课堂师生冲突是最严重的。对于初中阶段师生之间的对抗性冲突的研究非常少，而实证调查研究就更少了。本章在全国范围内抽取了 5000 多名初中教师进行调查，试图了解师生课堂对抗性冲突的特点，以期为教育部门制定相应政策、学校出台相关措施和教师采取相应办法来预防课堂对抗性冲突的发生提供参考。

一、师生课堂对抗性冲突形势比较严峻

本研究以中小学教师为调查对象，调查对象的获得采用多阶段概率与规模成比率的抽样方法，抽样过程分为两个阶段。第一阶段，抽取县（区），根据 2010 年全国第六次人口普查数据，从全国（31 个省、自治区、直辖市，不含港澳台）共 2870 个有常住人口的县（区）级行政单位抽取 29 个县（区）。第二阶段，抽取学校、确定参与调查的教师。由于涉及的区县太多，授权委托上述 29 个被抽到的县（区）教育局负责学校安全的工作人员，在本县（区）随机抽取 6 所初中，要求城市学校与农村学校、寄宿与非寄宿学校都要被覆盖到，被抽到学校的全部教师都参与调查。去掉无效问卷后，得到有效教师问卷 5372 份，考虑到行政人员和后勤人员与学生在课堂上发生冲突的可

---

* 本章内容发表在《中国教育学刊》2018 年第 4 期，并被人大复印报刊资料《中小学学校管理》2018 年第 9 期全文转载。

〔1〕 赵冬冬：“中小学师生冲突的发生及其原因——以 52 起师生冲突事件分析为例”，载《上海教育科研》2017 年第 4 期。

〔2〕 王后雄：“课堂中师生冲突心理因素分析及应对策略”，载《教育科学》2008 年第 1 期。

能性非常低，因此把这两类人员的数据去掉，只保留了5036份专业教师的数据。教师的具体分布情况见表15-1。

表15-1　参与调查的初中教师分布情况

分类	选项	人数（人）	百分比（%）	分类	选项	人数（人）	百分比（%）
性别	男	2021	40.1	年龄	30岁及以下	983	19.5
	女	3015	59.9		31岁~40岁	1818	36.1
学历	专科	745	14.8		41岁~50岁	1740	34.6
	本科	4050	80.4		50岁以上	495	9.8
	研究生	241	4.8	是否班主任	是	1828	36.3
					否	3208	63.7

教师问卷除了人口学变量，还包含两类多选题。第一类问题是“在上课期间是否发生过下列事情?”，共有五个选项，分别是老师骂学生、老师打学生、学生骂老师、学生打老师、师生互相打骂。第二类问题是“你们是否对学生进行过下列教育或采取过下列措施?”，选项包括法治教育、重点学生与老师的内部矛盾化解和排查工作、开设心理健康教育课、建有心理咨询室。所有调查都采用网络作答的方式进行，收集到的数据采用SPSS23.0进行分析。

调查发现，从教师的回答来看，选择“老师骂学生”的占11.3%、“老师打学生”的占3.8%、“学生骂老师”的占18.4%、“学生打老师”的占4.8%、“师生互相打骂”的占1.8%。有接近20%的教师报告在课堂上被学生骂过，发生率较高，应该引起相关部门的重视。当然，有超过10%的教师骂过学生，对此也不能忽视。

二、定位重点教师群体确保精准预防

师生之间在课堂上发生冲突，首先需要反思的无疑是教师，要预防师生冲突也要从对教师的干预入手。教师中的一些特殊群体容易与学生发生冲突，能够精准定位这些教师是实施有效预防的前提。对此，笔者主张实施“分类分群”的策略，精准定位重点教师群体。“分类”是指针对不同的师生冲突类型进行有针对性的预防；“分群”是指考虑教师本身的特征如性别、年龄、学历等对师生冲突的影响。对于“分类”而言，学生骂老师的发生率最高，老师骂学生的发生率次之。很多师生间的冲突最初就是从骂开始的，如果不能及时化解则容易演变为打，因此师生间的骂既是预防工作的重点也是起点。对于“分群”而言，从调查来看，男教师与学生的冲突比女教师与学生的冲突多、41岁至50岁年龄段的教师与学生冲突最多等，这些是开展预防工作应关注的重点教师群体。需要注意的是，一方面，“分类”与“分群”之间存在着交叉；另一方面，对于不同类型的师生冲突，需要关注的重点教师群体是不同的。

（一）男教师应该被重点关注

无论是哪种类型的师生冲突，都是男教师比女教师的发生率要高。具体来看，对于被学生骂而言，男、女教师的发生率分别为22.7%和15.9%（χ^2值为33.1，P小于0.01），表明男教师相比女教师更容易被学生骂；对于被学生打而言，男、女教师的发生率分别为6.3%和3.8%（χ^2值为17.2，P小于0.01），表明男教师相对女教师更容易被学生打；对于教师骂学生而言，男、女教师的发生率分别为14.9%和8.9%（χ^2值为44.7，P小于0.01），表明男教师相对女教师更容易骂学生；对于教师打学生而言，男、女教师的发生率分别为5.7%和2.7%（χ^2值为35.1，P小于0.01），表明男教师相对女教师更容易打学生；对于师生互相打骂而言，男、女教师的发生率分别为2.9%和1.0%（χ^2值为23.6，P小于0.01），表明男教师相对女教师更容易与学生互相打骂。因此，男教师应该是被重点关注的群体。

（二）对男女教师的关注重点应有所区别

女教师相对男教师与学生的冲突少一些，但由于初中阶段女教师的数量比男教师要多，因此她们与学生的冲突也不容忽视。需要注意的是，男、女教师中不同年龄和不同学历的与学生在不同类型的冲突中的发生率是有差别的，应该根据不同类型的冲突准确定位男教师和女教师中的重点群体。

表15-2　不同教师性别下年龄和学历对师生冲突的影响（%）

性别	年龄/学历	老师骂学生	老师打学生	学生骂老师	学生打老师	师生互相打骂
男	30岁以下	10.8	4.5	15.6	2.2	1.1
	31岁~40岁	15.7	6.6	23.2	6.1	2.8
	41岁~50岁	16.8	6.1	25.0	7.8	4.1
	50以上	12.0	4.0	18.9	6.6	1.3
女	30以下	8.1	2.8	10.8	2.5	1.3
	31岁~40岁	9.2	2.2	17.5	3.8	0.9
	41岁~50岁	9.2	2.1	18.6	4.8	1.0
	50以上	8.9	1.5	10.8	3.1	1.0
男	专科	15.8	6.3	18.4	4.8	3.0
	本科	14.8	5.7	24.0	6.9	2.9
	研究生	11.1	1.6	12.7	6.3	1.6
女	专科	10.0	5.8	10.0	2.5	1.3
	本科	9.0	2.0	16.8	3.9	1.0
	研究生	5.1	5.6	10.1	3.4	1.1

从表 15-2 我们可以看出，在老师骂学生上，无论是男教师还是女教师，都是 31 岁至 50 岁年龄段的相对较高，而且学历越低发生率越高，因此想减少教师骂学生应该重点关注 31 岁至 50 岁和专科学历的教师。在老师打学生上，男教师中 31 岁至 50 岁的发生率较高，女教师随着年龄增加发生率降低；男教师中专科学历和本科学历的发生率高，而女教师中专科学历和研究生学历的发生率高。在学生骂老师上，无论男教师还是女教师，都是 31 岁至 50 岁年龄段的相对较高，本科学历的发生率最高。在学生打老师上，无论男教师还是女教师，都是 31 岁至 50 岁和本科学历的发生率高。在师生互相打骂上，41 岁至 50 岁的男教师和 31 岁以下的女教师比较高，无论男女教师都是专科学历的相对高。对于教育部门或学校的管理者来说，首先要了解本地区或本校哪种类型的冲突比较严重，然后根据不同的情况对不同的教师群体重点关注。

（三）适当考虑学历和年龄的交互作用

对于不同类型的师生冲突而言，学历和年龄存在着不同的影响，而且在有的冲突中学历和年龄还存在着交互作用。因此，学历和年龄的影响应该放在一起来考虑。

在被学生骂上，学历为专科、本科与研究生的教师的发生率分别为 15.7%、19.4%和 10.8%（χ^2 值为 15.5，P 小于 0.01），年龄为 30 岁以下、31 岁至 40 岁、41 岁至 50 岁和 50 岁以上的发生率分别为 12.1%、19.6%、21.5%和 15.8%（χ^2 值为 41.1，P 小于 0.01），学历为本科和 41 岁至 50 岁的教师被学生骂的最多。进一步分析表明，学历和年龄的影响还存在交叉，30 岁以下的教师中专科学历的被学生骂的比率最高，其他年龄段都是本科学历的最高，因此应重点关注 41 岁至 50 岁且学历为本科的教师。需要注意的是，如果对不同年龄段教师进行相应干预的话，应考虑学历产生的影响，30 岁以下教师重点考虑专科学历的，而其他年龄段的重点考虑本科学历的。

在老师骂学生上，学历为专科、本科与研究生的教师的发生率分别为 14.0%、11.1%和 6.6%，三者之间有显著差异（χ^2 值为 10.7，P 小于 0.01）；年龄为 30 岁以下、31 岁至 40 岁、41 岁至 50 岁和 50 岁以上的发生率分别为 8.9%、11.6%、12.6%和 10.3%，（χ^2 值为 9.7，P 小于 0.05）。可以发现，学历为专科和 41 岁至 50 岁的教师骂学生的最多。进一步分析表明，学历和年龄的影响还存在交叉，30 岁以下和 41 岁至 50 岁的教师中专科学历的骂学生的比率最高，31 岁至 40 岁的中本科学历的最高，因此应重点关注 41 岁至 50 岁且学历为专科的教师。需要注意的是，如果对不同年龄段教师进行相应干预的话，应考虑学历产生的影响，30 岁以下和 41 岁至 50 岁的教师重点考虑专科学历的，31 岁至 40 岁的重点考虑本科学历的。

在被学生打上，不同学历的教师之间没有显著差异；年龄为 30 岁以下、31 岁至 40 岁、41 岁至 50 岁和 50 岁以上的发生率分别为 2.4%、4.7%、6.1%和 5.3%，（χ^2 值为 19.2，P 小于 0.01）。可以发现，30 岁以下的教师被学生打的最少，41 岁至 50 岁的教师被打的最多。在老师打学生上，学历为专科、本科与研究生的教师打学生的发生率分别为 6.2%、3.3%和 4.6%，三者之间有显著差异（χ^2 值为 14.6，P 小于 0.01）；不同年龄的教师之间没有显著差异。我们可以发现，学历为专科的教师打学生的最多。

在师生互相打骂上，不同学历的教师之间、不同年龄的教师之间都没有显著差异。

综合来看，41 岁至 50 岁且学历为本科的被学生骂的最多，41 岁至 50 岁且学历为专科的骂学生的最多，41 岁至 50 岁的教师被学生打的最多，专科学历的教师打学生最多。因此，一方面要重点关注 41 岁至 50 岁的教师，41 岁至 50 年龄段的教师正处于“上有老、下有小”的中年阶段，尤其是其子女要面临中考、高考，相对其他年龄阶段的教师更容易出现焦虑、紧张等情绪，而这种情绪如果不能及时化解很容易被带到课堂上。一方面要提高教师的学历水平，从调查来看，初中教师中研究生学历的教师只占到 4.8%、本科学历的教师占 80.4%、专科学历的占 14.8%，在提升教师的学历方面还有很大的空间，可适当鼓励本科的考取研究生、专科的考取本科或研究生。

三、合理设置班主任进行针对性预防

班主任的工作对于预防对抗性师生冲突是非常重要的，如果班主任善于与学生沟通并能及时发现苗头采取相应措施，则学生在课堂上与其发生冲突的可能性相对非班主任就比较小；如果班主任处理事情让学生感觉不公平或不理解学生等，学生对班主任的消极情绪就容易在课堂上表现出来，学生与班主任的冲突与其他教师相比就要多一些。从本次调查来看，班主任与非班主任之间无论在哪种类型的冲突中都没有差异，表明班主任所起的积极作用和消极作用可能互相抵消了。要发挥班主任的积极作用，对班主任进行相关的培训是必需的，在班主任的选择上也可以有所侧重。

调查表明，在担任班主任的教师中，对于被学生骂而言，男教师和女教师的比率分别为 21.0%和 15.2%（χ^2 值为 10.4，P 小于 0.01）；学历为专科、本科与研究生的教师的比率分别为 12.0%、19.0%和 12.2%，年龄为 30 岁以下、31 岁至 40 岁、41 岁至 50 岁和 50 岁以上的发生率分别为 14.2%、18.8%、19.6%和 9.4%（χ^2 值为 9.8，P 小于 0.05）。为了减少被学生骂，学校在选择班主任时，可以考虑适当减少男教师、本科和 41 岁至 50 岁教师所占的比重。

对于骂学生而言，男班主任比女班主任要高（二者的比率为 16.2%和 8.1%，χ^2 值为 28.5，P 小于 0.01），但不同学历的班主任之间、不同年龄的班主任之间没有差异。这提示我们，对于减少教师骂学生，在安排班主任时，可以适当减少男教师的数量。对于打学生而言，男班主任比女班主任要高（二者的比率为 5.8%和 2.9%，χ^2 值为 9.1，P 小于 0.01），不同学历的班主任之间有差异（三者的比率分别为 6.2%、3.3%和 9.6%，χ^2 值为 14.2，P 小于 0.01），不同年龄的班主任之间没有差异。这提示我们，对于减少教师打学生，在安排班主任时，可以适当减少男教师和研究生学历教师的数量。

对于被学生打和师生互相打骂而言，男女班主任之间、不同学历的班主任之间、不同年龄的班主任之间都没有显著差异。这提示我们，对于减少教师被学生打和师生互相打骂，在安排班主任时，可以不用考虑教师性别、年龄、学历等的平衡，因为这些变量并不影响教师被学生打的状况。

综合来看，应该减少男班主任的数量。本调查表明，男教师中有36.7%的担任班主任，女教师的为36%，从绝对大小上看比率比较接近。但由于初中教师中男教师的数量比女教师明显要少（本次调查的结果显示男、女教师的比率为40.1%和59.9%），所以相对而言男教师担任班主任的比率是偏高的。

四、加大日常排查做到主动预防

师生冲突是由于师生间的教育共识产生了断裂，[1]因此对师生冲突的化解要建构底线伦理共识，[2]而要达成共识必然需要师生的共同努力。因此，对师生课堂冲突的预防，在抓重点教师群体的基础上，也要对学生进行相应的教育，特别是重点学生群体。在课堂上与教师发生对抗性冲突的学生毕竟是少数，而且这些学生也具有一些明显的特征，从调查来看，48.3%的教师选择了“没进行重点学生、教师的内部矛盾化解和排查工作”，因此教师要加强日常的排查找出此类学生。一般来讲，下列学生容易与教师发生对抗性冲突：从个性特征来看，主要是脾气暴躁、自我控制能力比较差、自尊心特别强、好面子、攻击性强或抗挫折能力非常差；从行为特征来看，主要是经常打骂同学、逃学、与校外闲散人员交往多、私下经常表达对教师的不满等。学生在课堂上与教师产生对抗性冲突，在很多情况下课堂上教师的批评管教只是导火索，学生对教师长期积累的不满情绪才是行为内部的动力，而上述的一些个性特征也推动了对抗性师生冲突的产生。因此对排查出的学生要多进行课下沟通，帮助学生学会合理地宣泄不良情绪、提高学生应对挫折的能力、及时化解师生矛盾，尽最大可能预防对抗性师生冲突的产生。

大多数情况下，课堂中的对抗性师生冲突由一般性师生冲突转化而来，实践中直接发生对抗性冲突的案例是比较少的。初中课堂师生冲突大部分情况下由教师发起，通常从批评学生开始。学生破坏课堂纪律，或者不按照教师的要求完成教学任务，这些都属于一般性的冲突，如果教师对一般性冲突处理不当则极易导致对抗性师生冲突的产生。另外，教师对学生和学习的态度也是导致师生冲突的因素之一，教师应该转变理念、调整心态并提高应对能力来减少主动冲突。传统上教师居于绝对的支配地位，学生就是有不满也不敢当面表现出来，但现代师生关系更强调师生间的平等，教师对此应该有正确的认识。因此有学者指出，对于师生冲突而言，教师权威合法性的消解是关键，学生对教师不再充满期待是根源。[3]教师相对学生不是高高在上的，与学生产生冲突时，也应该尽量把学生看成是与自己平等的主体关系，这样在很大程度上可以避免冲突的进一步恶化。现在的初中生都是2000年后出生的，他们的个性特点、对待教师和学习的态度、抗挫折的能力、解决问题的能力等与以前的学生相比都发生了很大变化。面对一般性冲突，教师之前使用的处置方式对以前的学生可能比较适合，

---

〔1〕 李长伟：“共识断裂与师生冲突——基于功能论的视角”，载《北京社会科学》2017年第3期。

〔2〕 李森、兰珍莉：“全球化背景下师生冲突及其调适”，载《教育研究与实验》2017年第2期。

〔3〕 汪昌华：“中小学师生冲突关系的形成机制与消解策略”，载《教育研究》2016年第2期。

但用在现在的学生身上未必适合，因此教师应转变管理理念、注意批评教育的方式方法。在目前“主要看分数”的评价方式短时间内不太可能发生变化的情况下，教师也要学会辩证地看待分数和学生的学习。分数只是反映了学生一部分的能力，并不能反映全部，学习好并不代表其他方面好，而且并不是所有学生都适合学习书本上的知识，因此教师要学会看淡分数，针对学生的特点进行积极引导。如此，教师在面对那些调皮捣蛋的学生、学习成绩不好的学生破坏课堂纪律或不配合完成教学任务时，就不太会窜出一些教师经常提到的“控制不住的火”，能够相对理性地处理问题。

五、引入风险管理理念实现家校协同预防

2017 年 4 月，国务院办公厅发布《关于加强中小学幼儿园安全风险防控体系建设的意见》，引入风险管理的理念进行平安校园建设工作，包括风险预防、风险管控和风险化解机制，为解决学校安全问题指明了方向。学校安全风险是指在学校中可能存在的各种不确定安全危险和隐患，[1]一般来讲可以分为校外风险因素和校内风险因素。在众多的校内安全风险因素中，学校把更多的关注点放在了食品安全、交通安全、校外人员入侵等事件上，而师生课堂上的冲突相对容易被忽视。调查发现，很多初中校长认为本校发生老师打骂学生、学生打骂老师和师生互相打骂的可能性是非常低的，且认为一旦发生这些事件其后果也不太严重。校长对课堂师生冲突的这种不重视无疑会增加冲突发生的可能性，对此中学校长应该引起足够的重视。风险管理特别强调风险预防，消除不确定因素、消除不安全因素。等到课堂冲突发生后才采取相关措施，教育主管部门、学校和教师等无疑要付出更多的人力、财力和物力，在很大程度上影响学校正常的教学秩序，最终也很难达到理想的处理效果。因此，学校应该具备风险防控的意识，引入风险管理的理念进行主动预防。

在中小学课堂师生冲突中，教师与学生虽是直接的当事双方，但站在他们背后的是学校和家长。家长对学生的教育方式、对师生关系的态度、对参与学校事务的积极性等都会影响到学生对学习、教师的态度，从而影响学生与教师之间的课堂冲突。学校应积极引导家长多了解学生在学校的状况、引导家长多与学校沟通，从而实现家校协同预防。目前，中小学校基本都建立了家长学校，有的还开设了家长课堂，在家校沟通合作方面进行了许多探索，取得了一定的成绩，但也存在一些问题。笔者对全国 2 万多名初中家长的调查发现，只有 17. 3%的家长非常了解学校的安全规定，10. 8%的家长不与孩子交流在学校的安全状况，32. 5%的家长没有定期与学校沟通学生在学校的安全情况。这些数据表明，大多数家长没有及时与学校沟通从而及时了解学校的安全规定、获知孩子在校的安全状况。因此，学校方面要进一步加大与家长之间沟通工作的力度。对师生课堂冲突的预防，离不开家长的积极参与，更离不开家校的有效沟通与合作。

---

〔1〕 姚建龙主编：《中小学安全风险防控机制研究》，中国政法大学出版社 2017 年版，第 53 页。

第十六章
校园欺凌的法律规制

人们对于校园欺凌的认识是一个发展变化的过程。在传统理念上，校园欺凌防治的主体是教师和学校。通常由教师在日常的班级管理工作中开展反欺凌教育，在遭遇欺凌事件时根据其严重程度不同，自行或者由学校层面进行处置。然而，随着法律环境的变化，人们权利意识的增强，校园欺凌已经成为一个重要的校园安全议题，牵动着社会公众的敏感神经。在面对校园欺凌问题时，学校常常陷入两难境地。一方面由于教育惩戒权的不明确，使学校对于如何应对无从下手；另一方面学校作为校园管理方，在事件处置中其身份和立场都容易遭受质疑。在缺乏管理依据、权威地位和信任基础的当下，面对校园欺凌问题，学校的应对能力显得捉襟见肘。从构建法律制度的视角出发，积极应对校园欺凌问题，是对学校治理困境的重要支持，也是对校园安全问题的积极回应。

一、法律后果

校园欺凌严格意义上并不是一个法律术语。目前我国尚无专门的关于校园欺凌的法律法规，相关的法律规定散见于《刑法》《治安管理处罚法》以及一些与未成年人相关的法律之中，专门的、有针对性的规定多为近几年新出台的一些政策性文件。通常人们提及校园欺凌的法律后果主要指法律责任，我们将从法律责任的视角，对校园欺凌的法律后果进行解读。根据校园欺凌行为的严重程度，可以分为违纪违规、违法行为和刑事犯罪；根据校园欺凌导致伤害后果的严重程度不同，行为人所承担的责任大致可以分为刑事责任、行政责任或者民事责任。

（一）刑事责任

刑事责任，是根据以《刑法》为主的刑事法律规范追究罪犯的法律责任。理论上校园欺凌也有可能会导致刑事责任，但是实践中被追究刑事责任的欺凌案件非常少。主要有两个因素的影响：一个是由于《刑法》第17条有关最低刑事责任年龄的限制。[1]由于校园欺

---

〔1〕《刑法》第17条规定："已满十六周岁的人犯罪，应当负刑事责任。已满十四周岁不满十六周岁的人，犯故意杀人、故意伤害致人重伤或者死亡、强奸、抢劫、贩卖毒品、放火、爆炸、投毒罪的，应当负刑事责任。已满十四周岁不满十八周岁的人犯罪，应当从轻或者减轻处罚。因不满十六周岁不予刑事处罚的，责令他的家长或者监护人加以管教；在必要的时候，也可以由政府收容教养。"我国的刑事责任年龄划分为三个阶段，一是已满

凌发生的特定前提是“校园”，根据人们对校园欺凌的概念界定，欺凌被严格限定在中小学校园内。按照目前义务教育的设计，小学阶段绝大多数孩子在14周岁以下，这部分学生的欺凌将被完全排除在刑事责任之外。另一个是受到行为后果严重性的限制。只有当法益侵害达到一定程度时，刑法才将之作为犯罪科处刑罚。比如，故意伤害罪和非法拘禁犯罪，只有造成伤害达到鉴定的轻伤、非法限制人身自由满24小时以上才分别构成刑法上的犯罪。再如：侮辱、诽谤罪则必须造成严重后果才能达到犯罪认定标准，并且该罪属于自诉案件，不属于公安侦查、检察院审查起诉的范围。[1]

《刑法》第17条第4款规定，“因不满十六周岁不予刑事处罚的，责令他的家长或者监护人加以管教；在必要的时候，也可以由政府收容教养”。这是我国《刑法》关于校园欺凌案件中未达刑事责任年龄学生如何处置的唯一条文。然而，令人尴尬的是有关家长或者监护人该如何监护，并没有进一步的监护标准和监督机制，而这些未成年人的家庭往往都存在各种问题。最后提到的政府收容教养在现实中也没有具体落实的机构。可以说，这一条款在实践中很难落实。

（二）行政责任

行政责任包括行政处分和行政处罚，前者由学校依据校规校纪进行处理，包括警告、严重警告、记过、留校察看、勒令退学、开除学籍等，后者主要依据《治安管理处罚法》进行处理。《治安管理处罚法》制裁的对象为一般违法行为，由于其有限制人身自由的处罚，该法也有“小刑法”之称。与刑法一样，在《治安管理处罚法》中同样设有最低责任年龄的规定，目前其责任年龄以14周岁为界。此外，对于行政拘留这一限定人身自由的强制措施，有严格的限定，16周岁为行政拘留的最低年龄。[2]如果行为人未满14周岁，可按具体情况依据法律关于殴打、伤害、侮辱、恐吓、限制人身自由相关条款予以治安处罚。

2017年1月16日公安部公布了《治安管理处罚法（修订公开征求意见稿）》，其中第21条取消了《治安管理处罚法》已满14周岁不满16周岁未成年人不适用行政拘留处罚的限制性规定，同时将初次违反治安管理不执行行政拘留处罚的年龄范围从之前的“已满十六周岁不满十八周岁”修改为“已满十四周岁不满十八周岁”。在最低刑事责任年龄是否应该降低争议白热化之际，修正案意见稿中行政拘留的年龄从16周岁降低至14周岁显得意味深长。[3]此举被视为是对近年来降低最低刑事责任呼吁的一种

（接上页）16周岁的人犯罪，应当负刑事责任，为完全负刑事责任年龄阶段；二是已满14周岁不满16周岁的人，犯刑法规定的八类罪的，应当负刑事责任，为相对负刑事责任年龄；三是不满14周岁的人不管实施何种危害社会的行为，都不负刑事责任，为完全不负刑事责任年龄。

〔1〕 在目前司法实践中，由于校园欺凌被起诉判刑的案例中，被告人通常是以“寻衅滋事罪”被起诉。

〔2〕《治安管理处罚法》第12条规定：“已满十四周岁不满十八周岁的人违反治安管理的，从轻或者减轻处罚；不满十四周岁的人违反治安管理的，不予处罚，但是应当责令其监护人严加管教。”

〔3〕《治安管理处罚法》第21条规定：“违反治安管理行为人有下列情形之一，依照本法应当给予行政拘留处罚的，不执行行政拘留处罚：（一）已满十四周岁不满十六周岁的；（二）已满十六周岁不满十八周岁，初次违反治安管理的；（三）七十周岁以上的；（四）怀孕或者哺乳自己不满一周岁婴儿的。”

回应，有人认为相比刑事责任此为一种折中之选，也有人认为这是最低刑事责任年龄降低的先行试验。

（三）民事责任

在校园欺凌案件中，欺凌行为首先是一种侵权行为，必然会产生相应的侵权责任。我国《侵权责任法》第 32 条规定了监护人的责任，无民事行为能力人、限制民事行为能力人造成他人损害的，侵权责任原则上由监护人承担，不过根据监护人的尽责情况可以适当减轻。有财产的从侵权人财产中支付赔偿费用，不足部分由监护人赔偿。在校园欺凌事件的处理中，真正承担刑事责任或者行政责任的寥寥无几，大部分都是承担民事侵权责任，经过协商的方式，以民事赔偿、道歉等方式解决。

由于校园欺凌案件中的当事人都是未成年人，没有独立的经济能力，最后的民事责任往往由其监护人承担。因此，民事责任的设立主要起到了对被害人的补偿效果，但是从对欺凌行为发生的惩罚作用和威慑效果来看，都十分有限。

二、立法现状

（一）相关法律法规较少

我国目前没有专门与校园欺凌相关的法律法规，除了前文提及的与法律责任相关的《刑法》《治安管理处罚法》《侵权责任法》之外，主要还包括《义务教育法》《未成年人保护法》《预防未成年人犯罪法》等。在这些法律中，无论是直接还是间接与校园欺凌相关的条文都非常少。例如，《义务教育法》就校园安全问题进行了笼统的规定，第 23 条和 24 条规定了各级人民政府和学校有关维护校园及其周边安全的责任，但全文并没有进一步对校园欺凌、校园暴力相关问题进行具体界定。整部《未成年人保护法》主要从家庭、学校 、社会以及司法机关四个主体的角度展开，强调了它们对未成年人的保护责任。在第三章学校保护的部分，并没有出现反校园欺凌和反校园暴力的规定。这一概念被涵盖在更为广义的学校安全之中。《预防未成年人犯罪法》首先强调了教育在预防未成年人犯罪中的重要性，随后从不良行为预防和严重不良行为矫正两个角度展开，最后强调未成年人应加强自我防范犯罪以及预防未成年人重新犯罪。我们可以发现，全文之中也没有任何关于校园欺凌或者校园暴力的概念，更谈不上就校园欺凌作出有针对性的规定。

正如前文所述，当前我国对校园欺凌的法律干预明显不足，不仅没有专门的有针对性的法律规范，而且在整个法律体系中也难觅与校园欺凌直接相关条文的踪迹。不过值得注意的是，由于近年来校园欺凌事件引起了公众的广泛关注，有些省市已经开始尝试在地方性的《未成年人保护条例》中设置专门的条文对此进行规范。例如，2017 年 11 月 29 日，武汉市通过《武汉市未成年人保护条例》并于 2018 年 2 月 1 日起正式施行。该条例第 22 条规定：“学校应当将校园欺凌的预防治理纳入学校安全工作，建立校园欺凌的预防、处理制度和应急处置预案，公布举报、投诉电话，调查、掌握学生的情况，及时开展学生心理健康咨询和疏导，预防校园欺凌行为的发生。学校应当及时制止校园欺凌行为，通知学生家长，并根据情节轻重对侵害者予以教育和处理；对可能构成校园治安事件的，应当立即向公安机关报告。”〔1〕

（二）以政策性文件为主

在校园欺凌事件处理的实践中，学校及其教育部门的依据主要是校规校纪以及政策性文件，习惯于运用调解或者和解的方式处理。一方面，这是由于缺乏法律规范的现实原因；另一方面，其也与校园欺凌行为的性质本身、人们对待此类事件的观念和习惯息息相关。随着近年来校园恶性欺凌事件的不断曝光，我国开始重视以校园欺凌、校园暴力为主的校园安全问题。除在《未成年人保护法》《预防未成年人犯罪法》等法律中增加加强校园安全建设和保护外，还相继出台了《公安机关维护校园及周边治安秩序八条措施》《关于深入开展安全文明校园创建活动的意见》《中小学公共安全教育指导纲要》《中小学幼儿园安全管理办法》等规定，但这些法律法规主要针对的是校园安全，校园欺凌只是其中的一部分，其规定过于分散，应对措施的可操作性不强。

鉴于校园欺凌问题的凸显，2016 年被定为学生欺凌的专治年，国家接连出台了几份重要的文件。一是 2016 年 4 月的《关于开展校园欺凌专项治理的通知》。该通知由国务院教育督导委员会办公室向全国各地发布，是我国首次就校园欺凌发布的全国性的专门通知。二是 2016 年 11 月教育部等九部门联合发布的《关于防治中小学生欺凌和暴力的指导意见》。该指导意见既包括治理机制也包含预防机制，不过多为加强对学生的思想道德教育以及要求学校加强安全管理的呼吁性倡导。三是 2017 年 11 月的《加强中小学生欺凌综合治理方案》（以下简称《治理方案》），这一方案由教育部等十一部门印发。该方案对“校园欺凌”提出了明确定义，尤其是对侵害的次数要求进一步明确，不再把次数作为必要的要素。根据行为的恶劣程度设置了四级不同处置方案：由学校开展批评、教育；请公安机关参与警示教育或予以训诫；转送专门（工读）学校进行教育；涉及违法或者涉嫌犯罪的，处置以公安机关、人民法院、人民检察院为主。〔2〕四是 2018 年 4 月国务院教育督导委员会办公室发布的《关于开展中小学生欺凌防治落实年行动的通知》。此项通知实际上是之前制定的文件的延续，主要的目的就是推动之前制定的文件在各个地方的进一步落实，促进中小学生欺凌防治工作取得明显成效。此项文件将 2018 年定为中小学生欺凌防治落实年，提出了各地具体应该展开的相关工作内容和督促措施。例如，要求各教育部门要明确学生欺凌防治工作机构，明确学生欺凌防治工作负责人和联系人，制定学生欺凌防治工作实施方案，公开学生欺凌防治工作信息等。

（三）预防机制操作性差

当前，应对校园欺凌问题，我们坚持“预防为主，综合治理”的立场和原则。校

〔1〕 舒翔宇、张珣：“武汉市未成年人保护条例今起正式施行”，载《长江日报》2018 年 2 月 1 日。

〔2〕 教育部：“教育部等十一部门联合印发《加强中小学生欺凌综合治理方案》”，载 http://www.gov.cn/xinwen/2017-12/28/content_5251115.htm.

园欺凌的发生具有长期性、隐蔽性的特点，校园欺凌预防工作的有效性有赖于长效工作机制的建立。关于校园欺凌的治理，无论是法律法规还是政策性文件，人们对其最大的诟病在于操作性缺失。从前段提及的三个全国性的文件，我们可以看到相关部门在提高可操作性方面的诸多努力。尤其值得关注的是其中的《治理方案》。该方案的内容十分详细具体，包括指导思想、基本原则、治理内容及措施、职责分工、工作要求五个部分。该方案增强了欺凌预防工作的可操作性，为预防与处置提供了政策依据和实践指导。

操作性的问题，不仅仅是政策文件本身的问题，其实更多地有赖于相关具体配套措施的完善。如果学校的惩戒权没有明确，如果工读教育作为严重不良行为矫正机构的性质界定依旧模糊不清，如果在刑法介入之前的分级惩戒措施不能完善落实，校园欺凌的惩治和预防工作仍将困难重重。总之，预防校园欺凌机制的完善，既需要完善立法，更需要关注提升立法的可操作性。

（四）处置机制威慑力弱

从某种程度上说，目前我国在校园欺凌事件中的惩戒措施，总体上给人威慑力较弱的感觉。甚至有学者直言，我国关于防治校园欺凌行为的法律制度，存在“要么一罚了之，要么一放了之”的弊端。[1]有些校园欺凌案件尽管性质恶劣，但现实中由于受害的学生一般外在表现的伤势较轻，施暴者又是未成年人，因此大多按照《治安管理处罚法》的规定来处理。人们通常诟病欺凌相关的犯罪成本低，法律干预机制落后，这些都成了欺凌现象治理难的重要原因。

这主要是由校园欺凌事件本身的性质所致，大致包括以下几个原因：第一，我国适用犯罪违法二元立法模式。通常校园欺凌涉及的侵权行为造成的危害后果相对较轻，即使是一些特别恶劣的行为，由于行为人不能达到最低刑事责任年龄，所以绝大多数案件都不会列入刑事司法领域内进行惩处；根据近年来的媒体报道，一些严重的校园暴力和欺凌事件通常被定为寻衅滋事罪。第二，学校、教师惩戒权的边缘化。随着社会的发展，人们权利意识的提高，实际中的校园师生关系其实已经发生了微妙的变化。作为义务教育阶段实施主体的中小学校不能对实施欺凌行为的学生适用开除的纪律处分，学校方所能适用的惩戒措施极为有限。第三，惩治措施的设置缺乏有效的中间层级。从“一罚了之”到“一放了之”之间，缺乏有威慑力的责任承担方式。虽然现有法律规定了必要时转入专门学校就读，但是事实上近些年来工读学校的改革在制度上并没有大的突破，法律上规定的仍然是自愿入学的模式，这种转学建议从法律意义上仅仅是建议并没有强制性。

---

〔1〕姚建龙：“防治学生欺凌的中国路径：对近期治理校园欺凌政策之评析”，载《中国青年社会科学》2017年第1期。

三、立法争议

欺凌是青少年的一个重要问题，每年影响全世界约 30%的青少年。〔1〕数据显示：我国检察机关于 2016 年共受理提请批准逮捕的涉嫌校园欺凌和暴力犯罪案件 1988 人，经审查批准逮捕 1180 人，受理移送审查起诉 3911 人，经审查起诉 2449 人。〔2〕

（一）第一层问题：立法必要性

1. 欺凌认知：恶作剧还是恶行？

近年来，校园欺凌事件的频发给校园安全和学校的正常秩序造成了极大的威胁，已经成为一个引发社会广泛关注的问题。学生、家长对于校园安全有了更高的期待，但是实践中人们对于校园欺凌危害的认知仍然普遍不足，尤其是学校管理方、教师群体仍然存在一定程度的认知偏差。

对校园欺凌的认知，需要强调三点：第一，校园欺凌的潜在长远性危害极大。校园欺凌的危害不能简单地从“即时结果”或者是“伤害的客观结果”来考察。从长远来看，其确实会对未成年人成长造成极大的危害。这种危害不仅是对被欺凌者的，同时也是对于欺凌者的。第二，校园欺凌问题彰显的原因是对校园安全需求的提高。有一部分人认为校园欺凌古来有之，为什么近年来逐渐凸显，是不是人们现在太过小题大做了。当然，我们需要区分恶作剧和校园欺凌的本质区别，但这一现象的凸显，其背后是人们对于校园安全需求的提升，在一定意义上是人们法律意识提高的体现。第三，恶作剧不是欺凌，欺凌同时也不是恶作剧。我们需要对这两种行为加以区分，不能一概而论。《治理方案》强调，根据校园欺凌的定义，学校的实际操作中要严格区分学生欺凌与学生间打闹嬉戏。

针对校园欺凌的立法实属必要，不仅能改变人们的认知偏差，让人们更加全面地关注到其危害而防微杜渐，并且能为实践中校园欺凌的应对（尤其校园欺凌的预防和惩治）提供法律的依据。

2. 法律现状：完备还是欠缺？

校园欺凌是一个复杂的问题，校园欺凌的防治需要国家法律政策的支持。正如前文所述，目前我国应对校园欺凌问题的政策性文件虽然看似“不少”，但实际上缺乏相应的法律条文，没有高层级高效力的法律支持，而这些恰恰都是我国应对校园欺凌问题乏力的体现。在目前的《未成年人保护法》和《预防未成年人犯罪法》中，都没有专门的条文对此进行规定。

从全球范围来看，许多国家都通过了单独的防治校园欺凌法律。例如，2013 年日本通过《防治欺凌对策推进法》，而此前的日本与我国目前的状态非常相似，校园欺凌

---

〔1〕 A. Volk et al., “AdoleScent Risk Correlates of Bullying and Different Types of Victimization”, *International Journal of Adolescent Medicine and Health*, 18（4）, pp. 575~586.

〔2〕 刘佳：“11 部门重拳治理校园欺凌明确定义：语言网络欺凌也包括”，载《北京晨报》2017 年 12 月 28 日。

的惩治主要是以文部科学省的规定为依据。此外，我们可以看到，美国各州颁布了众多的反欺凌法案，其中明确规定了各责任主体的权利和义务，获得了心理疏导等其他服务的权利等。总之，对法律是否完备的判断，不能以数量为准，也应该同时关注法律的层级效力。

3. 法律干预：有为还是无为？

如何分辨一个需要干预的欺凌行为？它到底是能够自愈的校园恶作剧还是必须施以惩戒的恶行？我们如何在防微杜渐和小题大做之间把握平衡？面对这样的问题，各方的观点总是针锋相对。以犯罪学家埃德温·舒尔为代表的学者主张，青少年的犯罪行为具有其鲜明的特点，预防未成年人犯罪，最好的办法不是及早干预，而是在发现时不采取任何行动。标签理论的赞成者也主张，面对未成年人罪错，应当尽量避免干预，尤其是对轻微罪错的司法干预。〔1〕而另一种观点则认为，学生欺凌现象应该及时干预。长久的欺凌或者被欺凌都会造成巨大的负面影响，容易使双方的心理发生扭曲，阻止健康人格的形成。因此，防微杜渐，校园欺凌值得引起所有人的关注。〔2〕2011 年 3 月，原美国总统奥巴马在白宫主持“反校园暴力”会议时说这个会议有一个目标，那就是打破校园欺凌是无害的成人仪式或者是成长中不可避免的一部分这样的认识。〔3〕

应对校园欺凌的法律干预，应该是分级别的、多层次的。法律的惩戒应该是最后的手段，尤其是刑法更应该是最后的评价手段。应对校园欺凌问题，在一定意义上需要完善法律惩戒手段，但是完善学校的强制教育惩戒权也是应有之义。这种教育既包括普通的法制教育，同时也包括针对严重或轻微不良行为的专门教育。

4. 立法形式：单独立法必要性？

关于校园欺凌的立法形式，通常有三种观点：①没有必要单独立法；②单独立法是最终目标，但是目前时机尚不成熟；③应该及早单独立法。

本章的观点认为，单独立法有利于整合所有资源集中应对校园欺凌问题，对校园欺凌的防治能起到最好的效果。校园欺凌问题是一个系统、复杂的工程，需要从民事、行政、刑事三大法律关系进行协调。正是多种类、多层次、纷繁复杂的特征，决定了我们需要一部单独的法律对此进行统一规定。此外，单独立法进一步彰显了国家对校园欺凌问题的重视，有利于引起全社会的重视。

（二）第二层问题：立法内容

1. 概念：欺凌概念如何定义？

校园欺凌的定义界定是应对这一问题的核心。随着社会法治化进程的不断推进，我们对于校园欺凌的概念也日渐清晰起来。在《治理方案》中，校园欺凌有了明确、

〔1〕 姚建龙：“防治学生欺凌的中国路径：对近期治理校园欺凌政策之评析”，载《中国青年社会科学》2017 年第 1 期。

〔2〕 刘佳：“11 部门重拳治理校园欺凌明确定义：语言网络欺凌也包括”，载《北京晨报》2017 年 12 月 28 日。

〔3〕 任海涛：“‘校园欺凌’的概念界定及其法律责任”，载《华东师范大学学报（教育科学版）》2017 年第 2 期。

清晰的定义。首先，肯定了校园欺凌的认定不再以次数为限制，单次和多次都可以被定性为校园欺凌行为；其次，精神损害、财产损失和身体伤害都是欺负或者侮辱行为带来的伤害结果；最后，进一步确定肢体、语言和网络等是校园欺凌的常见手段。从欺凌概念的出台，我们可以看出，在受到社会高度关注的背景之下，欺凌的概念实际上相比以前有所扩大。实践中，原来欺凌行为的认定具有很大的弹性，欺凌行为认定的主动权掌握在具体的认定者手中，方案中的“各方”如何严格区别“欺凌”和“打闹嬉戏”仍然没有一个可以操作的参考指南。在如何界定方面，尚有许多不明确的地方。

2. 防治：各方责任如何划分？

反校园欺凌立法的重点内容是构建立体化的防治体系，包括管理体制、机构设置、预防教育、处置机制等。无论是反校园欺凌的事前预防、事中控制还是事后救济，往往都涉及多元主体，而多元主体的核心问题就是责任划分。《治理方案》首次对校园欺凌事件的主体提出了具体的惩治措施，并强调学生欺凌事件须依法依规处置，处置以学校为主。

与其他责任主体相比，学校是最有能力发现校园欺凌的主体，保护学生远离欺凌是学校管理人员义不容辞的职责，无疑应该担负其中最为主要的责任。但是，此项工作又不能仅仅由学校担负，我们需要强调国家责任，并构建起以学校为核心的多元防治体系。多元主体具体包括教育行政部门、机关、公共团体、学校、教师、家长、学生，此外还有各类保护未成年人权益的相关机构等。各个主体之间的防治责任划分是立法的难点。从现行政策法规来看，法律明确各方都对校园欺凌的防治负有不可推卸的责任，但没有明确的责任界限，缺乏有效的沟通渠道，也没有相应的督办机制。各方的责任落实到位，亟待反校园欺凌进行专门立法，其中需要明确政府、社会、学校、家庭等在治理校园欺凌方面的职责，细化分工，建立责任到位的长效监督机制，形成以立法为依据和指导的反校园欺凌的协同治理体系。

3. 纪律：学校惩戒权如何界定？

根据校园欺凌行为的严重程度，我们可将其分为违规行为、违法行为和刑事犯罪。情节轻微的欺凌事件被认定为违规行为，是最为普遍的行为，由学校对实施欺凌的学生开展批评教育。在预防校园欺凌机制的设计中，学校肩负着最为重要的责任，但是在违纪的处置中其拥有的处置权力仅仅来源于校纪校规，表现为批评、教育等，不仅没有明确的合法性，并且威慑力十分有限。教育部门必须进一步明确赋予学校对欺凌行为的惩戒权、评价权，建立起包括负面法律后果模式在内的行为规范，让学生从小就养成底线意识、规则意识、责任意识、法律意识，明白哪些行为将产生不利后果，自己需要为这些行为付出什么样的代价。

4. 程序：处置程序如何设计？

校园欺凌的处置程序至少包括三个环节：首先，校园欺凌的认定主体。此处人们最大的争议在于，介于学校的特殊身份其是否有资格成为认定校园欺凌的主体。一方面，学校是校园欺凌的发生地，是校园安全的管理方。其最有能力迅速展开相关调查。另一方面，在一定意义上，学校对于校园欺凌的发生负有管理责任，这一客观事实存在使得学校的中立立场难免令人质疑。本章主张学校是处理委员会中的重要成员但不能是唯一成员。发现欺凌事件线索后，应当成立由多方代表组成的学校学生欺凌治理委员会，具体包括学校、教育行政部门、青少年保护办公室或者儿妇委等机构的人员，由其根据相关的应急处置预案对事件及时进行调查。

其次，校园欺凌程序的启动。委员会需要首先履行告知义务，让双方家长及学生清楚知道国家和学校的反欺凌政策，校园欺凌程序启动的事实，实施欺凌行为可能要承担什么后果。随后，由委员会迅速对事件展开调查，并就是否需要转介司法机关，还是继续由委员会处理进行裁断。

最后，公布认定或处置结果并告知当事人有申诉权利。事件的认定过程和结果均需要公开。由县级或者市辖区一级防治学生欺凌工作部门受理申诉，对确有必要的，应纳入相应法律程序。

5. 处置：法律责任边界能否扩大？

治理校园欺凌的最大问题在于处置手段匮乏和处罚威慑力有限，说教有余而惩戒不足。按照我国的立法模式，实施欺凌的行为人很难会受到法律的约束和评价。据权威部门统计，2015 年前 5 个月，经媒体曝光的校园欺凌案件就达到三四十起 ，其中最后致死案件比例高达 17%，承担刑事责任的不足 30%，七成左右的案件以批评教育、民事赔偿方式解决，适用行政拘留的案件也很少。还有许多案件根本就没有暴露出来，而是被“内部消化了”。[1]近年来，关于降低最低刑事责任年龄的呼声在很大程度上反映了人们对于严惩校园欺凌事件的立场。持这种主张的人认为，教育的作用是有限的，当教育批评无效时就需要发挥法律的威慑力。

问题在于法律的边界如何扩大？校园欺凌的法律后果设计应该是金字塔型。现在我们的问题并不是缺乏处在“塔尖”的那部分最为严厉的刑事法律，而是缺乏一个立足于教育机构的厚实坚强的“塔基”，构建一个坚实的基础既需要教育部门的努力更需要法律制度的支持。

6. 威慑：校园警察的必要性及职能？

校园欺凌和校园暴力的发生往往会成为呼吁建立少年警察制度的导火索，我们所能看到的与少年警察相关的报道多半与校园相关。[2]关于少年警察制度的现状可以用“滞后与萌动”来形容，滞后是指相比起未成年人审判和检察阶段，侦查阶段的制度建设明显滞后。其中的萌动主要体现在一些地方的制度探索方面。例如，2013 年北京海淀公安分局预审大队成立了 6 个专门的未成年人案件办案室。2014 年 7 月 1 日，海淀分局成立了一支专门负责针对被拘留的未成年犯罪嫌疑人和违法行为人案件进行审理

---

〔1〕 陈小英：“校园欺凌事件频发大量个案被内部消化处理”，载《法制日报》2015 年第 13 期。

〔2〕 王晓易：“校园暴力出现‘炫暴’现象，专家建议着手建立少年警察队伍”，载 http://news.163.com/16/0607/18/BOVS43LU00014AED.html.

的专业队伍——预审大队未成年人中队。

校园警察设置的必要性并没能获得社会的广泛认可。究其原因，一方面，人们寄希望警察入驻校园不仅仅能够增加威慑力，而且切实通过行动来维护校园的安全。另一方面，也有人认为校园警察的作用不大，更何况我国警力本来就不够，校园不应占用太多的资源。人们担心校园警察的存在会使得原本教育领域的问题过度司法化。这种担心并不是没有道理，即便是校园警察已经常态化的美国也仍然对这一问题争议不断。目前美国有近1/3的学校都设有校园警察。一些组织认为，校园警察的设置总体而言弊大于利。他们认为，严厉的学校管理制度把孩子逐出了教育系统，进入了由停学、驱逐和校园逮捕组成的司法体系，校园警察的存在加剧了这些问题。他们呼吁用更为温和的方式来解决校园中的问题。[1]

就我国而言，教育惩戒权模糊、教育矫正乏力、未成年人矫正体系不完善等都是校园欺凌现象蔓延的重要促发因素。校园警察的设置有利于树立司法权威，有效遏制校园欺凌的多发势头。不过需要注意的是，在我国违法与犯罪的二元化立法模式下，如何恰当运用警察资源，合理设定校园警察职能是避免司法权滥用的关键。

四、立法建议

从世界范围来看，治理校园欺凌的法治化趋势越来越明显。以美国为例，虽然联邦立法没有直接对校园欺凌具体规定，但是自2000年以后美国的地方立法速度加快，目前各州都已采取行动防治欺凌和保护儿童，包括公布法律、法规以及示范性政策等。[2]

（一）立法形式

首先，就校园欺凌的内容进行单独立法。以此前公布的三个文件为基础，总结各地反馈的经验。在立法中，重点明确校园欺凌的定义、认定程序、处理措施、监督机制等，统筹各种社会资源，强调预防为主。其次，根据单独立法的主要原则和内容，对我国现有的相关法律进行一次全面修订。

（二）基本原则

立法是对有限社会资源的一种制度性分配，在最大程度上维护各方利益，获得各方的认同。反校园欺凌立法中，要遵守“预防为主，惩戒为辅”的立法原则，具体应注意以下几个原则：

1. 教育性原则

反校园欺凌立法应将教育与处罚结合起来，重点强调教育预防。首先，要提高教师尤其要增强班主任老师对于校园欺凌危害的认识，通过老师教育增加学生的认知能力。其次，增加相关主题的教师交流培训，切实提高教师的班级管理能力，尤其是日

---

〔1〕 程玉珂：“美国超100个机构和组织联名呼吁：驱逐校园警察”，载《南方教育时报》2016年10月14日。

〔2〕 美国预防校园欺凌的网站：https://www.stopbullying.gov/laws/federal/index.html，访问日期：2019年3月3日。

常管理中应对校园欺凌的能力。最后，要与学校的校园法制教育结合起来。尤其是要针对有不良行为、严重不良行为问题的学生开展特殊教育，要利用好工读学校（专门学校）法制教育中心的资源，诸如“送教上门”等开展形式多样的特殊教育。

2. 预防性原则

反校园欺凌立法应该坚持预防为主的原则。立法的重点要放在预防机制的建立上。首先，要重点健全预防机制。围绕“预防”两字，建立并完善相关的领导机制、工作机制建设。其次，要提高预防能力。加强教师队伍建设，提高教师尤其是班主任老师的认知及应对能力。最后，要构建预防网络。根据校园中不同层级的危险，建立多维度、多层次的包括老师、学生、家长在内的全员预防网络。

3. 谨慎性原则

反校园欺凌立法一定要避免过度依赖司法干预的倾向。实践中，不乏一些严惩校园欺凌的声音，甚至由此衍生出“降低最低刑事责任年龄”的呼吁。我们应该知道，刑法同样有自己的边界，严刑峻法并不能解决所有的问题。通常来说，除了极少数行为达到违法犯罪的程度外，大部分的校园欺凌是一个相对轻微的行为，本质上还是一个校园的学生违纪行为。尽管我们不能纵容未成年人的不良行为、严重不良行为、违法行为、犯罪行为，但仍然要清醒地认识到刑法的“最后手段性”，对于刑事司法的介入要持有谨慎的态度。

（三）基本概念

校园欺凌频发已成为社会和政府广泛关注的问题，但是目前对于校园欺凌的基本概念尚未形成共识，这对于有效防治、深入研究校园欺凌不利。立法的首要任务是界定概念，并且统一人们对于基本概念的认识。

1. 欺凌的定义

“欺凌”是一种特殊类型的攻击行为，在研究文献中多数研究者一般都采用最早由挪威心理学家奥维斯和英国彼得·史密斯教授给出的“欺凌”定义。其通常包含三个特征：首先，双方的力量对比悬殊，往往表现为以大欺小、恃强凌弱；其次，欺负的形式包括多种，包括网络欺凌和语言欺凌；最后，欺凌通常具有重复性的特征。[1]

我国的政策性文件中将校园欺凌的认定行为定义为“一次”或者“多次”，并没有强调欺凌行为的认定以“重复性”为必要。这一具有扩大之嫌的定义，可以被理解为是在目前社会舆论压力之下的产物。本书认为在未来的立法中，我们应该保持平和之心，校园欺凌仍然需要强调行为的重复性。因为这是校园欺凌区别与其他行为，尤其是故意伤害的显著特点之一。

2. 欺凌的类型

欺凌行为通常可被分为三种类型：身体欺凌、言语欺凌和间接欺凌。身体欺凌是指欺凌者一方利用身体动作直接对受欺凌者实施的攻击，如打人和抢夺、损坏他人财

[1] 张萌：“挪威奥维斯校园欺凌预防计划对我国的启示”，载《现代中小学教育》2017年第4期。

物等；言语欺凌则是指欺凌者一方通过口头言语形式直接对受欺凌者实施的攻击，如骂人、羞辱、讽刺、起绰号等；而间接欺凌是指欺凌者一方借助于第三方对受欺凌者实施的攻击或者排斥等。此外，由于网络社交空间的存在，网络欺凌的危害开始越来越多地为人们所认识。网络欺凌具有隐蔽性、匿名性、朋辈性等特征，具体包括社交网络上的言语攻击、威胁恐吓的邮件和短信、公布对人造成心理伤害的信息等。

（四）欺凌预防机制

隐蔽性是校园欺凌的一个重要特征，完善欺凌的发现机制是预防的关键。由于学校在其中的特殊地位，立法应当明确将发现、制止校园欺凌作为学校的责任，明确其定期报告的义务。这一机制的建立和完善有赖于专门的机构、负责的教师、专门的教育以及畅通的举报渠道等。

1. 专门机构

从世界各国预防校园欺凌的经验来看，成立专门的管理机构是制度设计的重要内容之一。例如，美国设立了“联邦预防欺凌委员会”，韩国也制定了“校园暴力对策委员会”制度。[1]从我国的现实来看，宜以教育部牵头汇集各种社会资源成立“校园欺凌及暴力对策委员会”，由此机构负责领导全国的校园欺凌及暴力防治工作。各个地方的教育行政部门负责成立专门的校园欺凌处置委员会。

2. 专业的教师

学校和教师是校园安全的第一责任人。我国法律规定，如果学校和教师有过错，给学生造成了更为严重的后果，学校和教师需要承担相应的法律责任。教师（尤其是班主任）和学生们朝夕相处，往往是“发现”欺凌问题的第一人。实践中大多数教师们不能发现欺凌的蛛丝马迹，大多基于两个原因：一个是由于对欺凌行为危害性的认识不足而导致的轻视；另一个则是相关预防欺凌的知识和技能不足，不能及时作出是否需要干预的准确判断。提高一线教师们的认识能力、判决能力和干预能力是预防校园欺凌的核心工作。

3. 专门的教育

在欺凌发生的早期阶段，行为者自己也容易对行为危害性低估。预防环节重点在于普及教育，尤其需要在学生中普及校园欺凌的认定、危害和预防知识。学校应该集合各种社会资源，开展预防欺凌的专门教育。学校要将一般预防教育与特殊预防教育相结合，对有欺凌他人倾向的学生早发现、早掌握、早干预、早矫正。针对特殊对象及早开展重点教育、重点管理、重点防范。[2]

4. 畅通的举报渠道

从校园欺凌的发现主体来看，除了老师之外，学生和家长也是重要的主体。学生和家长举报、反映校园欺凌的渠道应该保持畅通，除此之外，还应该建立与此相配套

---

〔1〕许锋华、徐洁、黄道主：“论校园欺凌的法制化治理”，载《教育研究与实验》2016年第6期。

〔2〕教育部青少年法治教育协同创新中心：“校园欺凌治理的跨学科对话”，载《华东师范大学学报（教育科学版）》2017年第2期。

的规范性程序。从理论上看，举报的前提是学生及家长们能够正确认识什么是校园欺凌，然而现实的情况是有关欺凌的认定并非易事。因此，首先需要明确并公开校园欺凌的概念和基本构成条件。其次，要制定并公开举报的方法及其目的，例如热线电话或者网上举报平台。重点是要让同学们知晓学校倡导优良校风的最终目标，并不是鼓励“举报”“滥报”，而是为预防校园欺凌提供一个反映事实的平台。最后，要特别注意保护举报者的隐私权和知情权，要公开举报后学校的处理程序，建立相应的反馈机制。

（五）欺凌的处置机制

欺凌处置机制的核心是制定处置预案，学校安全预案分为主动先发的预案和被动反应的预案。前者目的为一般预防，后者则为特殊预防。在此阶段，除了适当惩戒之外，尤其需要关注学校高危群体欺凌学生并提供早期介入策略；针对欺凌被害者提供适当的防治介入策略；给予欺凌者学习自我理解及创造改变的机会；给有需求的家庭提供咨询辅导服务等。

1. 认定程序

学校所属的教育行政部门要结合法律的要求设立本区域内的反欺凌委员会，具体负责辖区内学校的欺凌事件处理。认定程序分为：启动、调查、和解会议、公布结论。启动阶段，主要由反欺凌委员会根据事件的初步情况进行判断，得出是否启动反欺凌调查的结论。调查阶段，根据特定事件成立专门工作小组，围绕整个校园欺凌事件展开相关调查，在特定的期限内得出调查报告。和解会议，为依据“恢复性理念”设计的必经的前置环节。与传统的警告、责令退学等处罚方式相比，新的纠纷解决模式最显著的进步就是融入了一系列的恢复性措施，主要通过专业人士的调解以便缓解冲突双方的矛盾，最终达成和解协议。公布处理结果。整个过程和结果均要求公开、透明，同时设立相应的救济程序，不服一方可以申请上一级复议。

2. 纪律处置

就目前校园内的纪律处置手段来看，形式单一，威慑力不足，应对校园欺凌的效果甚微。完善校园欺凌的纪律处置功能，其一，肯定并且加大学校的惩戒权。关于学校纪律的惩戒权，首要的是加强专门学校或者其他替代教育的对接，要恰当运用“停学”“转学”或者“转班”的惩戒手段。其二，丰富纪律处分的种类。要设计出多种形式的惩戒形式，例如参加公益劳动、完成一定的法制教育课时等。其三，运用“恢复性实践”来处置校园欺凌案件。学校采取类似于家庭小组会议的模式，参与者除了欺凌一方的学生家长外，还包括受害学生和不法行为相关的或受到间接影响的其他同学、老师、父母等。

3. 司法转介

首先需要强调的是在对校园欺凌的处置机制中，司法转介是处置的最后一步。为了保持必要的威慑力，在校园欺凌的处置中需要预留司法转介的通道。当校园内的纪律处分不足以达到惩戒和教育的目的时，需要转介到相关司法部门进行处理。校园欺凌的司法转介分为两个层级：一个是严重不良行为，另一个是违法犯罪行为。校园欺凌制度中司法转介的设置不能仅仅依靠自身完成，还需要依靠少年司法制度的完善。

第一，保护处分制度。理论上，当一个行为的危害性达到一定程度时，就可以依照刑法的罪刑法定原则确定为犯罪。但是，在实践中，由于校园欺凌的侵权结果从客观上看伤害往往较轻，而主观上的精神伤害程度难以界定。此外，最低刑事责任年龄的存在使得刑法处置校园欺凌变得高不可攀。现实中，对于校园欺凌事件中以犯罪论的情况非常少，通常以寻衅滋事罪定罪论处。在设计校园欺凌司法转处制度时，要特别关注、弥补现有制度的不足。要把校园欺凌中对极端事件的处置放在构建少年司法保护处分制度的大背景下考量。

第二，少年警察制度。在校园欺凌的处置中，要在学校纪律处分与法院审判之间，设置一个缓冲的中间环节而少年警察制度便是这一环节的核心。成立一支专门负责未成年人案件的警察队伍，在学校的申请之下开展相关的调查工作，并依职权作出一定的惩处。相当于在正式启动司法的通道前设置了一个“把门人”，这既加强了威慑力，同时又可避免“司法标签”给未成年人带来负面影响。

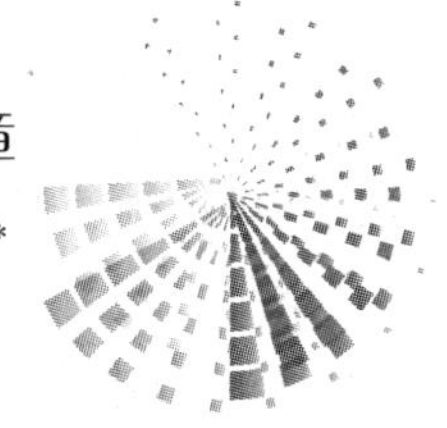

第十七章 宽容而不纵容的校园欺凌防治之策*

2016 年 4 月，国务院教育督导委员会办公室向各地印发《关于开展校园欺凌专项治理的通知》（以下简称《通知》），要求各地对校园欺凌进行专项治理，这是首次从国家层面提出对校园欺凌治理的要求。《通知》的发布显然受到了 2016 年两会期间人大代表、政协委员对校园暴力问题关注的影响，也是对社会各界日益广泛关注校园暴力现象的回应。《通知》将校园欺凌界定为“发生在学生之间蓄意或恶意通过肢体、语言及网络等手段，实施欺负、侮辱造成伤害的”行为。校园欺凌具有欺凌行为发生于学生之间的特点，除了加害人是学生外，受害人也是学生。校园欺凌的方式是多样的，不只限于身体暴力，还包括语言暴力、性暴力以及孤立、歧视等。从发生场所来看，大部分校园欺凌事实上发生在校外，从这个角度看，校园欺凌更准确的表述应为“学生欺凌”。《通知》一改之前对校园暴力避讳的态度，而是直面校园欺凌的治理问题，这反映出了国家对校园欺凌严重性的认识。

距《通知》的发布仅仅过去数月，教育部、中央综治办、最高人民法院、最高人民检察院、公安部、民政部、司法部、共青团中央、全国妇联等九部门又于 2016 年 11 月 1 日联合发布了《关于防治中小学生欺凌和暴力的指导意见》，这一指导意见主要是在现行法律与政策框架内对校园欺凌的防治提出了更加具体的要求，并采用了“学生欺凌”这一更为准确的提法。在短时期内国家连续针对校园欺凌的防治提出要求，一方面体现了国家对校园安全的重视，另一方面也表明了校园欺凌问题的严重性以及防治的迫切性。

一、校园欺凌的现实分歧：关注法律的真空地带

中国青少年研究中心针对 10 个省市的 5864 名中小学生调查显示：32.5%的人偶尔被欺负，6.1%的人经常被高年级同学欺负。[1] 笔者受教育部政策法规司委托承担的“学校安全风险防控研究”项目课题组在 2016 年 4 月 6 日对全国 29 个县 104 825 名中小学生进行了抽样调查。结果发现：校园欺凌的发生率为 33.36%，其中经常被欺凌的

---

* 本章内容发表在《中国教育学刊》2017 年第 1 期，被人大复印报刊资料《中小学学校管理》2017 年第 5 期全文转载。

〔1〕 陈晓英：“校园欺凌谁来解围”，载《法制日报》2015 年 7 月 13 日。

比例为4.7%，偶尔被欺凌的比例为28.66%。这一调查表明，高达1/3的中小学生遭受了校园欺凌。一个尴尬的现状是，在公众广泛关注的校园欺凌事件中，一般都同时有施暴者拍摄施暴过程并肆意通过网络广泛传播的行为。这种“炫暴”行为，一方面是青少年心理与行为特点的体现，另一方面也是对法律的“蔑视”与公然“挑战”，而现行法律制度的确在治理校园欺凌现象中存在空白地带。

（一）“定性”“定量”标准对故意伤害事件的“纵容”

我国对于违法犯罪行为，尤其是应受刑罚处罚的刑事犯罪行为除了有性质的要求，还有程度的要求，也即既定性又定量。在性质上虽然属于故意伤害、强制侮辱、强制威胁等欺凌行为，但如果未达到刑法所要求的“量”的标准，即便引起广泛的社会反响，也无法按照刑法给予刑罚处罚。

以校园欺凌中常见的故意伤害行为为例，根据《刑法》第234条及相关司法解释的规定，故意伤害他人的必须达到“轻伤”以上后果才可按照故意伤害罪追究刑事责任。如果是已满14周岁不满16周岁的人故意伤害他人的，还必须达到“重伤”的后果，才应承担故意伤害罪的刑事责任。对于伤害后果的判断有严格的鉴定标准，根据2014年1月开始施行的《人体损伤程度鉴定标准》，“轻伤”是指使人肢体或者容貌损害，听觉、视觉或者其他器官功能部分障碍或者其他对于人身健康有中度伤害的损伤，包括轻伤一级和轻伤二级。“重伤”是指使人肢体残废、毁人容貌、丧失听觉、丧失视觉、丧失其他器官功能或者其他对于人身健康有重大伤害的损伤，包括重伤一级和重伤二级。很多看上去很恶劣的故意伤害他人的校园欺凌行为，尽管在“性质上”属于故意伤害他人，但伤残鉴定往往达不到轻伤或者重伤的“量”的要求，因此无法按照故意伤害罪追究刑事责任。法律规定的这一特点容易造成公众感受落差，也容易引发对法律纵容校园欺凌的质疑。例如，2014年北京发生了一起三名光背少年围殴一名14岁少年的恶性欺凌事件，尽管视频记录的欺凌情节恶劣，下手狠毒，但伤残鉴定却仅为轻微伤，未达到故意伤害罪所要求的“量”的要求，最终有2名施暴少年无法追究刑事责任。

（二）责任年龄制度对未成年人违法犯罪的“庇护”

我国法律规定了责任年龄制度，对于未达到责任年龄的低龄未成年人违法犯罪行为，即便十分恶劣，也同样无法给予公众所期待的惩罚。无论是民事责任、行政责任还是刑事责任，都有责任年龄的规定。在非法律专业人士看来，责任年龄制度的存在具有明显的“庇护”甚至“放纵”色彩。

根据《民法通则》等法律的规定，对于未满10周岁的无民事行为能力未成年人，以及已满10周岁未满18周岁的限制民事行为能力人，如果造成他人损害，由监护人承担民事责任。监护人尽了监护责任的，可以适当减轻他的民事责任。这一规定意味着，低龄未成年人危害社会行为的民事责任并非由其本人承担，而是由其监护人代为承担。同样，《治安管理处罚法》第12条规定：“已满十四周岁不满十八周岁的人违反治安管理的，从轻或者减轻处罚；不满十四周岁的人违反治安管理的，不予处罚，但是应当责令其监护人严加管教。"这一规定意味着，未成年人违反治安管理的行政责任应当从轻、减轻或者免于承担。刑法同样规定了刑事责任年龄制度：不满 14 周岁的未成年人不负刑事责任，已满 14 周岁不满 16 周岁的未成年人仅对故意杀人等八类犯罪承担刑事责任，已满 16 周岁的人对一切犯罪承担刑事责任，但不满 18 周岁的人犯罪应当从轻减轻处罚。由于刑法规定的刑事责任最低年龄是 14 周岁，如果行为人未满 14 周岁，即便实施了造成被害人重伤、死亡等严重后果的校园欺凌行为，也无法给予刑罚处罚。近年来，国内曝光了多起未满 14 周岁低龄未成年人恶性犯罪事件，这些行为如果是由成年人实施可能面临最高刑为死刑的处罚，但是因为行为人未达到刑事责任年龄导致多以教育释放或由家长领回了结。这种强烈反差的确容易引起公众的强烈不满，成了很多人主张降低刑事责任年龄的主要原因。例如，2004 年曾经震惊全国的黑龙江巴彦县少年强奸杀人案中的赵某某在强奸了同村 14 岁女孩后，因未达到刑事责任年龄被释放，又夜闯女孩家当着女孩的面将其母亲杀害。

二、现行法律存在的弊端：一罚了之或一放了之

根据欺凌者欺凌行为造成的后果不同，法律主要规定了民事、行政和刑事三种干预措施以及相应的民事责任、行政责任和刑事责任三种法律后果。对于校园欺凌行为，现行法律制度设计存在"要么一罚了之，要么一放了之"的两个极端性弊端。

（一）"一罚了之"的弊端

"一罚了之"是指对于那些符合刑法所规定的入罪条件的恶性校园欺凌行为，只有刑罚这一最为严厉的刑事责任承担方式。这样的制度设计存在两个明显的弊端：

第一，"用药过猛"。尽管一些校园欺凌行为构成刑事犯罪，符合刑法的处罚条件，但是欺凌者仍然具有挽救的可能性，适用刑罚这一最为严厉的处罚措施，将贴上"犯罪人"的标签，给其一生的成长造成无可挽回的影响。为了避免"用药过猛"，国外少年法中大都有"以教代刑"的制度设计以尽量避免刑罚的适用。"以教代刑"即对符合条件的涉罪未成年人，用教育性的非刑罚措施——保护处分——来替代刑罚。

第二，处罚完后没有后续的跟进措施。对于未成年人犯罪，我国刑法采取的是"小儿酌减模式"，即比照成年人从轻减轻处罚。这种制度设计首要考虑的是精确处罚，而并非涉罪未成年人的未来，对于社会安全也缺乏应有的考虑。以校园欺凌为例，在对欺凌者比照成年人确定相应的刑罚后，即便欺凌者还可能在刑罚执行完毕后继续实施校园欺凌或者其他危害社会的行为，按照现行法律规定也无法采取刑罚之外的其他必要措施。值得深思的是，1928 年《中华民国刑法》中就有避免"一罚了之"的制度设计。该法第 30 条规定："十三岁以上未满十六岁人之行为，得减轻本刑二分之一。但减轻本刑者，因其情节得施以感化教育，或令其监护人、保佐人缴纳相当之保证金，于一年以上三年以下之期间内，监督其品行。"也即在刑罚处罚的同时，还可以根据情况在减去的刑罚幅度内采取感化教育、责令监督品行等措施，以确保涉罪未成年人改恶从善。这样的立法设计，直到今天仍然值得借鉴。

（二）“一放了之”的尴尬

“一放了之”是指对于未达到刑事责任年龄的低龄未成年人所实施的恶性校园欺凌行为或情节尚轻的校园欺凌行为，没有必要而有效的干预措施，因而只能陷入“养大了再打”“养肥了再杀”的尴尬境地。

首先，来看引起公众显著焦虑与不满的低龄未成年人所实施的恶性校园欺凌。由于欺凌者未达到刑事责任年龄而无法给予刑事处罚，但是与此同时，法律已有规定的非刑罚性措施——责令父母管教、收容教养、工读教育三种措施——又不能发挥应有的作用。

第一，责令父母管教存在悖论且并无实际约束力。《刑法》第 17 条规定，对于因为未满 16 周岁而不予刑事处罚的，可以责令父母管教。但一个显然的悖论是，如果父母能够管教得好，未成年人岂会实施校园欺凌？而且，很多实施校园欺凌的未成年人存在无父母或者父母不明的情况，无法适用这一措施。另一方面，仅仅模糊地规定责令父母严加管教，但是对于父母却缺乏必要的约束与制约，所谓“责令”容易沦为缺乏约束力的空话。从实践情况来看，责令父母管教基本上无法发挥管教施暴少年的实际作用。

第二，收容教养存在合法性质疑且已名存实亡。《刑法》第 17 条规定，对于因为未满 16 周岁而不予刑事处罚的，必要时可以由政府收容教养。但是，法律对于何为“必要时”并未明确。同时，由于劳教制度的废止，目前收容教养缺乏合法的执行场所。而且，具有剥夺人身自由性质的收容教养由公安机关决定，违背了程序正义原则，也容易遭受合法性的质疑。收容教养制度也被法学界称为“小劳教”，在劳教制度遭受广泛质疑而被废止后，实践中对收容教养的适用十分谨慎而很少适用，不少省市事实上已经停止了对收容教养的审批。

第三，工读教育因招生的非强制性而无法发挥应有作用。《预防未成年人犯罪法》等法律法规规定了工读教育措施，但是，工读教育采取的是志愿招生原则，并不具有强制性，这导致工读教育无法成为应对校园欺凌的有效措施而基本处于空转状态。尴尬的现状是：一方面，校园欺凌引起公众的焦虑与不满；另一方面，已有的工读学校（专门学校）却陷入招生难的困境。

其次，来看情节尚轻未达到刑事犯罪程度的校园欺凌行为。按照《预防未成年人犯罪法》的规定，尚未达到刑事犯罪程度的校园欺凌行为属于不良行为或者严重不良行为。对于不良行为和严重不良行为，法律规定可以采取的正式干预措施主要有工读教育、治安处罚两种。工读教育的“空转状态”前文已述，而治安处罚措施因为责任年龄制度的存在，同样无法适用于大多数校园欺凌行为。例如，《治安管理处罚法》第 21 条规定，对于已满 14 周岁不满 16 周岁的行为人以及已满 16 周岁不满 18 周岁初次违反治安管理的行为人应当给予行政拘留处罚的，不执行行政拘留处罚。

如果监护人管教、学校与社会教育不能跟进与发挥作用，则不可避免地陷入“养猪困局”——只能“养大了再打”“养肥了再杀”。这种困局的存在，一方面不能平复被欺凌者的不满与公众的愤怒，另一方面也不利于防卫社会，对于欺凌者而言也不利于其健康成长。上述法律制度设计的不足应当引起深刻的反思。

三、校园欺凌治理的机制完善：宽容而不纵容

一种经由网络空间放大的观点是应当降低刑事责任年龄以应对校园欺凌，这种观点的实质是严罚论。然而，值得注意的是，对于未成年人违法犯罪，我国一贯的基本刑事政策是“教育、感化、挽救”方针，“教育为主，惩罚为辅”原则。例如，《未成年人保护法》《预防未成年人犯罪法》都规定，对犯罪的未成年人追究刑事责任，实行教育、感化、挽救方针，坚持教育为主、惩罚为辅的原则。对于校园欺凌同样应当坚持此项原则。这一方面由法律所规定的基本立场决定，另一方面也符合校园欺凌的发生机理。值得注意的是，我国对于未成年人违法犯罪的法定刑事政策强调的是“教育优先”，但并非放任不管，也并未完全排斥“惩罚”，而是强调“惩罚为辅”，这样的刑事政策更准确和精炼地说是“宽容而不纵容”。中共中央办公厅、国务院办公厅发布的《关于进一步深化预防青少年违法犯罪工作的意见》对于如何治理校园欺凌，更进一步明确提出应当坚持“宽容但不纵容的原则”。该原则具体而言：一是强调对于校园欺凌应当保持必要的宽容，包括对那些实施了严重校园欺凌行为但仍有挽救可能性的未成年人；二是对校园欺凌并不排斥惩罚，但是应当尽量避免最为严厉的刑罚，以产生事与愿违的“标签效应”；三是对于校园欺凌应当坚持“教育”的立场，即该教育的必须采取相应的教育措施，以避免“养猪困局”的发生。基于宽容而不纵容的刑事政策，结合《关于防治中小学生欺凌和暴力的指导意见》，笔者建议从以下几个方面完善校园欺凌的治理机制：

（一）避免法律责任的两个极端，完善校园欺凌的中间性干预措施

针对现行法律规定的不足，基于“宽容而不纵容”的刑事政策，有必要完善对校园欺凌的法律干预制度，其基本的改革方向是避免“要么一罚了之，要么一放了之”的两个极端，通过完善少年司法制度增加中间性干预措施与制度。如果在刑罚和不干预之间存在“中间性干预措施”，那么降低刑事责任年龄这一带有情绪化的非理性观点也就没有了市场。

完善中间性干预措施与制度，也即完善少年司法制度。具体而言应从以下几个方面着手：一是改造责令父母管教措施。可以借鉴近代刑事立法的经验，对于责令父母管教措施增加保证金，同时对于责令父母管教这一措施的实施规定 1 年至 3 年的期限。二是废除收容教养措施，同时改革工读教育措施，具体建议是招生的强制化、决定的司法化。招生的强制化即改志愿招生为可以强制有严重不良行为（包括校园欺凌）行为的未成年人送工读学校进行教育。决定的司法化，即应当由人民法院（少年法庭）通过司法程序来决定将由严重不良行为的未成年人送工读学校接受专门教育。三是增加新的中间性干预措施。例如增加假日生活辅导、社会服务、保护管束、禁闭等。

同时，鉴于校园欺凌与家庭教育之间的密切关联性，我国有必要借鉴域外的经验，

在立法中增设针对家长的强制亲职教育措施，规定司法机关可以强制对于未成年人欺凌行为发生负有重大失职责任的父母接受亲职教育。

（二）树立权威，赋予学校教育惩戒权与纪律处分权

在中小学设置校警，是国外校园欺凌防控的重要经验。以美国为例，截至2012年，全国范围内有大约40%的学校有校警，人数共计超过10 000名，且大多数校警派驻的学校是中学。美国的校警是三种角色的合一：教育者、法律顾问（非正式）以及执法者，防治校园欺凌是其重要职责。根据美国学校资源警官协会发布的报告，过去二十年美国的公立学校安全状况明显改善，其中校警制度的推广功不可没。校警之所以可以在校园欺凌的防治中发挥特殊的作用，不仅仅在于其专业性，更在于其因为享有执法权而具有权威性。在我国，曾经有重庆等部分省市试点过校警制度，但总体来看还处在试点阶段。针对校园安全问题的日益突出，建议借鉴国外校警制度的成功经验，在重点地域与学校设置校警，负责学校安全包括校园欺凌的防治工作。

除了引入校警这一外来权威力量外，还应当重塑教师的权威，赋予教师惩戒权，改变教师“不敢管、无法管”的状况。我国现行法律并未明确赋予教师惩戒权，相反还明确禁止体罚虐待学生。缺乏惩戒权为后盾的教师，一方面有损教师权威性，另一方面也无法发挥教师在校园欺凌现象中预防与教育的作用。笔者建议通过完善《义务教育法》等相关法律，赋予教师惩戒权，并明确惩戒权行使的边界与程序，这将有助于将绝大多数校园欺凌行为留在校园内处置。

同时，还应当完善学校纪律处分权。纪律处分权是学校管理学生的重要手段，但对于处于义务教育阶段的中小学生，学校的纪律处分往往不痛不痒，无法发挥预防与处置校园欺凌的作用。建议在建立健全国家层面中间性干预措施与制度的同时，考虑校纪处分与工读教育之间的衔接关系，以增强校纪处分的刚性。

（三）综合防治，建立学校、家庭、社会三位一体的防治体系

校园欺凌的防治是一个综合性系统工程，需要学校、家庭和社会的共同努力，建立三位一体的防治体系。

学校在校园欺凌的防治中居于重要地位，各学校应当高度重视校园欺凌的治理，建立防控校园欺凌的专门机制。每一所学校均应当对本校校园欺凌发生状况进行调查评估，并在此基础上制定专门的校园欺凌防治方案。同时，应当将校园欺凌防治纳入法治教育、生命教育的重要组成部分，加强对校园欺凌的预防性教育，教育学生尊重他人、树立行为底线意识及掌握同学之间纠纷解决的正确方式。

家庭是校园欺凌防控的基础，如果家庭教育存在问题，却将教育欺凌者的责任完全推给学校，这既不合理也往往是无效的。除了引入强制亲职教育制度，更应该建立家校衔接机制。应当进一步发挥学校的家庭教育指导功能，避免家长学校流于形式。同时应当发挥家委会等家长组织在校园欺凌防治中不可替代的作用。此外，还应当建立家庭与学校协力机制，共同对欺凌者与被欺凌者进行教育、辅导与救助。

防治校园欺凌不应当只是学校及教育部门的责任，社会也应当在校园欺凌防治中

承担应有的责任。教育、综治、人民法院、人民检察院、公安、民政、司法、共青团、妇联等部门组织，应建立防治校园欺凌的跨部门协作机制并明确任务分工，强化工作职责，完善防治办法，加强考核检查，健全工作机制。此外，还应当注重发挥社会专业力量在校园欺凌防控中的作用。近些年来，北京、上海等一些省市试行了驻校社工，将专业社工引入中小学开展校园欺凌防治，取得了较好的效果。建议推广驻校社工经验，实行“一校一社工”制度，将专业社工引入校园欺凌的防控。

本章主要从法学的视角，侧重于从顶层设计的角度对校园欺凌的防治进行反思并提出相应的完善建议，但校园欺凌的防治需要在实践中不断总结经验、完善机制，并推动国家层面法律体系的完善。

附　录

国务院教育督导委员会办公室关于开展校园欺凌专项治理的通知

（国教督办函［2016］22号）

各省、自治区、直辖市教育厅（教委）、人民政府教育督导部门，新疆生产建设兵团教育局、教育督导部门：

近年来，发生在学生之间蓄意或恶意通过肢体、语言及网络等手段，实施欺负、侮辱造成伤害的校园欺凌事件，损害了学生身心健康，引起了社会高度关注。为加强对此类事件的预防和处理，国务院教育督导委员会办公室决定开展校园欺凌专项治理。现将有关事项通知如下：

一、治理目的

通过专项治理，加强法制教育，严肃校规校纪，规范学生行为，促进学生身心健康，建设平安校园、和谐校园。

二、治理范围

全国中小学校（含中等职业学校）

三、安排及要求

本次专项治理分为两个阶段。

第一阶段：2016年4月—7月

1. 开展教育。各校要集中对学生开展以校园欺凌治理为主题的专题教育，开展品德、心理健康和安全教育，邀请公安、司法等相关部门到校开展法制教育。组织教职工集中学习对校园欺凌事件预防和处理的相关政策、措施和方法等。

2. 完善制度。各校要制定完善校园欺凌的预防和处理制度、措施，建立校园欺凌事件应急处置预案，明确相关岗位教职工预防和处理校园欺凌的职责。

3. 加强预防。各校要加强校园欺凌治理的人防、物防和技防建设，充分利用心理咨询室开展学生心理健康咨询和疏导，公布学生救助或校园欺凌治理的电话号码并明确负责人。

4. 及时处理。各校要及时发现、调查处置校园欺凌事件，严肃处理实施欺凌的学生。涉嫌违法犯罪的，要及时向公安部门报案并配合立案查处。

5. 监督指导。各地教育督导部门要加强对学校开展校园欺凌专项治理的指导和检查。责任督学要对责任区内学校的专项治理全程监督，发现问题及时与校方沟通，做好记录并及时向当地教育督导部门报告。

6. 组织部署。各地接到本通知后要高度重视，制定本省（区、市）开展校园欺凌专项治理的具体实施方案，抓紧部署，组织市、县两级教育督导部门和学校认真实施。

第二阶段：2016 年 9 月—12 月

各地各校要对专项治理第一阶段专题教育情况、规章制度完善情况、加强预防工作情况、校园欺凌事件发生和处理情况等，进行全面自查、督查和总结，形成报告并逐级上报。

1. 学校自查。各校按照要求进行全面自查和总结，于 2016 年 9 月 15 日前形成自查报告并报县级教育督导部门。

2. 县级普查。县级教育督导部门要组织督查组对县域内所有中小学校专项治理情况进行全面督查，于 2016 年 9 月 30 日前将督查情况报市级教育督导部门、教育行政部门及本级政府。

3. 市级复查。市级教育督导部门要组织督查组对所辖县（市、区）专项治理情况进行复查，复查抽取县级单位比例不低于 1/3，每县抽取学校数量不少于 6 所。复查结束后，于 2016 年 10 月 20 日前将复查报告，连同所辖县（市、区）的督查报告一并报送省级教育督导部门、教育行政部门及本级政府。

4. 省级抽查。省级教育督导部门要组织督查组对本省专项治理情况进行抽查，抽取市级单位不少于 3 个，每个市级单位抽取县级单位不少于 2 个，每县抽查学校数量不少于 6 所。抽查结束后，于 2016 年 11 月 15 日前将专项治理报告报国务院教育督导委员会办公室，同时报省级政府。

国务院教育督导委员会办公室将根据各地治理情况，组织督查组对各地专项治理情况进行实地督查。专项治理期间仍发生校园欺凌事件，造成恶劣影响的，将予以通报、追责问责并督促整改。

联系人：唐保国、陈磊

联系电话：（010）66097085、（010）66096587

国务院教育督导委员会办公室

2016 年 4 月 28 日

教育部等九部门关于防治中小学生欺凌和暴力的指导意见

（教基一［2016］6号）

各省、自治区、直辖市教育厅（教委）、综治办、高级人民法院、人民检察院、公安厅（局）、民政厅（局）、司法厅（局）、团委、妇联，新疆生产建设兵团教育局、综治办、人民法院、人民检察院、公安局、民政局、司法局、团委、妇联：

在党中央、国务院的正确领导下，在各级党委政府及教育、综治、公安、司法等有关部门和共青团、妇联等群团组织的共同努力下，发生在中小学生之间的欺凌和暴力事件得到遏制，预防青少年违法犯罪工作取得明显成效。但是，由于在落实主体责任、健全制度措施、实施教育惩戒、形成工作合力等方面还存在薄弱环节，少数地方学生之间欺凌和暴力问题仍时有发生，损害了学生身心健康，造成了不良社会影响。为全面贯彻党的教育方针，落实立德树人根本任务，切实防治学生欺凌和暴力事件的发生，现提出如下指导意见。

一、积极有效预防学生欺凌和暴力

1. 切实加强中小学生思想道德教育、法治教育和心理健康教育。各地要紧密联系中小学生的思想实际，积极培育和践行社会主义核心价值观。落实《中小学生守则（2015年修订）》，引导全体中小学生从小知礼仪、明是非、守规矩，做到珍爱生命、尊重他人、团结友善、不恃强凌弱，弘扬公序良俗、传承中华美德。落实《中小学法制教育指导纲要》、《青少年法治教育大纲》，开展“法治进校园”全国巡讲活动，让学生知晓基本的法律边界和行为底线，消除未成年人违法犯罪不需要承担任何责任的错误认识，养成遵规守法的良好行为习惯。落实《中小学心理健康教育指导纲要（2012年修订）》，培养学生健全人格和积极心理品质，对有心理困扰或心理问题的学生开展科学有效的心理辅导，提高其心理健康水平。切实加强家庭教育，家长要注重家风建设，加强对孩子的管教，注重孩子思想品德教育和良好行为习惯培养，从源头上预防学生欺凌和暴力行为发生。

2. 认真开展预防欺凌和暴力专题教育。各地要在专项整治的基础上，结合典型案例，集中开展预防学生欺凌和暴力专题教育。要强化学生校规校纪教育，通过课堂教学、专题讲座、班团队会、主题活动、编发手册、参观实践等多种形式，提高学生对欺凌和暴力行为严重危害性的认识，增强自我保护意识和能力，自觉遵守校规校纪，做到不实施欺凌和暴力行为。研制学校防治学生欺凌和暴力的指导手册，全面加强教职工特别是班主任专题培训，提高教职工有效防治学生欺凌和暴力的责任意识和能力水平。要通过家访、家长会、家长学校等途径，帮助家长了解防治学生欺凌和暴力知识，增强监护责任意识，提高防治能力。要加强中小学生违法犯罪预防综合基地和人才建设，为开展防治学生欺凌和暴力专题教育提供支持和帮助。

3. 严格学校日常安全管理。中小学校要制定防治学生欺凌和暴力工作制度，将其纳入学校安全工作统筹考虑，健全应急处置预案，建立早期预警、事中处理及事后干预等机制。要加强师生联系，密切家校沟通，及时掌握学生思想情绪和同学关系状况，特别要关注学生有无学习成绩突然下滑、精神恍惚、情绪反常、无故旷课等异常表现及产生的原因，对可能的欺凌和暴力行为做到早发现、早预防、早控制。严格落实值班、巡查制度，禁止学生携带管制刀具等危险物品进入学校，针对重点学生、重点区域、重点时段开展防治工作。对发现的欺凌和暴力事件线索和苗头要认真核实、准确研判，对早期发现的轻微欺凌事件，实施必要的教育、惩戒。

4. 强化学校周边综合治理。各级综治组织要加大新形势下群防群治工作力度，实现人防物防技防在基层综治中心的深度融合，动员社会各方面力量做好校园周边地区安全防范工作。要依托全国社会治安综合治理信息系统，整合各有关部门信息资源，发挥青少年犯罪信息数据库作用，加强对重点青少年群体的动态研判。进一步加强校园及周边地区社会治安防控体系建设，作为公共安全视频监控建设联网应用示范工作的重要内容，推进校园及周边地区公共安全视频监控系统全覆盖，加大视频图像集成应用力度，实现对青少年违法犯罪活动的预测预警、实时监控、轨迹追踪及动态管控。把学校周边作为社会治安重点地区排查整治工作的重点，加强组织部署和检查考核。要对中小学生欺凌和暴力问题突出的地区和单位，根据《中共中央办公厅 国务院办公厅关于印发〈健全落实社会治安综合治理领导责任制规定〉的通知》要求，通过通报、约谈、挂牌督办、实施一票否决权制等方式进行综治领导责任督导和追究。公安机关要在治安情况复杂、问题较多的学校周边设置警务室或治安岗亭，密切与学校的沟通协作，积极配合学校排查发现学生欺凌和暴力隐患苗头，并及时预防处置。要加强学生上下学重要时段、学生途经重点路段的巡逻防控和治安盘查，对发现的苗头性、倾向性欺凌和暴力问题，要采取相应防范措施并通知学校和家长，及时干预，震慑犯罪。

二、依法依规处置学生欺凌和暴力事件

5. 保护遭受欺凌和暴力学生身心安全。各地要建立中小学生欺凌和暴力事件及时报告制度，一旦发现学生遭受欺凌和暴力，学校和家长要及时相互通知，对严重的欺凌和暴力事件，要向上级教育主管部门报告，并迅速联络公安机关介入处置。报告时相关人员有义务保护未成年人合法权益，学校、家长、公安机关及媒体应保护遭受欺凌和暴力学生以及知情学生的身心安全，严格保护学生隐私，防止泄露有关学生个人及其家庭的信息。特别要防止网络传播等因素导致事态蔓延，造成恶劣社会影响，使受害学生再次受到伤害。

6. 强化教育惩戒威慑作用。对实施欺凌和暴力的中小学生必须依法依规采取适当的矫治措施予以教育惩戒，既做到真情关爱、真诚帮助，力促学生内心感化、行为转化，又充分发挥教育惩戒措施的威慑作用。对实施欺凌和暴力的学生，学校和家长要

进行严肃的批评教育和警示谈话，情节较重的，公安机关应参与警示教育。对屡教不改、多次实施欺凌和暴力的学生，应登记在案并将其表现记入学生综合素质评价，必要时转入专门学校就读。对构成违法犯罪的学生，根据《刑法》、《治安管理处罚法》、《预防未成年人犯罪法》等法律法规予以处置，区别不同情况，责令家长或者监护人严加管教，必要时可由政府收容教养，或者给予相应的行政、刑事处罚，特别是对犯罪性质和情节恶劣、手段残忍、后果严重的，必须坚决依法惩处。对校外成年人教唆、胁迫、诱骗、利用在校中小学生违法犯罪行为，必须依法从重惩处，有效遏制学生欺凌和暴力等案事件发生。各级公安、检察、审判机关要依法办理学生欺凌和暴力犯罪案件，做好相关侦查、审查逮捕、审查起诉、诉讼监督、审判和犯罪预防工作。

7. 实施科学有效的追踪辅导。欺凌和暴力事件妥善处置后，学校要持续对当事学生追踪观察和辅导教育。对实施欺凌和暴力的学生，要充分了解其行为动机和深层原因，有针对性地进行教育引导和帮扶，给予其改过机会，避免歧视性对待。对遭受欺凌和暴力的学生及其家人提供帮助，及时开展相应的心理辅导和家庭支持，帮助他们尽快走出心理阴影，树立自信，恢复正常学习生活。对确实难以回归本校本班学习的当事学生，教育部门和学校要妥善做好班级调整和转学工作。要认真做好学生欺凌和暴力典型事件通报工作，既要充分发挥警示教育作用，又要注意不过分渲染事件细节。

三、切实形成防治学生欺凌和暴力的工作合力

8. 加强部门统筹协调。各地要把防治学生欺凌和暴力工作作为全面依法治国，建设社会主义和谐社会的重要任务。教育、综治、人民法院、人民检察院、公安、民政、司法、共青团、妇联等部门组织，应成立防治学生欺凌和暴力工作领导小组，明确任务分工，强化工作职责，完善防治办法，加强考核检查，健全工作机制，形成政府统一领导、相关部门齐抓共管、学校家庭社会三位一体的工作合力。

9. 依法落实家长监护责任。管教孩子是家长的法定监护职责。引导广大家长要增强法治意识，掌握科学的家庭教育理念，尽量多安排时间与孩子相处交流，及时了解孩子的日常表现和思想状况，积极与学校沟通情况，自觉发挥榜样作用，切实加强对孩子的管教，特别要做好孩子离校后的监管看护教育工作，避免放任不管、缺教少护、教而不当。要落实监护人责任追究制度，根据《民法》等相关法律法规，未成年学生对他人的人身和财产造成损害的，依法追究其监护人的法律责任。

10. 加强平安文明校园建设。中小学校要把防治学生欺凌和暴力作为加强平安文明校园建设的重要内容。学校党组织要充分发挥政治核心作用，加强组织协调和教育引导。校长是学校防治学生欺凌和暴力的第一责任人，分管法治教育副校长和班主任是直接责任人，要充分调动全体教职工的积极性，明确相关岗位职责，将学校防治学生欺凌和暴力的各项工作落实到每个管理环节、每位教职工。要努力创造温馨和谐、积极向上的校园环境，重视校园绿化、美化和人文环境建设。加强优良校风、教风、学风建设，开展内容健康、格调高雅、丰富多彩的校园活动，形成团结向上、互助友爱、

文明和谐的校园氛围，激励学生爱学校、爱老师、爱同学，提高校园整体文明程度。要健全各项管理制度、校规校纪，落实《义务教育学校管理标准》，提高学校治理水平，推进依法依规治校，建设无欺凌和暴力的平安文明校园。

11. 全社会共同保护未成年学生健康成长。要建立学校、家庭、社区（村）、公安、司法、媒体等各方面沟通协作机制，畅通信息共享渠道，进一步加强对学生保护工作的正面宣传引导，防止媒体过度渲染报道事件细节，避免学生欺凌和暴力通过网络新媒体扩散演变为网络欺凌，消除暴力文化通过不良出版物、影视节目、网络游戏侵蚀、影响学生的心理和行为，引发连锁性事件。要依托各地 12355 青少年服务台，开设自护教育热线，组织专业社会工作者、公益律师、志愿者开展有针对性的自护教育、心理辅导和法律咨询。坚持标本兼治、常态长效，净化社会环境，强化学校周边综合治理，切实为保护未成年人平安健康成长提供良好社会环境。

教育部 中央综治办 最高人民法院
最高人民检察院 公安部 民政部
司法部 共青团中央 全国妇联
2016 年 11 月 1 日

教育部等十一部门关于印发《加强中小学生欺凌综合治理方案》的通知

（教督［2017］10号）

各省、自治区、直辖市教育厅（教委）、综治办、高级人民法院、人民检察院、公安厅（局）、民政厅（局）、司法厅（局）、人力资源社会保障厅（局）、团委、妇联、残联，新疆生产建设兵团教育局、综治办、人民法院、人民检察院、公安局、民政局、司法局、人力资源社会保障局、团委、妇联、残联：

《加强中小学生欺凌综合治理方案》已经国家教育体制改革领导小组会议通过，现印发给你们，请遵照执行。

教育部 中央综治办 最高人民法院
最高人民检察院 公安部 民政部
司法部 人力资源和社会保障部
共青团中央 全国妇联 中国残联
2017年11月22日

加强中小学生欺凌综合治理方案

加强中小学生欺凌综合治理是中小学校安全工作的重点和难点，事关亿万中小学生的身心健康和全面发展，事关千家万户的幸福和社会和谐稳定，事关中华民族的未来和伟大复兴。为深入贯彻党的十九大精神，有效防治中小学生欺凌，依据相关法律法规，制定本方案。

一、指导思想

以习近平新时代中国特色社会主义思想为指导，全面贯彻党的教育方针，落实立德树人根本任务，大力培育和弘扬社会主义核心价值观，不断提高中小学生思想道德素质，健全预防、处置学生欺凌的工作体制和规章制度，以形成防治中小学生欺凌长效机制为目标，以促进部门协作、上下联动、形成合力为保障，确保中小学生欺凌防治工作落到实处，把校园建设成最安全、最阳光的地方，办好人民满意的教育，为培养德智体美全面发展的社会主义建设者和接班人创造良好条件。

二、基本原则

（一）坚持教育为先。深入开展中小学生思想道德教育、法治教育、心理健康教育，促进提高人民群众的思想觉悟、道德水准、文明素养，提高全社会文明程度，特别要加强防治学生欺凌专题教育，培养校长、教师、学生及家长等不同群体积极预防和自觉反对学生欺凌的意识。

（二）坚持预防为主。完善有关规章制度，及时排查可能导致学生欺凌事件发生的苗头隐患，强化学校及周边日常安全管理，加强欺凌事件易发现场监管，完善学生寻求帮助的维权渠道。

（三）坚持保护为要。切实保障学生的合法权益，严格保护学生隐私，尊重学生的人格尊严。切实保护被欺凌学生的身心建康，防止二次伤害发生，帮助被欺凌学生尽早恢复正常的学习生活。

（四）坚持法治为基。按照全面依法治国的要求，依法依规处置学生欺凌事件，按照“宽容不纵容、关爱又严管”的原则，对实施欺凌的学生予以必要的处置及惩戒，及时纠正不当行为。

三、治理内容及措施

（一）明确学生欺凌的界定

中小学生欺凌是发生在校园（包括中小学校和中等职业学校）内外、学生之间，一方（个体或群体）单次或多次蓄意或恶意通过肢体、语言及网络等手段实施欺负、侮辱，造成另一方（个体或群体）身体伤害、财产损失或精神损害等的事件。

在实际工作中，要严格区分学生欺凌与学生间打闹嬉戏的界定，正确合理处理。

（二）建立健全防治学生欺凌工作协调机制

各地要组织协调有关部门、群团组织，建立健全防治学生欺凌工作协调机制，统筹推进学生欺凌治理工作，妥善处理学生欺凌重大事件，正确引导媒体和网络舆情。教育行政（主管）部门和学校要重点抓好校园内欺凌事件的预防和处置；各部门要加强协作，综合治理，做好校园外欺凌事件的预防和处置。

（三）积极有效预防

1. 指导学校切实加强教育。中小学校要通过每学期开学时集中开展教育、学期中在道德与法治等课程中专门设置教学模块等方式，定期对中小学生进行学生欺凌防治专题教育。学校共青团、少先队组织要配合学校开展好法治宣传教育、安全自护教育。

2. 组织开展家长培训。通过组织学校或社区定期开展专题培训课等方式，加强家长培训，引导广大家长增强法治意识，落实监护责任，帮助家长了解防治学生欺凌知识。

3. 严格学校日常管理。学校根据实际成立由校长负责，教师、少先队大中队辅导员、教职工、社区工作者和家长代表、校外专家等人员组成的学生欺凌治理委员会

（高中阶段学校还应吸纳学生代表）。加快推进将校园视频监控系统、紧急报警装置等接入公安机关、教育部门监控和报警平台，逐步建立校园安全网上巡查机制。学校要制定防治学生欺凌工作各项规章制度的工作要求，主要包括：相关岗位教职工防治学生欺凌的职责、学生欺凌事件应急处置预案、学生欺凌的早期预警和事中处理及事后干预的具体流程、校规校纪中对实施欺凌学生的处罚规定等。

4. 定期开展排查。教育行政部门要通过委托专业第三方机构或组织学校开展等方式，定期开展针对全体学生的防治学生欺凌专项调查，及时查找可能发生欺凌事件的苗头迹象或已经发生、正在发生的欺凌事件。

（四）依法依规处置

1. 严格规范调查处理。学生欺凌事件的处置以学校为主。教职工发现、学生或者家长向学校举报的，应当按照学校的学生欺凌事件应急处置预案和处理流程对事件及时进行调查处理，由学校学生欺凌治理委员会对事件是否属于学生欺凌行为进行认定。原则上学校应在启动调查处理程序 10 日内完成调查，根据有关规定处置。

2. 妥善处理申诉请求。各地教育行政部门要明确具体负责防治学生欺凌工作的处（科）室并向社会公布。县级防治学生欺凌工作部门负责处理学生欺凌事件的申诉请求。学校学生欺凌治理委员会处理程序妥当、事件比较清晰的，应以学校学生欺凌治理委员会的处理结果为准；确需复查的，由县级防治学生欺凌工作部门组织学校代表、家长代表和校外专家等组成调查小组启动复查。复查工作应在 15 日内完成，对事件是否属于学生欺凌进行认定，提出处置意见并通知学校和家长、学生。

县级防治学生欺凌工作部门接受申诉请求并启动复查程序的，应在复查工作结束后，及时将有关情况报上级防治学生欺凌工作部门备案。涉法涉诉案件等不宜由防治学生欺凌工作部门受理的，应明确告知当事人，引导其及时纳入相应法律程序办理。

3. 强化教育惩戒作用。对经调查认定实施欺凌的学生，学校学生欺凌治理委员会要根据实际情况，制定一定学时的专门教育方案并监督实施欺凌学生按要求接受教育，同时针对欺凌事件的不同情形予以相应惩戒。

情节轻微的一般欺凌事件，由学校对实施欺凌学生开展批评、教育。实施欺凌学生应向被欺凌学生当面或书面道歉，取得谅解。对于反复发生的一般欺凌事件，学校在对实施欺凌学生开展批评、教育的同时，可视具体情节和危害程度给予纪律处分。

情节比较恶劣、对被欺凌学生身体和心理造成明显伤害的严重欺凌事件，学校对实施欺凌学生开展批评、教育的同时，可邀请公安机关参与警示教育或对实施欺凌学生予以训诫，公安机关根据学校邀请及时安排人员，保证警示教育工作有效开展。学校可视具体情节和危害程度给予实施欺凌学生纪律处分，将其表现记入学生综合素质评价。

屡教不改或者情节恶劣的严重欺凌事件，必要时可将实施欺凌学生转送专门（工读）学校进行教育。未成年人送专门（工读）学校进行矫治和接受教育，应当按照《中华人民共和国预防未成年人犯罪法》有关规定，对构成有严重不良行为的，按专门

（工读）学校招生入学程序报有关部门批准。

涉及违反治安管理或者涉嫌犯罪的学生欺凌事件，处置以公安机关、人民法院、人民检察院为主。教育行政部门和学校要及时联络公安机关依法处置。各级公安、人民法院、人民检察院依法办理学生欺凌犯罪案件，做好相关侦查、审查逮捕、审查起诉、诉讼监督和审判等工作。对有违法犯罪行为的学生，要区别不同情况，责令其父母或者其他监护人严加管教。对依法应承担行政、刑事责任的，要做好个别矫治和分类教育，依法利用拘留所、看守所、未成年犯管教所、社区矫正机构等场所开展必要的教育矫治；对依法不予行政、刑事处罚的学生，学校要给予纪律处分，非义务教育阶段学校可视具体情节和危害程度给予留校察看、勒令退学、开除等处分，必要时可按照有关规定将其送专门（工读）学校。对校外成年人采取教唆、胁迫、诱骗等方式利用在校学生实施欺凌进行违法犯罪行为的，要根据《中华人民共和国刑法》及有关法律规定，对教唆未成年人犯罪的依法从重处罚。

（五）建立长效机制

各地各有关部门要加强制度建设，积极探索创新，逐步建立具有长效性、稳定性和约束力的防治学生欺凌工作机制。

1. 完善培训机制。明确将防治学生欺凌专题培训纳入教育行政干部和校长、教师在职培训内容。市级、县级教育行政部门分管负责同志和具体工作人员每年应当接受必要的学生欺凌预防与处置专题面授培训。中小学校长、学校行政管理人员、班主任和教师等培训中应当增加学生欺凌预防与处置专题面授的内容。培训纳入相关人员继续教育学分。

2. 建立考评机制。将本区域学生欺凌综合治理工作情况作为考评内容，纳入文明校园创建标准，纳入相关部门负责同志年度考评，纳入校长学期和学年考评，纳入学校行政管理人员、教师、班主任及相关岗位教职工学期和学年考评。

3. 建立问责处理机制。把防治学生欺凌工作专项督导结果作为评价政府教育工作成效的重要内容。对职责落实不到位、学生欺凌问题突出的地区和单位通过通报、约谈、挂牌督办、实施一票否决权制等方式进行综治领导责任追究。学生欺凌事件中存在失职渎职行为，因违纪违法应当承担责任的，给予党纪政纪处分；构成犯罪的，依法追究刑事责任。

4. 健全依法治理机制。建立健全中小学校法制副校长或法制辅导员制度，明确法制副校长或法制辅导员防治学生欺凌的具体职责和工作流程，把防治学生欺凌作为依法治校工作的重要内容，积极主动开展以防治学生欺凌为主题的法治教育，推进学校在规章制度中补充完善防治学生欺凌内容，落实各项预防和处置学生欺凌措施，配合有关部门妥善处理学生欺凌事件及对实施欺凌学生进行教育。

四、职责分工

（一）教育行政部门负责对学生欺凌治理进行组织、指导、协调和监督，牵头做好专门（工读）学校的建设工作，是学生欺凌综合治理的牵头单位。

（二）综治部门负责推动将学生欺凌专项治理纳入社会治安综合治理工作，强化学校周边综合治理，落实社会治安综合治理领导责任制。

（三）人民法院负责依法妥善审理学生欺凌相关案件，通过庭审厘清学生欺凌案件的民事责任，促进矛盾化解工作；以开展模拟法庭等形式配合学校做好法治宣传工作。

（四）人民检察院负责依法对学生欺凌案件进行审查逮捕、审查起诉，开展法律监督，并以案释法，积极参与学校法治宣传教育。

（五）公安机关负责依法办理学生欺凌违反治安管理和涉嫌犯罪案件，依法处理实施学生欺凌侵害学生权益和身心健康的相关违法犯罪嫌疑人，强化警校联动，指导监督学校全面排查整治校园安全隐患，协助学校开展法治教育，做好法治宣传工作。

（六）民政部门负责引导社会力量加强对被欺凌学生及其家庭的帮扶救助，协助教育部门组织社会工作者等专业人员为中小学校提供专业辅导，配合有关部门鼓励社会组织参与学生欺凌防治和帮扶工作。

（七）司法行政部门负责落实未成年人司法保护制度，建立未成年人司法支持体系，指导协调开展以未成年人相关法律法规为重点的法治宣传教育，做好未成年人法律援助和法律服务工作，有效保护未成年人的合法权益。

（八）人力资源社会保障部门负责指导技工学校做好学生欺凌事件的预防和处置工作。

（九）共青团组织负责切实履行综治委预防青少年违法犯罪专项组组长单位职责，配合教育行政部门并协调推动相关部门，建立预防遏制学生欺凌工作协调机制，积极参与学生欺凌防治工作。

（十）妇联组织负责配合有关部门开展预防学生欺凌相关知识的宣传教育，引导家长正确履行监护职责。

（十一）残联组织负责积极维护残疾儿童、少年合法权益，配合有关部门做好残疾学生权益保护相关法律法规的宣传教育，切实加强残疾学生遭受欺凌的风险防控，协助提供有关法律服务。

（十二）学校负责具体实施和落实学生欺凌防治工作，扎实开展相关教育，制定完善预防和处置学生欺凌的各项措施、预案、制度规范和处置流程，及时妥善处理学生欺凌事件。指导、教育家长依法落实法定监护职责，增强法治意识，科学实施家庭教育，切实加强对孩子的看护和管教工作。

五、工作要求

（一）深入细致部署。各地各有关部门要按照属地管理、分级负责的原则，加强学生欺凌综合治理。根据治理内容、措施及分工要求，明确负责人和具体联系人，结合本地区、本部门实际制订具体实施方案，落实工作责任。请于2017年12月31日前将省级防治学生欺凌工作负责人和联系人名单、2018年1月31日前将实施方案分别报送国务院教育督导委员会办公室。

（二）加强督导检查。省、市级教育督导部门要联合其他有关部门，定期对行政区域内防治学生欺凌工作情况进行督导检查。县级教育督导部门要对县域内学校按要求开展欺凌防治教育活动、制定应急预案和处置流程等办法措施、在校规校纪中完善防治学生欺凌内容、开展培训、及时处置学生欺凌事件等重点工作开展情况进行专项督导检查。

国务院教育督导委员会办公室适时组织联合督查组对全国防治学生欺凌工作进行专项督导，督导结果向社会公开。

（三）及时全面总结。认真及时做好防治学生欺凌工作总结，一方面围绕取得的成绩和经验，认真总结防治学生欺凌工作中带有启示性、经验性的做法；另一方面围绕面临的困难和不足，认真查找防治学生欺凌工作与社会、家长和学生需求的差距、不足和薄弱环节，查找问题真正的根源，汲取教训，研究改进，推动防治学生欺凌工作进一步取得实效。

（四）强化宣传引导。结合普法工作，开展法治宣传进校园活动，加强对防治学生欺凌工作的正面宣传引导，推广防治学生欺凌的先进典型、先进经验，普及防治学生欺凌知识和方法。对已发生的学生欺凌事件要及时回应社会关切，充分满足群众信息需求。教育行政部门要联系当地主要新闻媒体共同发布反学生欺凌绿色报道倡议书，营造反学生欺凌报道宣传的良好氛围。

主要参考文献

1. ［美］埃里克·H，埃里克森：《同一性：青少年与危及》，孙明之译，浙江教育出版社 1998 年版。
2. ［美］斯蒂芬·弗兰佐：《社会心理学》，葛鉴桥等译，上海人民出版社 2010 年版。
3. ［美］赫希·特拉维斯：《少年犯罪原因探讨》，吴宗宪译，中国国际广播出版社 1997 年版。
4. ［美］贾斯汀·W. 帕钦、萨米尔·K. 辛社佳：《校园欺凌行为案例研究》，王怡然译，黑龙江教育出版社 2017 年版。
5. ［美］兰德尔·柯林斯：《暴力——一种微观社会学理论》，刘冉译，北京大学出版社 2016 年版。
6. ［英］阿德里安·雷恩：《暴力解剖：犯罪的生物学根源》，钟鹰翔译，重庆出版社 2016 年版。
7. 曹立群、任昕主编：《犯罪学》，中国人民大学出版社 2008 年版。
8. 陈慈幸、蔡孟凌：《少年事件处理法学理与实务》，元照出版公司 2013 年版。
9. 陈慈幸：《青少年法治教育与犯罪预防》，涛石文化事业有限公司 2002 年版。
10. 牧之、张震：《心理学与你的生活》，新世界出版社 2009 年版。
11. 张远煌主编：《中国未成年人犯罪的犯罪学研究》，北京师范大学出版社 2012 年版。
12. 蔡连上：“‘逃离文化’视角下校园欺凌治理研究”，载《中国教育学刊》2016 年第 11 期。
13. 蔡晓宇：“日本中小学校园欺凌法制研究及对我国的启示”，载《教育参考》2017 年第 6 期。
14. 曾莉：“小学生攻击行为的心理学分析”，载《内江科技》2009 年第 8 期。
15. 陈荣鹏、方海：“美国校园欺凌的法规制及对我国的借鉴”，载《浙江警察学院学报》2015 年第 6 期。
16. 陈小英：“校园欺凌事件频发大量个案被内部消化处理”，载《法制日报》2015 年第 13 期。
17. 陈晓进：“生命历程理论：个体犯罪行为的持续性和变迁”，载《犯罪学》2008 年版。
18. 陈晓英：“校园欺凌谁来解围”，载《法制日报》2015 年 7 月 13 日。
19. 陈志华：“改善教育杜绝校园欺凌”，载《中国教育学刊》2017 年第 5 期。
20. 程玉珂：“美国超 100 个机构和组织联名呼吁：驱逐校园警察”，载《南方教育时报》2016 年 10 月 14 日。
21. 戴静月：“中学生中的欺侮行为及其预防”，载《吉林教育》2009 年第 Z1 期。
22. 丁英顺：“日本是如何应对校园欺凌的”，载《世界知识》2017 年第 2 期。
23. 董景娅：“联合惩戒：对校园欺凌说‘不’”，载《河南法制报》2018 年 1 月 2 日。
24. 杜园春：“近五成初中学生遭受校园欺凌后选择沉默”，载《中国青年报》2016 年 5 月 27 日。
25. 方芳：“造成校园欺凌有四大原因”，载《中国德育》2016 年第 6 期。
26. 陈荣鹏、方海涛：“美国校园欺凌法律规制及对我国的借鉴——以 2010 年《新泽西州反欺凌法》

为研究视角”，载《公安学刊（浙江警察学院学报）》2015 年第 6 期。
27. 高晓霞：“日本校园欺凌的社会化问题：成因、治理及其启示”，载《南京师大学报》2017 年第 4 期。
28. 王德伟：“对校园欺凌现象的教育反思”，载《基础教育研究》2015 年第 9 期。
29. 胡春光：“校园欺凌行为：意涵、成因及其防治策略”，载《教育研究与实验》2017 年第 1 期。
30. 孔令帅、陈铭霞：“构建中小学校园欺凌综合治理机制——来自英国的启示”，载《教育发展研究》2017 年第 5 期。
31. 蓝星：“治理校园欺凌既要法律干预更需教育感化”，载《基础教育研究》2016 年第 12 期。
32. 李爱：“解析当前初中生校园欺凌行为”，载《边疆经济与文化》2016 年第 8 期。
33. 李春慧：“我国校园欺凌行为研究综述”，载《教育参考》2017 年第 4 期。
34. 李春雷：“校园伤害案件及防控对策的实证分析与比较研究”，载《中国人民公安大学学报（社会科学版）》2010 年第 6 期。
35. 李冬梅：“日本将启动校园欺凌咨询机制”，载《世界教育信息》2017 年第 20 期。
36. 李冬梅：“日本将通过道德课堂防止校园欺凌”，载《世界教育信息》2017 年第 2 期。
37. 李汉学：“校园欺凌问题检视”，载《当代教育论坛》2016 年第 5 期。
38. 李杰：“中小学‘校园欺凌’探究”，载《林区教学》2017 年第 9 期。
39. 李俊杰：“校园欺凌对基本问题探析”，载《上海教育科研》2017 年第 4 期。
40. 李普、苏明月：“美国校园欺凌问题治理的发展、经验及启示”，载《教育科学》2017 年第 5 期。
41. 李琼、姜洋：“校园欺凌现象及其防治策略”，载《甘肃教育》2009 年第 3 期。
42. 李旭、豆小红：“社会失范、教养偏差与青少年犯罪关系探讨”，载《中国青年研究》2004 年第 6 期。
43. 李燕秋：“校园欺凌研究综述”，载《教育科学论坛》2016 年第 14 期。
44. 李卓谦：“姚建龙：应尽可能让校园欺凌问题不出校园”，载《民主与法制时报》2017 年 5 月 13 日。
45. 廖婧茜、靳玉乐：“美国校园欺凌问题治理的发展、经验及启示”，载《教育科学》2017 年第 5 期。
46. 刘佳：“11 部门重拳治理校园欺凌明确定义：语言网络欺凌也包括”，载《北京晨报》2017 年 12 月 28 日。
47. 刘宽：“从校园欺凌看班主任制度中出现的问题与解决对策”，载《科技展望》2016 年第 27 期。
48. 刘仁琦、宋志军：“服务与治理：校园欺凌预防及惩戒的二维机制构建”，载《预防青少年犯罪研究》2017 年第 6 期。
49. 刘天娥、龚伦军：“当前校园欺凌行为的特征、成因与对策”，载《山东青年管理干部学院学报》2009 年第 4 期。
50. 鲁瑶、徐子涵：“走不出的青春梦魇：校园欺凌受害者调查报告”，载 https://news.china.com/domesticgd/10000159/20170521/30548884_ all.html.
51. 吕巍：“用专项立法向‘校园欺凌’说不——高小枚委员呼吁尽快制定《反校园欺凌法》”，载《人民政协报》2018 年 3 月 7 日。
52. 马焕灵、杨婕：“美国校园欺凌立法：理念、路径与内容”，载《比较教育研究》2016 年第 11 期。
53. 马雷军：“让每个学生都安全：校园欺凌相关问题及对策研究”，载《中小学管理》2016 年第

8 期。
54. 马倩、徐洁、陶夏："美国规制校园欺凌的三维体系及其组件"，载《教育学术月刊》2016 年第 10 期。
55. 孟凡壮、俞伟："美国校园欺凌法律规制体系的建构探析"，载《比较教育研究》2017 年第 6 期。
56. 牟丽娇、陈菊娟："从'重庆模式'谈校园安全保卫工作的创新"，载《公安研究》2011 年第 5 期。
57. 邱关军、刘佳："国别视野下中小学校园暴力的防治策略研究"，载《基础教育》2010 年第 5 期。
58. 任海涛、闻志强："日本中小学校园欺凌治理经验镜鉴"，载《复旦教育论坛》2016 年第 6 期。
59. 任海涛："'校园欺凌'的概念界定及其法律责任"，载《华东师范大学学报（教育科学版）》2017 年第 2 期。
60. 申素平、贾楠："法治视角下的校园欺凌概念探析"，载《中国人民大学教育学刊》2017 年第 4 期。
61. 沈亮等："完善制度强化管理有效遏制校园暴力——最高人民法院关于校园暴力案件的调研报告"，载《人民法院报》2016 年 6 月 2 日。
62. 师艳荣："日本中小学网络欺凌问题分析"，载《青少年犯罪问题》2010 年第 2 期。
63. 施长君、纪艳婷："校园欺凌的心理成因及干预策略"，载《当代教师教育》2018 年第 2 期。
64. 史奉楚："遏制校园欺凌应赋予学校适当惩戒权"，载《人民法治》2017 年第 3 期。
65. 宋英辉："理性看待刑事责任年龄制度"，载《检察日报》2016 年 10 月 24 日。
66. 苏春景等："家庭教育视角下中小学校园欺凌成因及对策分析"，载《中国教育学刊》2016 年第 11 期。
67. 孙冬雪："令人震惊的校园'霸凌'事件"，载《两岸关系》2011 年第 4 期。
68. 孙华："美国大学校园危机管理模式及其启示"，载《高等工程教育研究》2007 年第 3 期。
69. 孙临美、林玲："儿童校园欺凌问题的现状 归因及对策"，载《校园心理》2009 年第 3 期。
70. 孙晓冰、柳海民："理性认知校园霸凌：从校园暴力到校园霸凌"，载《教育理论与实践》2015 年第 11 期。
71. 陶建国："韩国校园欺凌暴力立法及对策研究"，载《比较教育研究》2015 年第 37 期。
72. 陶建国："瑞典校园欺凌立法及其启示"，载《江苏教育研究》2015 年第 34 期。
73. 滕洪昌、姚建龙："中小学校园欺凌的影响因素研究——基于对全国 10 万余名中小学生的调查"，载《教育科学研究》2018 年第 3 期。
74. 王静："校园欺凌和校园暴力治理法治化探析"，载《河北工业大学学报》2016 年第 4 期。
75. 王丽萍："简论学校欺负/受欺负对中小学生的影响"，载《青少年犯罪问题》2011 年第 6 期。
76. 王祈然、陈曦、王帅："我国校园欺凌事件主要特征与治理对策：基于媒体文本的实证研究"，载《教育学术月刊》2017 年第 3 期。
77. 王晓易："校园暴力出现'炫暴'现象，专家建议着手建立少年警察队伍"，载 http://news.163.com/16/0607/18/BOVS43LU00014AED.html.
78. 王志亮："美国的校园暴力及其应对"，载《青少年犯罪问题》2012 年第 1 期。
79. 王中杰、刘华山："校园欺负中的欺负/受欺负者和旁观者群体研究综述"，载《心理发展与教育》2004 年第 1 期。
80. 魏叶美、范国睿："社会学理论视域下的校园欺凌现象分析"，载《教育科学研究》2016 年第

2 期。
81. 吴方文等："校园欺凌：让农村寄宿生更'受伤'——基于 17 841 名农村寄宿制学校学生的实证研究"，载《中小学管理》2016 年第 8 期。
82. 吴会会、姚荣："校园欺凌的道德引导与法律规制"，载《中国德育》2017 年第 14 期。
83. 吴宗宪："设立校园警察是改善校园法制状况第重要举措"，载《人民法制》2016 年 6 月 5 日。
84. 吴宗宪：《西方犯罪学史》，警官教育出版社 1997 年版。
85. 夏国栋："校园欺凌重在教育预防"，载《中国教育学刊》2017 年第 5 期。
86. 徐玉斌、郭艳艳："校园欺凌的原因与对策分析"，载《河南教育学院学报（哲学社会科学版）》2016 年第 6 期。
87. 许锋华、徐洁、黄道主："论校园欺凌的法制化治理"，载《教育研究与实验》2016 年第 6 期。
88. 许明："英国中小学校园欺凌现象及其解决对策"，载《青年研究》2008 年第 1 期。
89. 颜湘颖、姚建龙："'宽容而不纵容'的校园欺凌治理机制研究——中小学校园欺凌现象的法学思考"，载《中国教育学刊》2017 年第 1 期。
90. 杨立新、陶盈："校园欺凌行为的侵权责任研究"，载《福建论坛（人文社会科学版）》2013 年第 8 期。
91. 杨岭、毕宪顺："中小学校园欺凌的社会防治策略"，载《中国教育学刊》2016 年第 11 期。
92. 杨书胜："我国校园欺凌现象 2006-2016 年发展状况"，载《中国学校卫生》2017 年第 3 期。
93. 姚建龙："帮派对校园之渗透与对策——以广州'黑龙会'为例的研究"，载《中国青年研究》2008 年第 1 期。
94. 姚建龙："防治学术欺凌的中国路径：对近期治理校园欺凌政策之评析"，载《中国青年社会科学》2017 年第 1 期。
95. 姚建龙："校园暴力：一个概念的界定"，载《中国青年政治学院学报》2008 年第 4 期。
96. 姚建龙主编：《学校安全风险防控机制研究》，中国政法大学出版社 2017 年版。
97. 姚建龙："应对校园欺凌，不宜只靠刑罚"，载《人民日报》2016 年 6 月 14 日。
98. 于珍："中小学校园暴力的预防与应对"，载《现代教育论丛》2008 年第 3 期。
99. 俞伟跃、耿申："何为学生欺凌？何为校园暴力"，载《人民教育》2017 年第 8 期。
100. 张宝书："英国中小学反校园欺凌政策探析"，载《比较教育研究》2016 年第 11 期。
101. 章恩友、陈胜："中小学校园欺凌现象的心理学思考"，载《中国教育学刊》2016 年第 11 期。
102. 张萌："挪威奥维斯校园欺凌预防计划对我国的启示"，载《现代中小学教育》2017 年第 4 期。
103. 张帅："规则教育视域下中小学校园欺凌行为研"，载《教育探索》2016 年第 9 期。
104. 张文娟、裴丽颖、宫秀丽："学校欺负干预研究综述"，载《山东师范大学学报（人文社会科学版）》2004 年第 3 期。
105. 张文新："中小学生欺负/受欺负的普遍性与基本特点"，载《心理学报》2002 年第 4 期。
106. 赵实等："未成年人校园暴力：扇耳光、拍裸照"，载《新京报》2016 年 6 月 1 日。
107. 周冰馨："国内校园欺凌现象文献综述"，载《岳阳职业技术学院学报》2017 年第 4 期。
108. 周福智："民革中央：呼吁防治'校园欺凌'专项立法"载《法制日报》2018 年 3 月 9 日。
109. 周红："美国马萨诸塞州酝酿通过反校园欺凌法案"，载《教育周刊（汉文版）》2010 年第 4 期。
110. 段淑芬："健全中小学校园安全机制研究"，昆明理工大学 2009 年硕士学位论文。

111. 韩有芳：“教育法学视角下中小学校园暴力研究”，湖南大学 2013 年硕士学位论文。
112. 严颢：“中学生欺负行为的研究及干预——以上海、镇江三所中学为例”，上海师范大学 2010 年硕士学位论文。
113. 张琼：“小学校园欺凌行为及其对策研究”，重庆师范大学 2014 年硕士学位论文。
114. 国务院：《关于加强中小学幼儿园安全风险防控体系建设的意见》2017 年 4 月 25 日。
115. 国务院：《国家中长期教育改革和发展规划纲要 2010 年至 2020 年》2010 年 7 月 29 日。
116. 教育部：《教育部等九部门关于防治中小学生欺凌和暴力的指导意见》2016 年 11 月 2 日。
117. 国务院教育督导委员会办公室：《关于开展校园欺凌专项治理的通知》。
118. “最高检：前 11 月共起诉校园欺凌和暴力犯罪 2337 人”，载《人民网》2016 年 12 月 28 日。
119. “‘欺凌’困扰各国中小学”，载 http://www. jyb. cn/xwzx/gjjy/gjgc/t20070314_ 70198. htm.
120. “‘校园霸凌’已成为世界性难题，看看国外学校怎么处理”，载环球网：https://m. huanqiu. com/r/mv8wxzk4mtexoddfmtm0xze0ode3eta1otc.
121. “初中女生遭扒光拍照羞辱警方已介入”，载 http://news. sina. com. cn/s/p/2015 - 06 - 23/124531978719. shtml.
122. “对‘校园欺凌’态度：零容忍”，载 http://news. qq. com/a/20070311/001625. htm.
123. “加强中小学生欺凌综合整治方案”，载 https://www. xueanquan. com/News/Content. aspx?contentsid = 24323&s = 1.
124. “江西永新：多名女初中生围殴女生 5 分钟警方介入”，载 http://news. ifeng. com/a/20150623/44024149_ 0. shtml.
125. “李克强：对校园欺凌后果严重的必须坚决依法惩处”，载 http://www. chinanews. com/gn/2017/04-13/8198903. shtml.
126. “李克强：严厉打击校园欺凌等违法犯罪行为”，载 http://www. gov. cn/guowuyuan/2016-11/18/content_ 5134310. htm.
127. “青少年暴力事件频发令人关注专家：学校难辞其咎”，载 http://kejiao. ycw. gov. cn/html/2014-11/25/content_ 32723824. htm.
128. 谢国桥：“日本 2011 年学生欺凌事件超 7 万　200 中小学生自杀”，载 http://www. chinanews. com.
129. “日本校园欺凌：取证难起诉更难”，载《法制日报》2012 年 10 月 16 日。
130. “武汉市未成年人保护条例今起正式施行”，载《长江日报》2018 年 2 月 1 日 。
131. “校园暴力欺凌事件相关网络舆情专报”，载 http://www. 1218. com. cn/index. php/solution/view/943.
132. “校园欺凌对孩子有哪些长远影响?”，载 http://www. weixinyidu. com/.
133. “校园欺凌谁来解围”，载《法制日报》2015 年 7 月 13 日。
134. “中国校园欺凌调查报告”，载 http://gongwen. cnrencai. com/diaochabaogao/115523. html.
135. Ditch the label，the annual bullying survey 2014 in UK，Annual Report 2014.
136. House of Commons Education and Skills Committee（2007），Bullying，Third Report of Session 2006.
137. Jack E. Bynum，William E. Thompson，*Juvenile Delinque ncy*：*Asociological Approach*，(7th ed.)，Person Allynand Bacon，2007.
138. P. Olweus，“Aggression in the Schools：Bullies and Victimizationin School Peergroups”，*The psychologist*，1991.

139. P. Olweus, violence and (1991) Victimization Among School Children, BAENNINGER, R. (ED.) *Targetsofaggression, Holland: ElsevierScience.*

140. P. Orpinas, and M. A. Horne, M. A. Bullying Prevention: Creating A Positive School Climate and Developing Social Competence, Washington, DC: American Psychological Association, 2006.